Dirk Brüderle / Michael Scholten

Orte des Kinos: Kroatien

on location – Reiseführer zu den Orten des Kinos

Bisher erschienen:
Thailand – Kambodscha – Vietnam
Paris
Los Angeles
Kroatien
Wien
Barcelona, Costa Brava und Co.
Andalusien

Die Autoren danken Christian Becker, Andreas Schumann und Gunther Stapel sowie Bettina Osterhage-Brüderle, Anette Brüderle, Ursula Scholten, Christian Hees, Madalena Lindner, Michael Petzel, Andrea David, Wolf Jahnke, Frank Becker, Philipp Stölzl, Wotan Wilke Möhring und Nik Xhelilaj.

Dirk Brüderle ist Jahrgang 1973 und verpasste damit den Abschluss der Karl-May-Filmwelle der 1960er knapp. Das Versäumte holte er nach und erkundete in zahlreichen Reisen die Drehorte der Filme. Diverse Veröffentlichungen u. a. im Fachmagazin *Karl May & Co.* sowie mit Christos Tses Biografien über Stewart Granger (1997) und George Nader (1999). Mit Michael Scholten besuchte er 2015 die Dreharbeiten der Rat Pack/RTL-Winnetou-Neuverfilmung in Kroatien. Er ist verheiratet, selbstständiger Rechtsanwalt und Fachanwalt für Verkehrsrecht mit Kanzlei in Herford.

Michael Scholten, Jahrgang 1971, wuchs in Rees am Niederrhein auf. Die Winnetou-Filme im ZDF und viele Besuche bei den Karl-May-Festspielen in Elspe führten dazu, dass er als Siebtklässler den Playmobil-Western DIE GEISTERSTADT drehte – mit der Karl-May-Musik von Martin Böttcher, der bis zu seinem Tod allerdings nie davon erfuhr. Als Reporter der Zeitschrift *TV Spielfilm* besuchte Michael Scholten von 1997 bis 2007 Dreharbeiten in aller Welt. Diesen Filmtourismus setzte er bei einer ausgedehnten Weltreise und in seiner langjährigen Wahlheimat Kambodscha fort. Zur «on Location»-Reihe des Schüren Verlags steuerte er *Thailand – Kambodscha – Vietnam* und *Los Angeles* (mit Wolf Jahnke) bei. Außerdem veröffentlichte er im Schüren Verlag das Buch *Eigentlich gucke ich gar kein Fernsehen – Alles andere als unnützes Wissen aus der Welt des Fernsehens.* Michael Scholten schreibt seit 2008 Pressehefte für deutsche und internationale Kinofilme, verfasste die erste deutschsprachige Biografie über Quentin Tarantino, schrieb gemeinsam mit Michael Bully Herbig *Bullyparade – Das Buch* und für den Karl-May-Verlag das Fanbuch zum Kinofilm DER JUNGE HÄUPTLING WINNETOU.

Dirk Brüderle / Michael Scholten

Orte des Kinos

Kroatien

Auf den Spuren von WINNETOU und GAME OF THRONES

SCHÜREN

Bibliografische Information der Deutschen Nationalbibliothek
Die Deutsche Nationalbibliothek verzeichnet diese Publikation in der Deutschen Nationalbibliografie; detaillierte bibliografische Daten sind im Internet über http://dnb.d-nb.de abrufbar.

Abbildungsnachweis

Dirk Brüderle (17, 20u., 21o., 22–24, 27l., 28o., 29o., 30, 32o., 33, 34, 36, 37o., 38–40, 43, 44u., 45–48, 49o., 50, 51o., 52, 54, 56, 57, 58, 59, 62, 64–66, 71o., 73o., 74, 76, 77o., 78o.+u., 79o., 80, 81, 82u., 87u., 89–91, 95o., 102, 117, 118), Michael Scholten (97 l.+r., 100, 104o., 105, 107–113, 115o., 116, 117, 119), Andreas Schumann (82o., 122u., 123o.), adriaforum.com (84o., 84m.), adriamedia.de (9o.), adriariva.com (142o.), adriatic.hr (142u.), alamy.com (134m.), ARD Degeto (31), ARD Degeto / Conny Klein (85u.), ARD Degeto / Erika Hauri (85o.), Arthaus (146u., 147u.), behindthegreendoor.co.nz (136), Bigtommy.com (148o.), CCC Filmkunst GmbH (55o., 60), cliomuse.com (9u.), cineplex.com (11), croatie.hr (130o.), digitalspy.de (97), Dubrovnik Tourist Board (131), Entertainment One (155u.), excitefun.net (135u.), expert-technomarkt.de (10o.), fanpop.com (146o.), ferdyonfilms.com (8), filmportal.de (130u.), fimon.hr (149), havc.hr (156o.), HBO (84u., 134o.+u.), hotel-art-senj.com (141), hrt.hr (153u.), imgur.com (133m.), infozagreb.hr (145), justdubrovnik.com (137, 139o.), Karl-May-Archiv (32u., 37u., 51u., 67o.), kingslandingdubrovnik.com (133u.), Novasol (140), KSM GmbH (154o.), laterooms.com (18), Lionsgate (160), Lucasfilm / 20th Century Fox / Disney (138u.), meetdubrovnik.com (138o.), medusa.hr (132o.), musictour.eu (154u.), panoramio.com (26, 152u.), pbase.com (152o.), Piran Film (25), pou.hr (147o.), Rat Pack Filmproduktion (129o.), Rialto Film GmbH (7, 14, 21u., 20o., 27r., 28u., 29u., 35, 41, 42, 44o., 49m.+u., 63, 67u., 68, 70o+u., 71u., 73u., 75, 77u., 79m.+u., 87o., 94u., 95u.), Rialto Film GmbH (88), RTL (12), RTL / Nikola Predovic (103, 104u., 115u., 121, 123u.–125, 129u.), Sony (31), Splendid Film (152m., 153o.), split.info (83), tasteofadriatic.com (151), thedubrovniktimes.com (139u.), thelocationguide.com (156u.), Thomas Harper (146m.), Universal Pictures (96o.+m.+u., 132 l.+r., 143o.+u., 150, 158–159), Universum Film (19), viatur.com (133o.), wikimedia.org (155o.), wikipedia.org (10u., 94o., 135o., 157), winnetous-spuren.de (61), za-grad.com (148u.)

Schüren Verlag GmbH
Universitätsstr. 55 · D-35037 Marburg
www.schueren-verlag.de

Gestaltung: Erik Schüßler
Gestaltung Umschlag: Wolfgang Diemer, Frechen, unter Verwendung eines Verleihfotos aus Old Surehand 1. Teil, Rialto Film GmbH
Druck: Drukarnia Tolek, Mikołów
Printed in Poland
ISBN 978-3-7410-0443-8

Inhalt

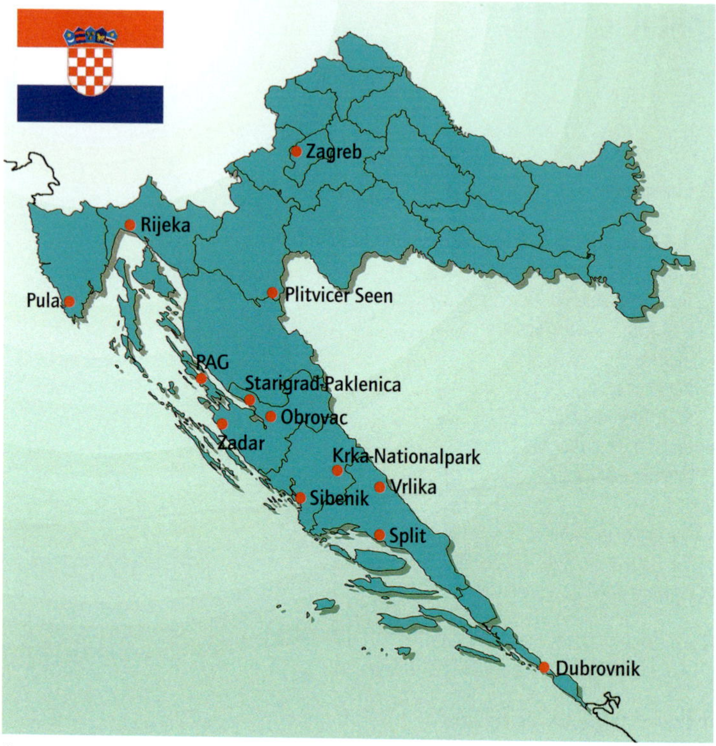

Übersichtskarte Kroatien

Republik Kroatien (Republika Hrvatska)

Hauptstadt	Zagreb
Staatsform	Parlamentarische Republik
Fläche	56.594 qkm
Bevölkerung	3.888.529
Amtssprache	Kroatisch
Währung	Euro (seit 1.1.2023)
Religion	86 % römisch-katholisch, 4 % serbisch-orthodox, 1 % muslimisch, 0,3 % evangelisch, 0,01 % jüdisch
Kfz-Kennzeichen	HR
Telefonvorwahl	+385
Unabhängigkeit	8. Oktober 1991
Nationalfeiertag	25. Juni (Tag der Staatswerdung)
Internetseite	croatia.hr/de-DE

Kontakt

Kroatische Zentrale für Tourismus
Stephanstraße 13
60313 Frankfurt am Main
Tel. +49-69-2385350

1 Einleitung

«Nun sehen wir sie endlich von Angesicht zu Angesicht – die schon fast legendären Blutsbrüder Old Shatterhand und Winnetou. Den weißen Mann, der über das große Wasser kam, um im Wilden Westen eine neue Heimat zu finden und Heldentaten zu verrichten, die ihm unsterblichen Ruhm einbringen sollten. Und den letzten Häuptling der Apachen, der bedingungslos sein Leben einsetzt, wenn es gilt, dem Recht zum Siege zu verhelfen, den aber bereits die Tragik seiner sich im Todeskampf noch einmal aufbäumenden Rasse überschattet. Mit ihnen durchqueren wir die Höhen und Tiefen des gewaltigen Felsengebirges, mit ihnen reiten wir über die endlosen Weiten der amerikanischen Prärien, mit ihnen erleben wir das große Abenteuer eines gnadenlosen Kampfes um den Besitz märchenhafter Reichtümer.»

So wurden Winnetou und Old Shatterhand, dargestellt von Pierre Brice und Lex Barker, im Dezember 1962 in der Karl-May-Verfilmung Der Schatz im Silbersee vorgestellt. Der Kult um diesen und 16 weitere Karl-May-Filme, die bis 1968 produziert wurden, ist bis heute ungebrochen. Allerdings ist die «amerikanische Prärie», die einen großen Anteil am Erfolg dieser Kinoklassiker hatte, gar nicht mal so weit weg von der Heimat der deutschen Winnetou-Fans. Die wildromantische Landschaft liegt in Kroatien und lädt Besucher ein, die Drehorte zu erkunden.

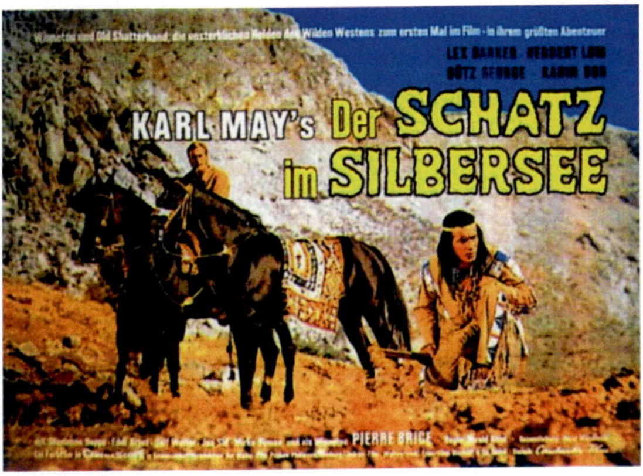

Plakatmotiv von Der Schatz im Silbersee (1962)

Ob organisiert mit einer Reisegruppe oder auf eigene Faust mit dem Mietwagen: Mit Hilfe dieses handlichen Buches finden Karl-May-Fans die markanten und versteckten Orte, an denen ihre Filmhelden Blutsbrüderschaft schlossen, erbitterte Kämpfe austrugen oder den Tod des geliebten Weggefährten betrauerten.

Das Buch führt zu den Plitvicer Seen und somit zur Schatzhöhle des Silbersees. Nur einen Katzensprung entfernt bietet der große Wasserfall die imposante Kulisse, durch die einst Pierre Brice im Vorspann von WINNETOU 2 ritt. Am Zrmanja-Canyon stand das Pueblo der Apachen, im Nationalpark Starigrad-Paklenica steht immer noch der OLD SUREHAND-Felsen. Im Krka-Nationalpark sprang Daliah Lavis Nacktdouble in der wohl freizügigsten Einstellung aller Karl-May-Filme (OLD SHATTERHAND) ins kühle Wasser. Und die ehemalige Ski-Region Platak beherbergte in den 1960er-Jahren die Indianerdörfer aus WINNETOU 1, WINNETOU 2 und UNTER GEIERN.

Im Herbst 2015 drehte die Produktionsfirma Rat Pack an vielen jener Orte, die 50 Jahre zuvor schon die Produktionsfirma Rialto genutzt hatte. Mit großem Aufwand inszenierte Regisseur Philipp Stölzl in Kroatien einen WINNETOU-Dreiteiler für das RTL-Weihnachtsprogramm. Nicht ohne Stolz verkündete der Kölner Privatsender, an «Originalschauplätzen» gedreht zu haben – ein deutliches Zeichen dafür, wie stark die kroatischen Landschaften und Winnetous amerikanische Heimat im Auge des Betrachters zusammengewachsen sind. Kroatien ist und bleibt die filmische Heimat des Häuptlings der Apachen.

Doch auch andere Leinwand- und Bildschirmträume entstanden in Kroatien. Sie nutzten die Schönheit der Natur und die geschichtsträchtigen Städte: Die Jugendserie DIE ROTE ZORA UND IHRE BANDE (1979) entstand in Senj, die ZDF-Weih-

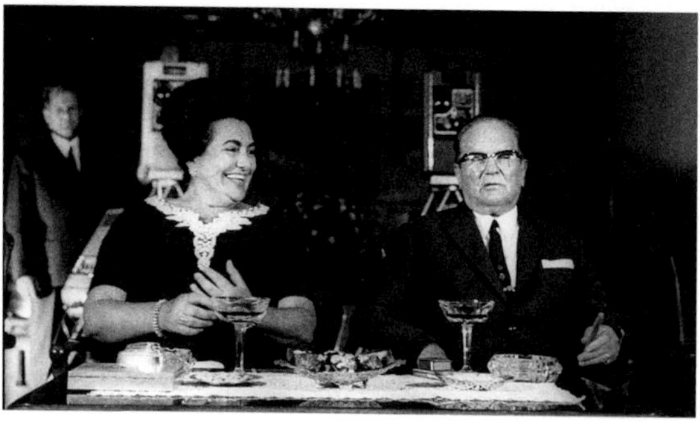

Präsident Tito und seine Frau bei einer privaten Kinovorführung

nachtssechsteiler Jack Holborn (1982) in Trogir und Dubrovnik. Die mit Preisen überhäufte Fantasy-Serie Game of Thrones des US-amerikanischen Senders HBO nutzte ab 2011 die Hafenstadt Dubrovnik als bildstarke Kulisse, in späteren Staffeln kam Split als weiterer Drehort hinzu. Auch die große Gemeinde der Star Wars-Fans konnte im Dezember 2017 Dubrovnik auf der Leinwand sehen, als Episode VIII startete.

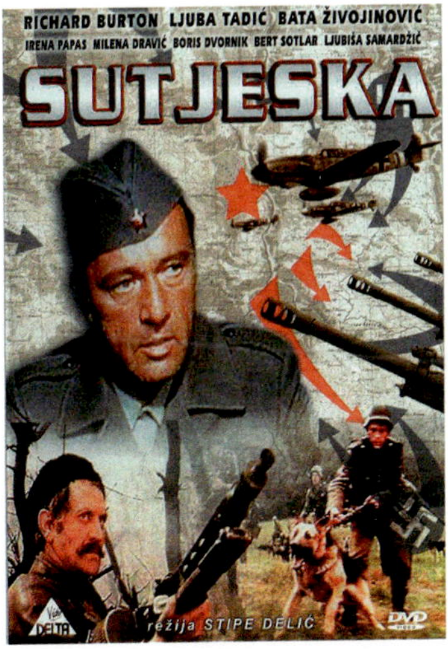

DVD-Cover von Die fünfte Offensive (1973)

Mit solchen Großprojekten knüpft Kroatien inzwischen wieder an die Goldenen Jahre der internationalen Co-Produktionen an, als Präsident Tito (1892–1980) aus Kroatien und weiteren Regionen des ehemaligen Jugoslawiens ein europäisches Hollywood machte. Die erste Garde des US-Kinos, darunter Orson Welles, Kirk Douglas und Yul Brynner, kam nach Jugoslawien und vermixte westlichen Starkult mit sozialistischem Führerkult. In Die fünfte Offensive (1973) spielte Richard Burton Tito höchstpersönlich und glorifizierte dessen Partisanenfeldzug gegen die Nazis im Zweiten Weltkrieg. Der auf vielen Festivals ausgezeichnete Dokumentarfilm Cinema Komunisto (2011) zeigt eindrucksvoll, wie Tito von der Sowjetunion gelernt hatte, Propaganda mit großen Kinofilmen zu betreiben, aber nach seinem Bruch mit Stalin ausschließlich auf die Zusammenarbeit mit dem früheren Klassenfeind aus Hollywood setzte.

Bereits 1947, nur zwei Jahre nach Gründung der Republik Jugoslawien, ließ Tito in der Hauptstadt Belgrad das staatliche

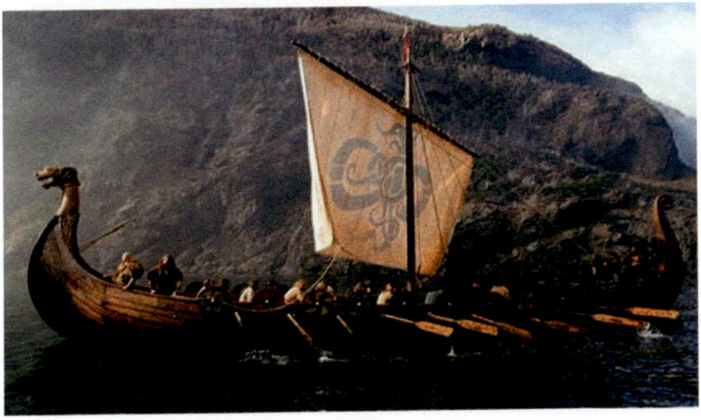

Raubzug der Wikinger (1964)

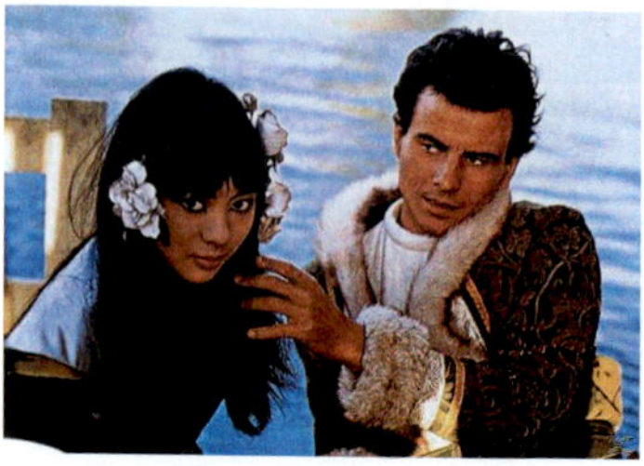

IM REICH DES KUBLAI KHAN (1965) mit Horst Buchholz als Marco Polo

Filmstudio Avala errichten. Die Vorgabe von 50 Filmen pro Jahr schlug fehl, doch die frühen 1960er-Jahre brachten den Aufschwung. Dank Hollywood. Kein Preis schien Tito zu hoch, um die großen Studios in Belgrad und Zagreb mit westlicher Prominenz zu füllen und Jugoslawiens prächtige Natur auf die Leinwände westlicher Nationen zu bringen. Auf den Wikingerfilm RAUBZUG DER WIKINGER (1964) mit Richard Widmark und Sidney Poitier folgte der Monumentalfilm IM REICH DES KUBLAI KHAN (1965) mit Anthony Quinn als Mongolenherrscher und Horst Buchholz als Marco Polo. Orson Welles spielte den Mentor des jungen Marco Polo und erwies sich als glühender Verehrer Jugoslawiens, seit er 1962 in Zagreb die Kafka-Verfilmung DER PROZESS inszeniert hatte. «Es ist eine offensichtliche Tatsache», sagte Orson Welles in einem Fernsehinterview, «dass Präsident Tito der größte lebende Mensch auf Erden ist.»

Bedeutende Werke des internationalen Films entstanden ganz oder teilweise in der sozialistischen Republik Jugoslawien, darunter Norman Jewisons ANATEVKA (1971), Volker Schlöndorffs DIE BLECHTROMMEL (1979), Alan J. Pakulas SOPHIES ENTSCHEIDUNG (1982), István Szabós OBERST REDL (1985), Tom Stoppards ROSENKRANZ & GÜLDENSTERN (1990) und Peter Richardsons EIN PAPST ZUM KÜSSEN (1991). Auch das britische Fernsehen drehte die Schlachtenszenen aus KRIEG UND FRIEDEN (1972) in Jugoslawien. Statisten und ganze Hundertschaf-

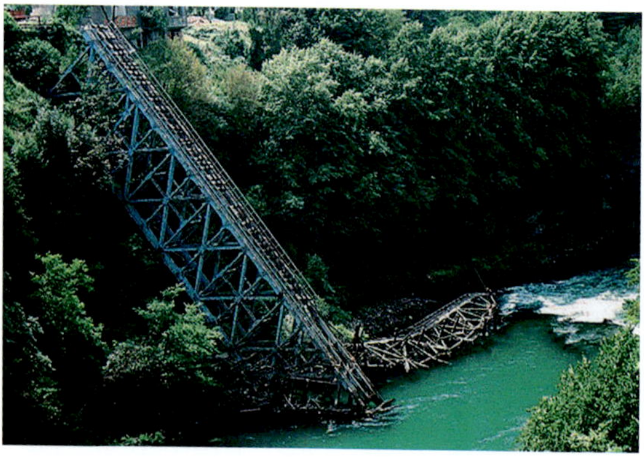

Für den Film DIE SCHLACHT AN DER NERETVA (1969) wurde diese Brücke gesprengt.

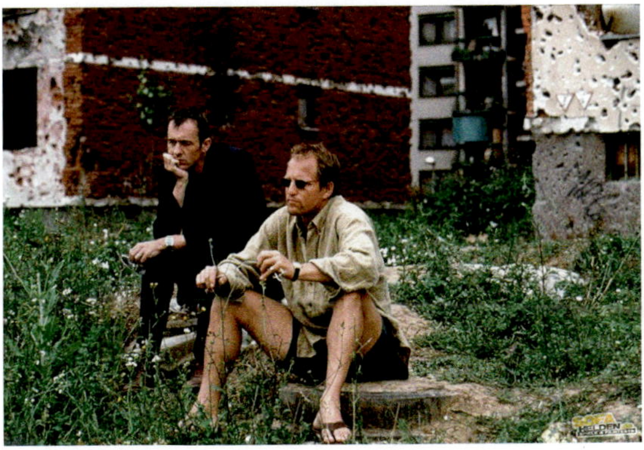

Stephen Dillane (links) und Woody Harrelson in WELCOME TO SARAJEVO (1997)

ten von kampfbegeisterten Soldaten lieferte Tito mit einer einzigen Unterschrift. Als 1969 DIE SCHLACHT AN DER NERETVA als jugoslawisch-italienisch-deutsche Co-Produktion mit nie zuvor gekanntem Aufwand und Stars wie Orson Welles, Curd Jürgens, Hardy Krüger und Franco Nero inszeniert wurde, erhielt Regisseur Veljko Bulajic freie Hand, etliche sowjetische T-34-Panzer zu zerstören und die riesige, nach dem Zweiten Weltkrieg rekonstruierte Eisenbahnbrücke über dem Fluss Neretva zu sprengen. Sie liegt bis heute in Trümmern und dient als Touristenattraktion in Jablanica, das heute zu Bosnien und Herzegowina gehört.

Die Partisanenfilme sollten die Nation zusammenschweißen, doch ab 1991 zerfiel Jugoslawien durch einen blutigen Bürgerkrieg in einzelne Republiken. Auch die Filmwirtschaft zerfiel und wurde um die Jahrtausendwende nur zaghaft wieder aufgebaut. Sofern sich Filmemacher überhaupt noch in die Region trauten, erzählten sie nur vom Krieg und nutzten die Ruinen der kriegszerstörten Häuser als Kulissen. So kam auch Michael Winterbottom, der sein Drama WELCOME TO SARAJEVO (1997) nur wenige Monate nach Kriegsende in Sarajevo, Skopje und Trogir drehte.

Erst im Jahr 2008 stellte die unabhängige Republik Kroatien die Weichen für ein Wiedererstarken der Filmwirtschaft. Das Parlament beschloss eine Rabattregelung für alle ausländischen Produktionsfirmen, die mit einheimischer Unterstützung in Kroatien drehen. Im Mai 2008 trat das Land dem MEDIA-Programm der Europäischen Union bei, ein Jahr später der NATO. Zum 1. Juli 2013 wurde Kroatien als 28. Nation in die

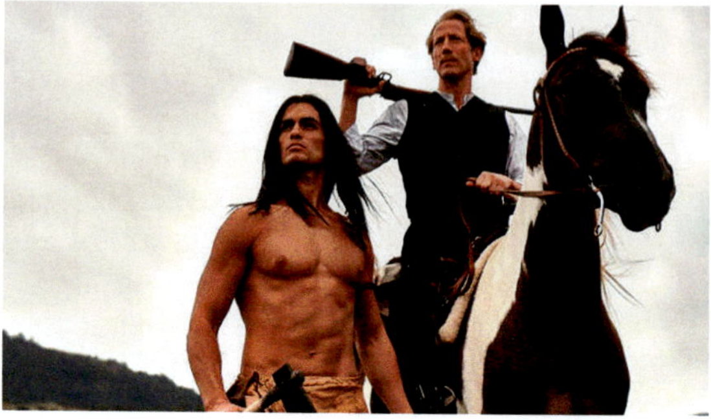

Nik Xhelilaj und Wotan Wilke Möhring in WINNETOU (2016) von RTL

Europäische Union aufgenommen, zum 1. Januar 2023 wurde die Währung von Kuna auf Euro umgestellt.

Mit historischen Städten und Festungen, die jede europäische Epoche der letzten 2000 Jahre wiedergeben können, mit beeindruckenden Berglandschaften und einer 6278 Kilometer langen Küste weiß Kroatien derzeit mehr Filmteams als jemals zuvor anzulocken. «Kroatien ist eines der letzten Länder in Europa, in denen man einen Western mit 360-Grad-Blick drehen kann», sagt Christian Becker, Produzent des WINNETOU-RTL-Dreiteilers. «Es gibt noch immer Drehorte ohne Häuser oder andere Spuren von Zivilisation. Das sind ideale Voraussetzungen, wenn man einen Western drehen will.» So ritten Winnetou und Old Shatterhand, diesmal dargestellt von Nik Xhelilaj und Wotan Wilke Möhring, durch altbekannte und neuentdeckte Landschaften Kroatiens.

Dieses Buch will Neugier wecken, die anekdotenreichen Drehorte alter Kinoklassiker und neuer Zuschauererfolge zu besuchen, an denen die Helden unserer Jugend unsterblich wurden und neue Helden geboren werden.

Wie heißt es doch so schön in DER SCHATZ IM SILBERSEE?

Patterson: *«Es war der Plan Erik Engels und auch meiner, den Schatz zu suchen.»*
Sam Hawkens: *«Und zu finden, wenn ich mich nicht irre.»*

Also, suchen und finden wir gemeinsam im Filmland Kroatien.

2 Auf den Spuren der Karl-May-Filme in Kroatien

Als der Filmproduzent Horst Wendlandt 1962 mit der Rialto das teure Wagnis einging, die Karl-May-Romane zu verfilmen, hatte sich das damalige Jugoslawien schon als zuverlässiger Partner für internationale Filmproduktionen etabliert. Die im Vergleich zu anderen europäischen Ländern geringen Produktionskosten und die abwechslungsreiche Landschaft hatten erheblichen Anteil an der Beliebtheit des Landes bei Filmemachern aus aller Welt.

Spätere Karl-May-Stars wie Karin Dor und Chris Howland drehten bereits 1959 DAS BLAUE MEER UND DU in Dubrovnik und in Mostar, das heute zu Bosnien und Herzegowina gehört. Auch Pierre Brice wirkte schon ein Jahr vor DER SCHATZ IM SILBERSEE im italienischen Abenteuerfilm RITT IN DIE FREIHEIT (1961) mit, der in der späteren Karl-May-Location der Plitvicer Seen gedreht wurde.

Der Legende nach sollen Vertreter der Jadran-Film aus Zagreb bei der Constantin vorgesprochen haben, als die Idee zu einem in Europa produzierten Wildwest-Film aufkam. Der Italowestern kam erst zwei Jahre später in Mode und avancierte zur Fließbandressource für günstig und schnell gedrehte Filme. Noch vor dem Aufkommen der Italowestern drehte ein spanisches Team im späteren Karl-May-Land Kroatien KEINEN CENT FÜR RINGOS KOPF. Die Westernstadt für diesen Film befand sich auf einer Wiese in Grobnik polje, als zeitgleich nur wenige 100 Meter entfernt Reitszenen mit Lex Barker und Pierre Brice gedreht wurden.

Die Außenaufnahmen für DER SCHATZ IM SILBERSEE begannen im August 1962 in der Region um Plitvice. Die erste Außenlocation war das Utah-Lager, in dem sich Old Shatterhand einen Zweikampf mit Häuptling Großer Wolf liefert. Zu diesem Zeitpunkt stand noch nicht fest, welcher Schauspieler die zentrale Rolle des edlen Apachen Winnetou übernehmen sollte. Horst Wendlandt entdeckte Pierre Brice auf der Berlinale, die damals noch im Sommer stattfand. Der Franzose saß an einem Tisch mit dem Schauspieler Ivan Desny und wunderte sich über die interessierten Blicke des ihm unbekannten Produzenten. Ursprünglich waren Probeaufnahmen mit Christopher Lee im Indianerkostüm gemacht worden, doch die hatten Horst

Wendlandt nicht überzeugt. Ein mexikanischer Schauspieler, den Regisseur Harald Reinl in Erwägung gezogen hatte, kam für den Produzenten ebenfalls nicht infrage: «Das ist doch kein Winnetou, der sieht ja aus wie Winnetous Mörder.» Auch der amerikanische Sindbad- und Zorro-Darsteller Guy Williams war kurze Zeit im Gespräch für die Hauptrolle.

Der Spiegel berichtete 1962 unter dem Titel «Karl May-Skalp zum Frühstück» über die Dreharbeiten zu Der Schatz im Silbersee. Regisseur Harald Reinl, der 1959 mit Der Frosch mit der Maske erfolgreich die Edgar-Wallace-Reihe in Gang gebracht hatte, äußerte sich mit österreichischem Schmäh über die Chancen des Karl-May-Films außerhalb von Deutschland: «Im Ausland schaut sich des kaner an.» Weit gefehlt: Internationale Filmplakate beweisen, dass die Reihe in viele Länder verkauft wurde. Auch Sergio Leone soll erst durch den Erfolg der beginnenden Winnetou-Reihe beschlossen haben, Für eine Handvoll Dollar (1964) mit Clint Eastwood zu drehen.

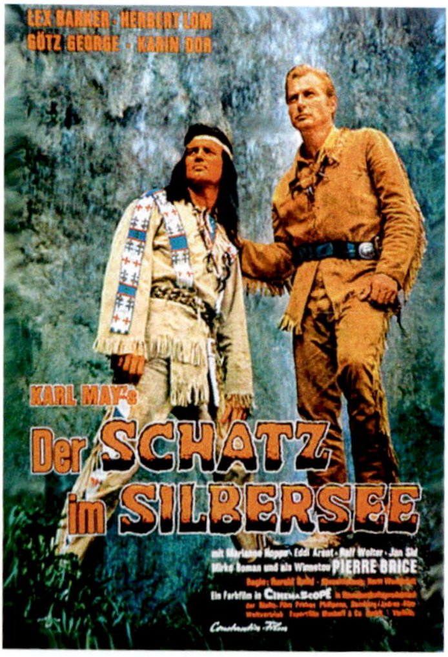

Plakat Der Schatz im Silbersee (1962)

Im Herbst 1963 fand *Der Spiegel* lobende Worte: «Auf Gold gestoßen!» Das Magazin schrieb, dass die Teutonen-Western im Gegensatz zu den Werken der von «Bonner Entwicklungshilfe» abhängigen «ambitionierten Jungfilmer» hervorragend ankommen. Der Schatz im Silbersee erhielt in der Kinobetreiber-Bewertung des Fachmagazins *Filmecho/Filmwoche* die auffallend gute Note 1,3. Damit lag der Film deutlich vor dem Edgar-Wallace-Krimi Das Gasthaus an der Themse (2,2) und sogar vor dem kassenstärksten Kriegsepos Der längste Tag (1,7). *Der Spiegel* zitierte Horst Wendlandt, Der Schatz im Silbersee habe in Italien binnen vier Wochen 38 Millionen Lire (243.200 DM) eingespielt, im Antwerpener Premierenhaus in acht Wochen 2,8 Millionen belgische Franc (224.000 DM) und in Frankreich in der Startwoche 31.500 Besucher erreicht. Vom Verkauf in die USA erhoffte sich der Produzent 100.000 Dollar zuzüglich prozentualer Beteiligung an den Kinoeinnahmen.

Horst Wendlandt machte im *Spiegel* deutlich: «Wir werden May-Western machen, solange sie geschäftlich gehen.» Er hielt sich daran. Als WINNETOU UND SEIN FREUND OLD FIREHAND (1966) an den Kinokassen floppte, stellte Wendlandt seine Reihe sofort ein.

Jugoslawien war nicht nur ein günstiges Produktionsland, sondern auch ein beliebtes Urlaubsziel. Schnell traf die WINNETOU-Crew auf deutsche Touristen. So machte ein Ehepaar mit seiner Super-8-Kamera aufschlussreiche Aufnahmen von den Dreharbeiten zu WINNETOU 2. Sie zeigen einen entspannten und zugänglichen Lex Barker. Auch die Kinder der Region beobachteten gern die Dreharbeiten und wurden als Komparsen eingesetzt. Eine Frau berichtete im Jahr 2016, dass ihr Vater als Statist in WINNETOU 1 mitspielte und dafür eine Cola und einen Kugelschreiber erhielt. Im kroatischen Fernsehen laufen die Karl-May-Filme – trotz der vielen Landschaftsbilder aus der Region – allerdings nur selten.

Die Filmemacher und Schauspieler nahmen weite Reisen in Kauf, um dem Kinopublikum abwechslungsreiche Naturlandschaften präsentieren zu können. Am wenigsten ambitioniert wirkte WINNETOU UND SEIN FREUND OLD FIREHAND (1966). Der Film wurde vorwiegend in einem als New Venango aus WINNETOU 2 bekannten Steinbruch in Stobrec nahe Split gedreht sowie in der Prärielandschaft im Hinterland von Vrlika. Alfred Vohrer, der nicht nur quantitativ zu den führenden Regisseuren der Edgar-Wallace-Reihe zählte, hatte in den Jahren zuvor wirkungsvollere Filme mit eindrucksvolleren Landschaftsmotiven inszeniert: UNTER GEIERN (1964) und OLD SUREHAND (1965).

Harald Reinl sorgte 1968 für einen würdigen vorläufigen Abschluss. WINNETOU UND SHATTERHAND IM TAL DER TOTEN kehrte an bewährte Drehorte zurück, darunter die Paklenica-Schlucht, der Krka-Nationalpark und der Zrmanja-Canyon. Er zeigte aber auch neue, bislang unbekannte Landschaften. Das Publikum war in nur sechs Jahren mit insgesamt 17 Karl-May-Filmen übersättigt worden. Bereits mit WINNETOU 3 war der Zenit der lukrativen Reihe überschritten. Der direkte Nachfolger OLD SUREHAND erhielt schon nicht mehr die Goldene Leinwand, die seine Vorgänger quasi als Stammauszeichnung erhalten hatten.

Der Erfolg, den die Rialto mit den Karl-May-Filmen hatte, rief nicht nur italienische Western-Produzenten auf den Plan, sondern veranlasste auch den Berliner Produzenten Artur Brauner, mit seiner Firma CCC weitere Karl-May-Stoffe in Jugoslawien und Spanien zu verfilmen. Ab 1964 griff er dafür sogar auf Horst Wendlandts Stars Pierre Brice und Lex Barker zurück. Brauner produzierte ebenfalls im heutigen Kroatien:

Old Shatterhand entstand in und um den Nationalpark Krka, für Winnetou und Shatterhand im Tal der Toten platzierte Regisseur Harald Reinl das Lager der Sioux an den Vrana-See und drehte weitere Szenen am Zrmanja-Canyon, der Krka und an den Paklenica-Schluchten. Während Rialto mit der Zagreber Jadran-Film kooperierte, ließ sich Artur Brauner Produktionshilfe von der Belgrader Avala Film geben. Die CCC nutze verstärkt jugoslawische Drehorte, die außerhalb Kroatiens liegen. Sie sind im heutigen Montenegro, Bosnien und im Kosovo zu finden.

Die Karl May-Filme der 1960er-Jahre lieferten unterschiedliche Landschaftspanoramen mit sattgrünen Prärie-Wiesen, kontrastiert von Schluchten und den markanten weißen Winnetou-Felsen am Mali Alan / Tulove Grede. Mehrere Generationen von Zuschauern haben diese Natur verinnerlicht. In ihrer Wahrnehmung ist einzig und allein diese Landschaft das authentische, amerikanische Westernland.

Kino ist Illusion. Und so haben auch die Macher der Winnetou-Filme getrickst und es mit der Geografie nicht allzu genau genommen. In Unter Geiern befand sich der von den Banditen überfallene Treck in einem Tal vor Vrlika. Die Desperados hingegen campierten vor dem Überfall auf einer Fläche am Tulove Grede, die unter Fans «Geier-Wiese» genannt wird und 120 beschwerliche Kilometer entfernt liegt.

Die Filmemacher wählten die Drehorte oft sehr ökonomisch aus und nutzen, gerade für die Pferdeszenen, bestehende Straßen und Wege. Andere Orte erforderten oft eine Anfahrt von bis zu zwei Stunden. Die Autobahn 1 war in den 1960er-Jahren noch nicht gebaut, sodass oftmals kurvenreiche Küstenstraßen durch zahllose kleine Ortschaften die einzige Verbindung waren. Manche Drehorte waren besonders schwer zugänglich, insbesondere für Pferde, die in einem ordentlichen Western zahlreich gebraucht werden.

Die Region Starigrad-Paklenica

Viele Karl-May-Filmfans, die sich in Kroatien auf die Spuren ihrer Helden begeben wollen, schlagen ihr Basislager in einem der vielen Hotels im Ferienort Starigrad-Paklenica auf. Er liegt 15 Minuten von der Autobahnausfahrt Maslenica entfernt und bietet auf der einen Seite der Küstenstraße die Adria, auf der anderen Seite das imposante Velebit-Gebirge mit dem

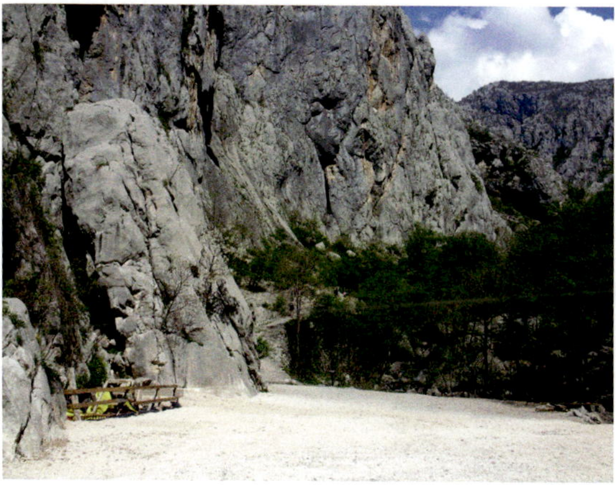

In der Großen Paklenica-Schlucht von Starigrad-Paklenica: Dieses Foto ist bereits Vergangenheit. In der Schlucht haben Bauarbeiten stattgefunden. Linker Hand gibt es jetzt eine Treppe mit Ausguckposten. Oben saß der Große Wolf (DER SCHATZ IM SILBERSEE, 1962) auf dem Pferd und richtete den verräterischen Unterhäuptling Rollender Donner.

Nationalpark Starigrad-Paklenica. Von hier aus lassen sich viele Drehorte gut erreichen. Die Plitvicer Seen und der Krka-Nationalpark sind jeweils nur circa 80 Kilometer entfernt. Die Fahrt nach Plitvice dauert allerdings länger, weil man die Autobahn früh verlassen und über Landstraßen zum Ziel reisen muss. Das berühmte Zrmanja-Plateau, an dem in WINNETOU 1 und WINNETOU 3 das Pueblo der Apachen stand, erreicht man in 40 Minuten. Bei einer etwas abenteuerlichen Fahrt ins Gebirge kommt man in einer Stunde zum imposanten Gebirgsmassiv Mali Alan / Tulove Grede.

Nicht nur Nutzer eines Navis sollten bei der Eingabe des Namens «Starigrad-Paklenica» unbedingt darauf achten, dass sie den Ort nicht mit dem auf der Insel Hvar gelegenen Stari Grad verwechseln.

Der 1949 eröffnete Nationalpark ist vor allem wegen seiner beiden Schluchten bekannt, die von der Küstenstraße aus bequem zu erreichen sind: Die Velika Paklenica (Große Paklenica-Schlucht) ist ungefähr zehn Kilometer lang, die Mala Paklenica (Kleine Paklenica-Schlucht) sieben Kilometer. Das Gebiet ist beliebt bei Wanderern und Kletterern. Sie mögen vor allem die Große Schlucht und besteigen die senkrechten Felswände, unter denen einst Indianer und Banditen ritten und in OLD SUREHAND der Einsiedler Old Wabble (Paddy Fox) hauste.

Filmfans finden in der Großen Schlucht mit wenig Aufwand zahlreiche Drehorte der WINNETOU-Filme. Inzwischen markieren sogar Hinweistafeln mehrere Locations.

Der Ausschilderung «Velika Paklenica» folgend, gelangen Autofahrer nach engen Kurven und einer kurzen Strecke bergab zum Eingangsbereich. Links neben der Absperrung ist das Kassenhäuschen, in dem Tickets für einen Tag oder mehrere Tage verkauft werden. Sie kosten ab 55 Kuna (Stand 2016) und gelten auch für die Kleine Schlucht. Bei ihr gibt es neben einem Parkplatz zwar auch ein Infohäuschen, das aber selten besetzt ist.

Wegbeschreibung

Starigrad-Paklenica ist über die Küstenstraße erreichbar, aber bequemer über die Autobahn 1. Vom Flughafen Zadar dauert die Fahrt circa 45 Minuten, vom Flughafen Split circa 1,5 Stunden. Die Ausfahrt heißt Maslenica. Ab der Maut-Station weisen Schilder den Weg nach Starigrad-Paklenica. Im Ferienort preisen Schilder die Ferienwohnungen und Hotels an. Nach dem Passieren der Zufahrt zur «Mala Paklenica» gelangt man auf der Küstenstraße wenig später zum Zugang eines Abzweiges zur «Velika Paklenica» und zum Eingang des Nationalparks. Auf der rechten Seite steht das Hotel Rajna, links davon der große gelbe Komplex des Hotels Alan. Wer auf der Küstenstraße weiter geradeaus fährt, gelangt zum Hotel Vicko.

Winnetou-Locations

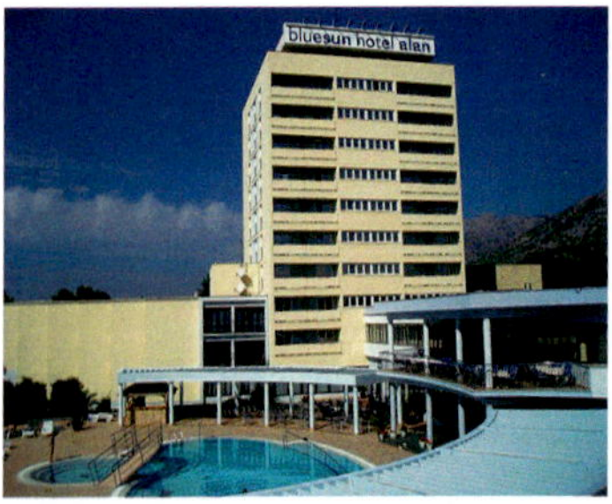

Hotel Alan

Das Hotel Alan wurde in den 1960er-Jahre gebaut. Zuvor befand sich an dieser Stelle das Motel Alan, in dem 1962 auch das Team von Der Schatz im Silbersee wohnte. Seit 2009 gibt es rechts vor dem Hotel Alan ein «Winnetou-Museum». Zahlreiche Exponate, schöne Fotos und internationale Plakate würdigen die filmische Vergangenheit der Region. In der Hotel-Lobby bietet ein Shop Postkarten mit Karl-May-Motiven und weitere Souvenirs wie T-Shirts, Winnetou-Magnete oder Uhren mit Filmmotiven an.

Die Westernstadt Tulsa

Über den genauen Standort der Westernstadt Tulsa aus Der Schatz im Silbersee wird seit Jahren gerätselt. Klar ist, dass

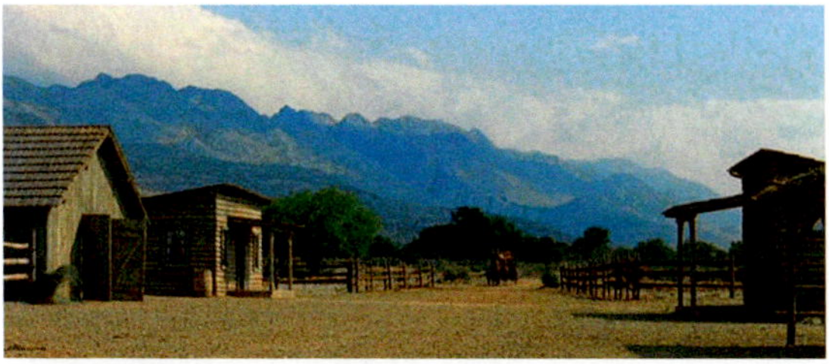

Tulsa in DER SCHATZ IM SILBERSEE (1962)

Tulsa in Starigrad-Paklenica in der Nähe des Motels Alan errichtet wurde, mit Blick auf die Kleine Schlucht. So vermied man, dass die Große Schlucht, die für andere Einstellungen genutzt wurde, im Hintergrund zu sehen war. Bis vor wenigen Jahren gingen Karl-May-Filmfans fest davon aus, dass sich Tulsa direkt vor der Adria auf der Seite des Hotels Alan in Richtung der Turm-Ruine befand. Andere Experten vermuten Tulsa aber auf der anderen Straßenseite. Der Ort war 1962 noch nicht so stark bebaut wie heute, auch die vielen Bäume und Sträucher standen auf der anderen Seite noch nicht im Weg. Deshalb ist ein Vergleich mit der Perspektive aus den Werkfotos schwierig. Da man aber den Blick auf den Einschnitt der Kleinen Schlucht von der anderen Straßenseite nicht so gehabt hätte, spricht vieles dafür, dass das Set auf der Seite des Hotels Alan und mit der Adria im Hintergrund stand. Die kleine Westernstadt wurde schräg und perspektivisch gebaut, um sie größer und länger wirken zu lassen. Dass im Hintergrund die Küstenstraße verläuft, war kein Hindernis. Oft wurden die Drehorte aus logistischen Gründen möglichst nah an Straßen gewählt.

Auch die Szene aus DER SCHATZ IM SILBERSEE, in der Fred Engel (Götz George) Old Shatterhand (Lex Barker) beobachtet und von diesem bewusstlos geschlagen wird, entstand neben dem Motel Alan in Richtung der Turm-Ruine vor den Olivenbäumen.

Der Nationalpark Starigrad-Paklenica

Velika Paklenica (Große Paklenica-Schlucht)

Man verlässt die Autobahn an der Ausfahrt Maslenica und folgt der guten Beschilderung zum über zehn Kilometer entfernten Nationalpark Paklenica. Auf die Ortschaft Seline folgen die Kleine (Mala) und die Große (Velika) Schlucht. Letztere befindet sich kurz hinter dem auf der rechten Seite gelegenen Hotel Rajna und vor der links gelegenen Zufahrt zum Hotel Alan.

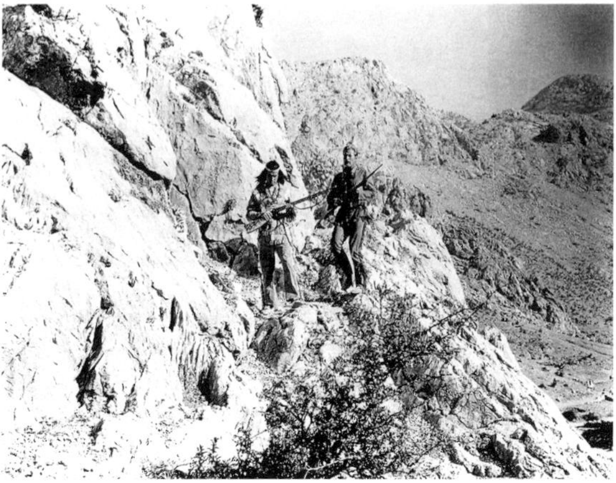

Im Vorspann von Der Schatz im Silbersee (1962) laufen die Blutsbrüder weit oberhalb der heutigen Straße. Wenige Meter weiter folgen heute die Schranke und das Kassenhäuschen zur Großen Paklenica-Schlucht. Schräg gegenüber lag El Doro.

Kurz vor dem Kassenhäuschen weist ein Schild «Winnetou 1» nach links in die Felsen. Es handelt sich um einen wenige Meter oberhalb der heutigen Straße gelegenen Ort, an dem Lex Barker und Pierre Brice im Vorspann von Der Schatz im Silbersee zu sehen sind. Die Stelle bietet keinen besonders sicheren Halt und man kann erahnen, dass auch die Schauspieler bei den Dreharbeiten aufpassen mussten. Regisseur Harald Reinl war ein begeisterter Bergsteiger.

Ferner wurde während der Dreharbeiten für Der Schatz im Silbersee aus rein lizenrechtlichen Gründen eine Aufnahme für den Nachfolgefilm Winnetou 1 gedreht. Lex Barker trug dabei noch einen Bart. Die Einstellung wurde später nicht für den Film verwendet, sie hatte nur vertragliche Hintergründe. Für die Option auf die Rechte an Winnetou 1 musste bis zu einem bestimmten Stichtag mit den Dreharbeiten begonnen werden. In Winnetou und Shatterhand im Tal der Toten (1968) kamen die Sioux an derselben Stelle ins verhängnisvolle Tal.

An dieser Stelle stand die Dekoration für El Doro mit Kirche in Der Schatz im Silbersee (1962). Hier drehten u. a. Karin Dor, Götz George und Herbert Lom. Götz George war nur wenige Meter weiter rechts auch in Unter Geiern (1964) aktiv.

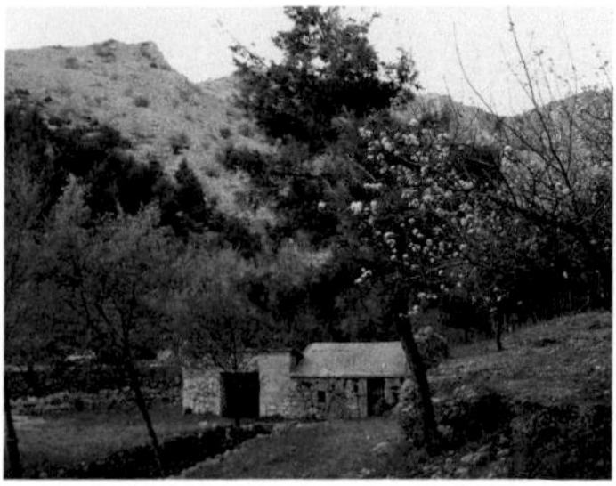

Zurück zur Schranke: Rechts davon befindet sich eine inzwischen bewachsene Fläche mit einem alten Gebäude. Hier war El Doro, die Raststätte der Tramps in Der Schatz im Silbersee. Der bis heute erhaltene Bau wurde für die Aufnahme erweitert und farblich umgestaltet.

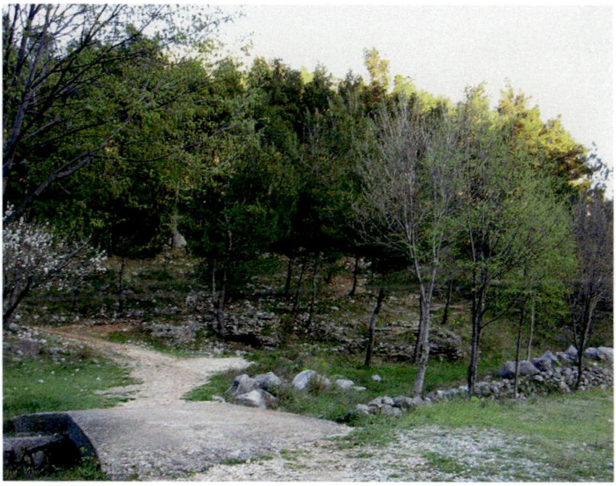

Große Paklenica-Schlucht, vor dem Kassenhäuschen rechts. Hier stand 1964 der Saloon aus Unter Geiern. Der Ort hat sich mittlerweile stark verändert.

Der Drehort diente ferner 1964 als Westernstadt in Unter Geiern. Der Saloon stand jedoch in der Mitte der Lichtung. Im Film wirkt das heute zugewachsene Areal deutlich größer. Die Straße war damals nicht asphaltiert und Götz George ritt sie sowohl in Der Schatz im Silbersee als auch in Unter Geiern hinab. Einmal wollte er Karin Dor befreien, beim zweiten Anlauf war es Elke Sommer.

Zu Fuß oder mit dem Auto geht es die Straße weiter bergauf in Richtung der großen Schlucht. Das Schild «Winnetou 2» führt zum markanten Felsen, unter dem die Postkutsche mit

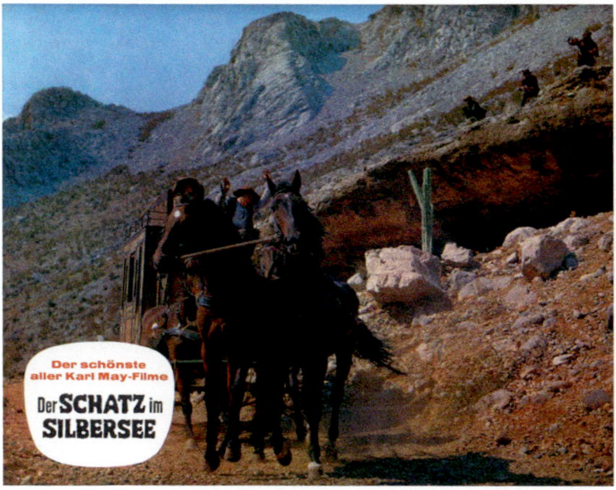

Nationalpark Starigrad-Paklenica: Überfall auf die Postkutsche in Der Schatz im Silbersee

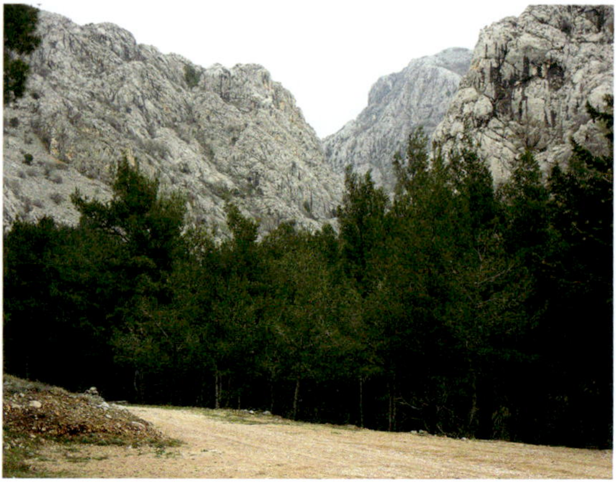

Nationalpark Starigrad-Paklenica: Nach dem Kassenhäuschen geht es links die erste Zufahrtsrampe hinauf. Hier las Winnetou die Spuren in DER SCHATZ IM SILBERSEE (1962).

Cornel Brinkley (Herbert Lom) und dem Opfer Erik Engel fuhr. Bei dieser Einstellung stand die Kamera im Flussbett, das im Hochsommer ausgetrocknet war. Dasselbe Motiv wurde auch in UNTER GEIERN genutzt.

Das Schild «Winnetou 3», ebenfalls kurz hinter der Schranke, führt zu jenem Ort, der auf dem deutschen DIN-A0-Filmplakat von DER SCHATZ IM SILBERSEE zu sehen ist. Winnetou steigt hier vom Pferd ab und liest in gebückter Haltung die Spuren. Die schöne Aussicht auf die Schlucht ist heute nicht mehr gegeben, weil die Aufforstung der 1970er- und 1980er-Jahre zu dichtem Baumbewuchs führte.

Überhang am Fahrweg der Paklenica-Schlucht. Hinter dem Felsen duckten sich Lex Barker und Pierre Brice im Vorspann von DER SCHATZ IM SILBERSEE (1962).

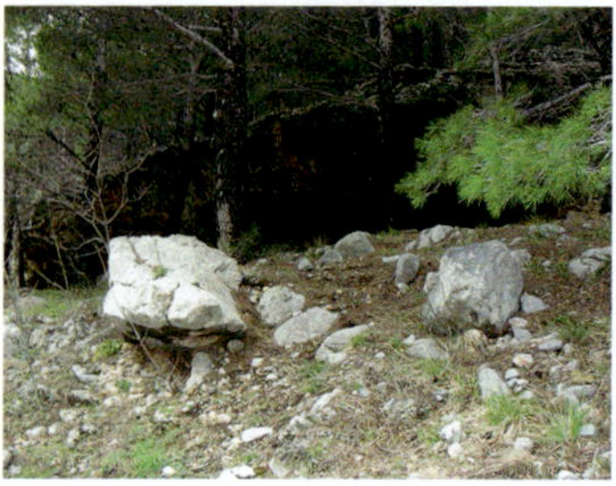

Das Schild «Winnetou 4» führt zu einem Felsvorsprung, auf dem Winnetou die Tasche von Erik Engel. Die Straße wurde erst Jahrzehnte nach den Dreharbeiten asphaltiert. Lex Barker ging unterhalb des Weges in Richtung Flussbett und griff das Messer der Tramps. Hinter dem Stein rechts vor dem Vorsprung ducken sich Lex Barker und Pierre Brice im Vorspann von DER SCHATZ IM SILBERSEE. Für den Überfall auf die Postkutsche im selben Film wurde hier ebenso gedreht wie an einem Felsen mit rötlicher Färbung, zu dem das Schild «Winnetou 5» führt. Die Bande in UNTER GEIERN bezog hier 1964 Posten, um den von Richter Leader (Renato Baldini) angeführten Reitertrupp abzufangen. In DER SCHATZ IM SILBERSEE fuhr die Postkutsche vorbei, bevor Erik Engel ermordet wurde.

Das Schild «Winnetou 6» führt zum Drehort, an dem sich die Sioux in WINNETOU UND SHATTERHAND IM TAL DER TOTEN in das titelgebende Tal schleichen. Die «Geier» begrüßten an dieser Stelle in UNTER GEIERN heuchlerisch Richter Leader.

Ein weiteres «Winnetou»-Schild, diesmal ohne Ziffer, führt zum sogenannten «Surehand-Felsen». In OLD SUREHAND (1965) bringt sich der Titelheld (Stewart Granger) hier vor Geröll und Steinschlägen in Sicherheit, als er den verschollenen Old Wabble sucht. In DER SCHATZ IM SILBERSEE erwartet dort Winnetou die Utahs vor dem Geistercanyon. Unterhalb des vorgewölbten Felsens will Old Shatterhand den Utahs den Rückweg abschneiden. In UNTER GEIERN wurde der Felsen künstlich zu einem Rundbogen erweitert und diente als Eingang zum Tal, durch das George Preston (Sieghardt Rupp) mit seinen Banditen ritt und die Indianer ermordete.

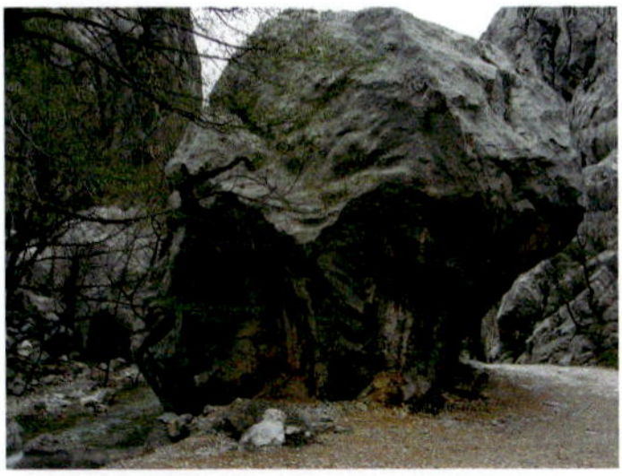

Nationalpark Paklenica: Fans nennen ihn den Surehand-Felsen. Hier fand Stewart Granger auf der Suche nach Old Wabble Schutz vor der Steinlawine (OLD SUREHAND, 1965). Schon 1962 lockte Winnetou die Utahs in die Falle.

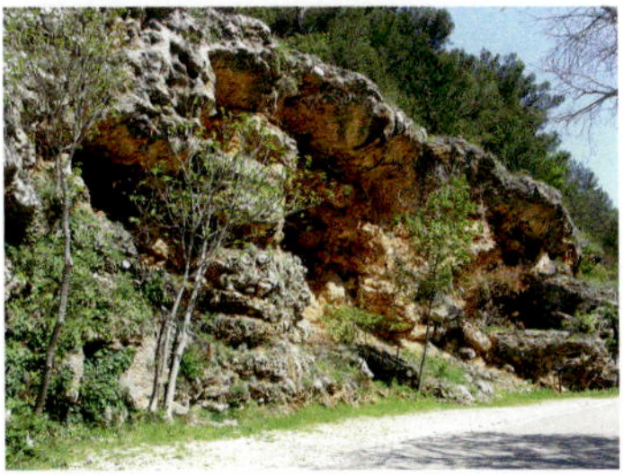

Nationalpark Starigrad-Paklenica: Karl-May-Drehort linker Hand der heute asphaltierten Straße in die Große Paklenica-Schlucht. Der rötliche Felsen kam in UNTER GEIERN (1964) zur Geltung.

Der vielseitige «Geistercanyon»

Nur eingefleischte Fans wissen, dass Winnetou in DER SCHATZ IM SILBERSEE an genau derselben Stelle der Kugel von Unterhäuptling Rollender Donner ausweicht, an der sechs Jahre später in WINNETOU UND SHATTERHAND IM TAL DER TOTEN nur wenige Meter weiter die Regimentskasse versteckt wurde. In der Realität wäre das Goldversteck nicht besonders effektiv gewesen. Jeder Passant hätte den Planwagen sofort wahrgenommen.

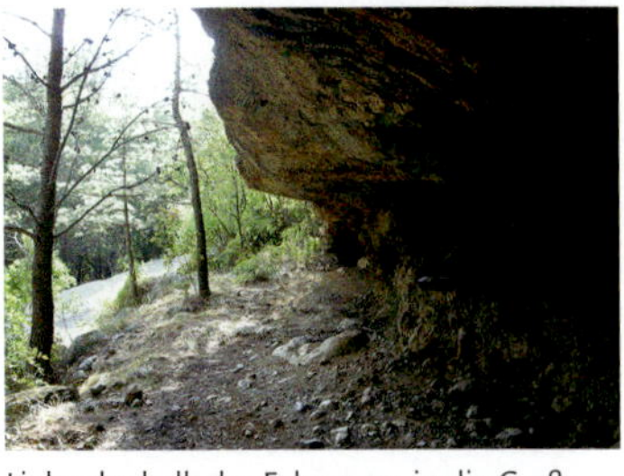

Links oberhalb des Fahrweges in die Große Paklenica-Schlucht. Unter diesem Felsvorsprung fand Winnetou die Leiche und Tasche Erik Engels (DER SCHATZ IM SILBERSEE, 1962).

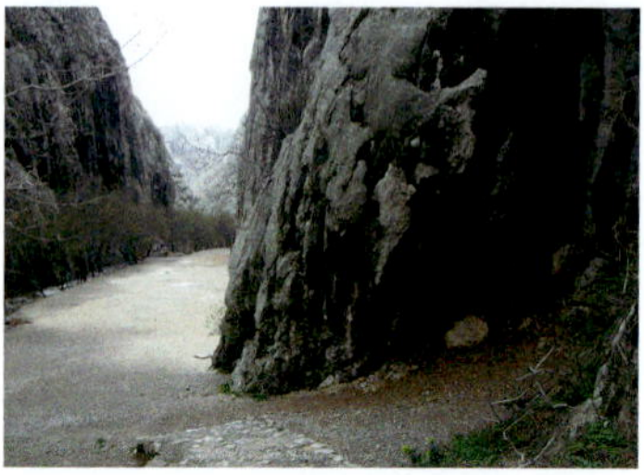

Große Paklenica-Schlucht: Hier verbarg sich Winnetou vor den Utahs in Der Schatz im Silbersee (1962). Rechts daneben stand 1968 der Wagen mit der Regimentskasse in Winnetou und Shatterhand im Tal der Toten.

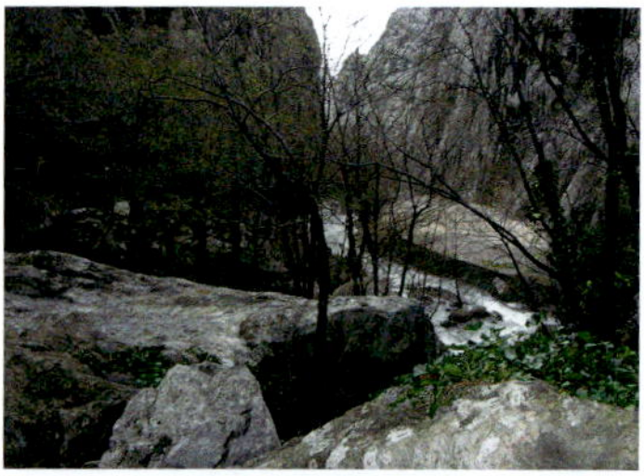

Große Paklenica-Schlucht: Der Beobachtungsfelsen aus Der Schatz im Silbersee (1962) und Winnetou und Shatterhand im Tal der Toten (1968).

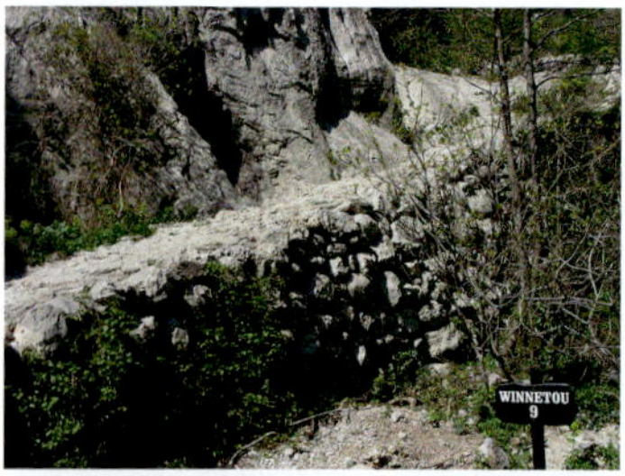

Große Paklenica-Schlucht: Markierung der Winnetou-Drehorte durch die Parkverwaltung. Nr. 9 bezeichnet die Rampe, an deren Ende der Beobachtungsfelsen liegt. Oben auf der Rampe saß Häuptling Großer Wolf auf dem Pferd und bot den Helden seine Freundschaft an (Der Schatz im Silbersee, 1962).

Nachdem Winnetou in Der Schatz im Silbersee die Utahs in den Geistercanyon gelockt hat und sich mit seinem Pferd hinter dem Felsen versteckt («Es gibt keinen Ausweg. Ergebt Euch! Oder keiner kehrt lebend zu den Dörfern der Utahs zurück!»), sieht man rechts im Hintergrund den Sand, der bis heute hinter der Wölbung liegt. Old Wabble hatte es sich auf seiner Flucht in Old Surehand 1. Teil (1965) nur wenige Meter zuvor als Höhlenbewohner bequem gemacht. Die Toiletten, die heute dort stehen, gab es zu seiner Zeit noch nicht.

Unmittelbar hinter dem Felsvorsprung, unter dem der Planwagen mit dem Gold abgestellt war, beginnt ein rampenartiger Fußweg, der bergauf führt. Dort oben meldete sich Großer Wolf in Der Schatz im Silbersee zurück, als er den verräterischen Unterhäuptling Rollender Donner erschoss. Zudem lagen auf einer Felsplatte seitlich dieses Motivs Sam Hawkens und Lord Castlepool, um den Canyon vor den Utahs zu sichern. In Winnetou und Shatterhand im Tal der Toten, den viele Zuschauer für ein inoffizielles Remake von Der Schatz im Silbersee halten, wurde diese Plattform erneut als Überwachungsposten genutzt.

Hier enden die Winnetou-Drehorte in der Großen Schlucht. Dennoch bietet es sich für Wanderer an, den malerischen Weg weiter hinauf ins Gebirge zu gehen. Die Felsenlandschaft hat auch dort einen besonderen Reiz. Bei Nässe ist allerdings Vorsicht geboten. Der Steinboden ist dann rutschig und der Weg bietet keinen sicheren Halt.

In der jüngeren Vergangenheit hat die Parkverwaltung in der großen Schlucht einige Umgestaltungen vorgenommen und Treppenplattformen gebaut. Ein Kiosk verkauft Postkarten, T-Shirts und Snacks. Die Wände wurden durch Felssprengungen geglättet und wirken nicht mehr so schroff wie im Film. Zuletzt kam eine Treppenempore.

Die große Paklenica-Schlucht diente auch als Kulisse für Filme, die nichts mit Karl May zu tun haben:

- KEINEN CENT FÜR RINGOS KOPF (1964) ist ein früher Italowestern, der DJANGO-Regisseur Sergio Corbucci zugeschrieben wird. Er selbst will unter dem Pseudonym Stanley Corbett aber nur wenige Szenen verantwortet haben, während ansonsten Produzent Albert Band Regie geführt haben soll. Höhepunkt ist eine bleilastige Kampfszene in der Großen Paklenica-Schlucht.
- DUELL VOR SONNENUNTERGANG (1965) ist ein von Leopold Lahola inszenierter deutscher Western, der mit Peter van Eyck und Mario Girotti (der sich später Terence Hill nannte) aufwartet. Die mäßig spannende Geschichte zweier Brüder, von denen einer heldenhaft (van Eyck) und der andere ein Schurke (Girotti) ist, bietet auch ein Wiedersehen mit dem jugoslawischen Karl-May-Veteranen Slobodan Dimitrijević. Er spielte in DER SCHATZ IM SILBERSEE den Rollenden Donner, in DER ÖLPRINZ den Messerwerfer und in WINNETOU 3 den Häuptlingssohn Schneller Pfeil.
- DIE BANDITEN VOM RIO GRANDE (1965) ist ein von Helmuth M. Backhaus inszenierter deutscher Abenteuerfilm mit «Ölprinz» Harald Leipnitz und Wolfgang Kieling. Ein Großteil der Dreharbeiten fand in der Großen Paklenica-Schlucht statt, doch auch der Zrmanja-Canyon bei Obrovac kam zum Einsatz. Aus heutiger Perspektive ist interessant, dass man im Film einiges von der früheren Bebauung des Ortes Starigrad-Paklenica erkennt.
- DSCHINGIS KHAN (1965) ist ein aufwendiger Monumentalfilm von Henry E. Levin. In der Schlucht drehten Omar Sharif und James Mason.
- MATHIAS SANDORF (1979) ist eine deutsch-französisch-italienisch-ungarische Co-Produktion. Der Fern-

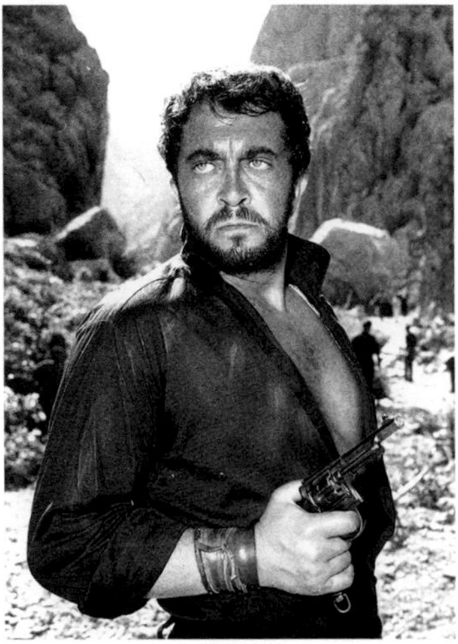
Wolfgang Kieling in der Großen Paklenica-Schlucht bei Starigrad-Paklenica in DIE BANDITEN VOM RIO GRANDE (1965)

sehvierteiler basiert auf einem Roman von Jules Verne. Die Außenaufnahmen fanden in Ungarn, Italien und Jugoslawien statt. Der finale Kampf wurde in der Schluchtenlandschaft von Starigrad-Paklenica gedreht. Außerhalb des heutigen Kroatiens gelegen wurde im heutigen Slowenien in den damals bei Filmteams populären Höhlen von Postonja gefilmt. In Presseberichten über WINNETOU 2 wurden diese noch als Adelsberger Grotten bezeichnet. Sie waren der letzte Rückzugsort der Assiniboins in WINNETOU 2.

Die Kleine (Mala) Paklenica-Schlucht

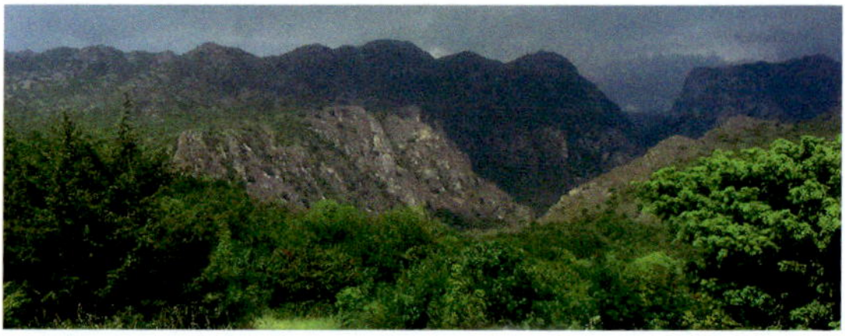

Die kleine (Mala) Paklenica-Schlucht steht touristisch im Schatten der großen Schlucht

Auf dem Rückweg zur Autobahnausfahrt Maslenica weisen Schilder den Weg zur kleinen Schlucht. Diese ist vor allem für Wanderer und Naturfreunde interessant, doch auch Filmfans kennen sie aus wenigen Einstellungen aus DER SCHATZ IM SILBERSEE und WINNETOU UND SHATTERHAND IM TAL DER TOTEN. Weil die Schlucht für ein großes Filmteam schlecht begehbar war und ist, sind die dort gedrehten Szenen eher die Ausnahme. Sie befindet sich außerhalb von Starigrad-Paklenica in dem Vorort Seline. Gedreht wurden die Besprechung der Sioux und Osagen sowie der Ritt von Winnetou, Old Shatterhand und Begleitern zum Tal des Todes.

Turm-Ruine Večka kula

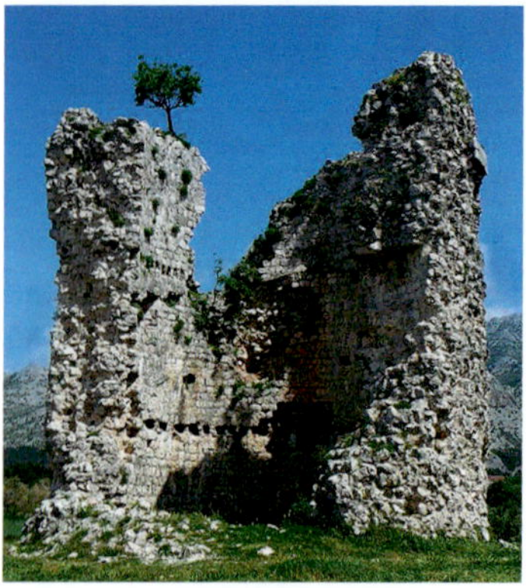

Weitere Produktionen in Starigrad-Paklenica

Östlich von Starigrad liegt direkt an der Adria die **Turm-Ruine Večka kula**. Wegen des dichten Baumwuchses ist sie inzwischen vom Hafen des Ortes aus besser zu sehen als von der Küstenstraße. Kirk Douglas verwendete sie in einer seiner seltenen Regie-Arbeiten als Kulisse für den durchweg misslungenen Piratenfilm SCALAWAG (1973). Die

Ruine kann heute unverändert und gratis besichtigt werden. Eine Tafel klärt über die Legende des verfallenen Turmes auf.

Für SCALAWAG, der ungeschickt viele Elemente eines Piratenfilms und Westerns verquickte, wurde auf freier Fläche nahe der Küstenstraße eine Farm errichtet. Außerdem drehte Kirk Douglas am **Zrmanja-Canyon** bei **Obrovac**, der unter anderem durch das Apachen-Pueblo im ersten und dritten WINNETOU-Film Berühmtheit erlangte.

Drehorte zwischen Starigrad-Paklenica und Obrovac

Auf dem Weg zwischen der Autobahnausfahrt Maslenica und dem Ort Starigrad-Paklenica lohnen Stopps an weiteren Drehorten. Die Schlusseinstellungen von WINNETOU 1 und WINNETOU 3 entstanden zwischen **Modric** und **Rovanjska** und an fast identischer Stelle. Im ersten Teil reiten die Blutsbrüder Winnetou und Old Shatterhand an dieser Stelle dem Sonnenuntergang entgegen. Im dritten Teil wird der tote Häuptling auf der Bahre lediglich etwas näher zum Wasser hin getragen.

Nach der Autobahnabfahrt Maslenica folgt man circa drei Kilometer der kurvigen Küstenstraße in Richtung Starigrad-Paklenica. Hinter Rovanjska und kurz vor dem Eingangsschild des kleinen Ortes Modric gibt es in einer haarnadel-ähnlichen Linkskurve eine kleine Zufahrt nach rechts. Dort biegt man ein und lässt sein Auto stehen. Anschließend läuft man 15 bis 20 Minuten den Berg hinauf und hält sich dabei rechts. Am Scheitelpunkt angelangt, sieht man links einen Schotterweg und genießt den Ausblick auf die **Adria**.

Folgt man dem Schotterweg, erreicht man das Schlussmotiv aus WINNETOU 1. Im Film reiten Lex Barker und Pierre Brice in Richtung Adria, doch man kann das Wasser nicht erkennen. Die Szene musste mehrfach wiederholt werden. Pressefotos zeigen die beiden Schauspieler auch, wie sie mit ihren Pferden

Drehort der Schlussszenen aus WINNETOU 1 und 3 (1963/65) bei Rovanjska nahe Starigrad-Paklenica

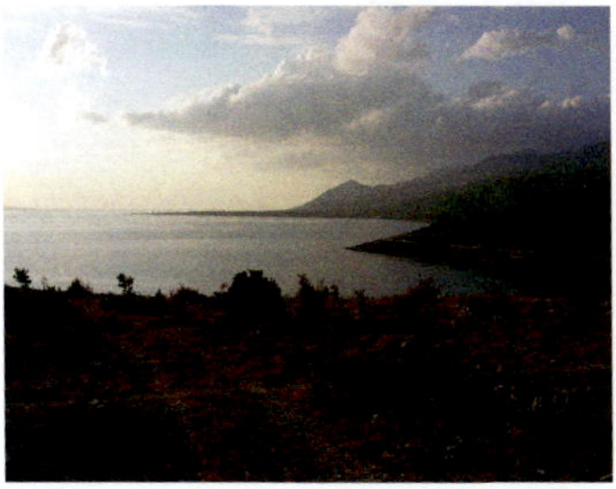

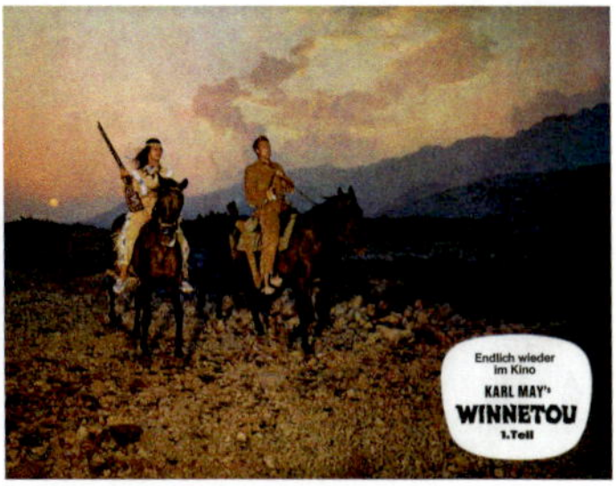

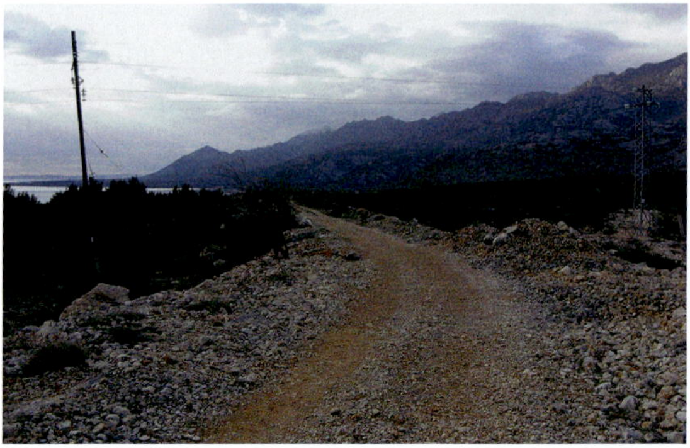

Rovanjska nahe Starigrad-Paklenica. Der Schotterweg ist auf dem Aushangfoto zu WINNETOU 1 auf S. 27 zu sehen.

in die entgegengesetzte Richtung reiten. Gleiches gilt für das Aushangfoto aus früheren Kinoschaukästen.

Im Hintergrund sind die markanten **Velebit-Berge** zu sehen. Der charakteristische Zacken-Felsen aus Starigrad-Paklenica fällt in der Ferne sofort ins Auge. Im Finale von WINNETOU 3 ist ganz klar das Wasser der Adria zu erkennen. Die Apachen tragen den auf einer Bahre liegenden Leichnam Winnetous, Old Shatterhand begleitet den Trauerzug. Im Film ist an den Körperkonturen allerdings eindeutig zu erkennen, dass nicht Lex Barker, sondern ein Double vor der Kamera ritt.

Drehorte nahe Obrovac: Zrmanja-Canyon

Der **Zrmanja-Canyon** ist vielleicht die magischste aller Karl-May-Filmlocations. Hier wurde das Apachen-Pueblo für WINNETOU 1 und WINNETOU 3 errichtet, am selben Motiv trafen sich in OLD

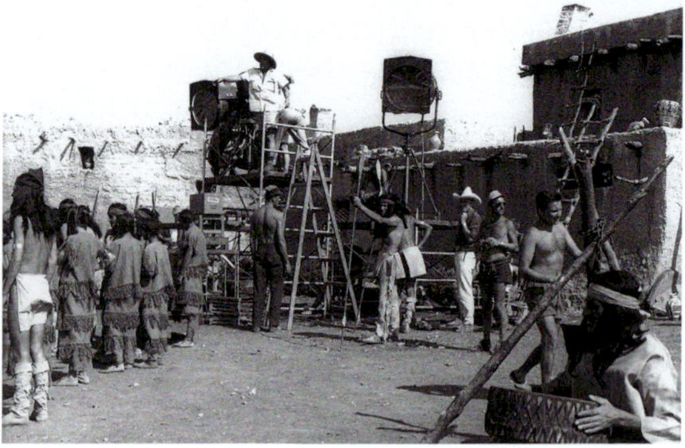

Regisseur Harald Reinl überwacht auf der Empore die Dreharbeiten am Apachen-Pueblo beim Zrmanja-Canyon. Das Pueblo wurde für WINNETOU 1 und WINNETOU 3 jeweils neu errichtet.

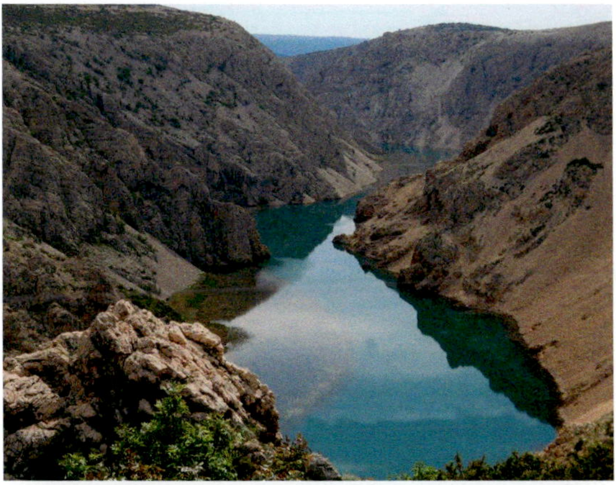

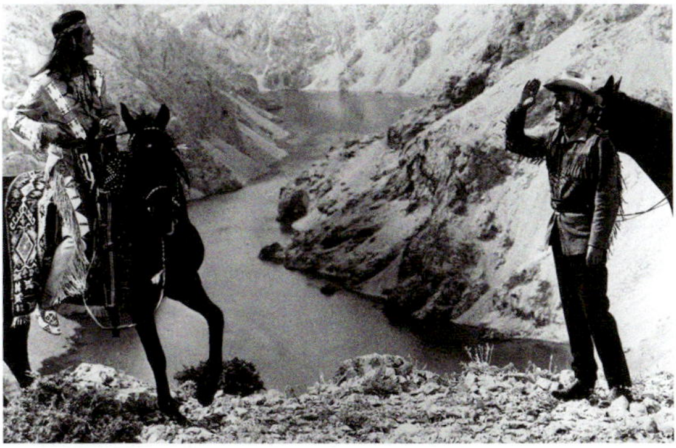

Der Zrmanja-Canyon war Location vieler Filme. Geradezu ikonografisch eingeprägt hat er sich als Schauplatz in WINNETOU 1 (1963) und WINNETOU 3 (1965). Hier trafen auch Pierre Brice und Stewart Granger in OLD SUREHAND (1965) aufeinander.

SUREHAND 1. TEIL auch der Titelheld (Stewart Granger) und Winnetou. In WINNETOU UND SHATTERHAND IM TAL DER TOTEN wurde Cummings hier – immerhin mit schöner Aussicht – gefoltert.

Um den Canyon zu besuchen, nimmt man auf der Autobahn 1 von Split nach Rijeka/Zagreb die Ausfahrt Maslenica. Nach der Maut-Station geht es sofort bei der ersten Möglichkeit nach rechts (aus Richtung Autobahn kommend) in Richtung Obrovac. Bei der nächsten Abzweigung geht es links auf die Landstraße 54 in Richtung Obrovac. Aber Vorsicht! Die Polizei misst hier regelmäßig die Geschwindigkeit. Nun muss man der Hauptstraße weitere 6,5 Kilometer folgen.

An der links gelegenen **Y-förmigen Weggabelung** aus DER SCHATZ IM SILBERSEE geht es weiter geradeaus. Rechts der

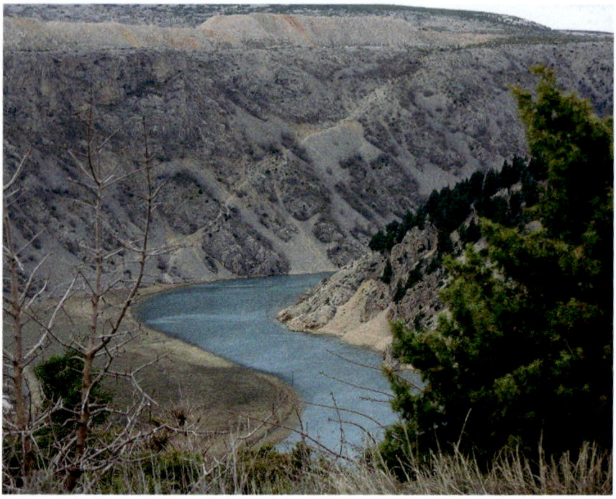

Biegt man auf der Straße von Maslenica in Richtung Obrovac am Abzweig Altes Bauxitwerk rechts ab in Richtung Obrovac, sieht man rechts unten im Tal die Zrmanja. Es handelt sich nicht um den Einschnitt oberhalb des ehemaligen Pueblos. An diesem Drehort hinter dem Motiv Pueblo ritten u. a. die Banditen mit Ellen und Fred in den Harald-Reinl-Filmen Der Schatz im Silbersee (1962) und Winnetou und Shatterhand im Tal der Toten (1968) vorbei.

Straße orientiert man sich an den Strommasten. Zwischen den Masten 86 und 87 lässt man den Wagen stehen und läuft zum Schild «Parizevacka glavica», das schon von der Straße aus gut erkennbar ist. Zu Fuß geht es auf einem schlechten Schotterweg 15 bis 20 Minuten weiter zum **Zrmanja-Fluss**, der auf der rechten Seite liegt und noch nicht erkennbar ist. Dafür muss man sich bei Gabelungen immer rechts halten.

Wer sein Auto (oder das des Vermieters) nicht liebt, kann die steinige Rumpelpiste auf eigene Gefahr befahren. Es gibt auf dem sehr schlechten Weg starke Vertiefungen. Nach Regenfällen lässt sich nicht erkennen, ob dort spitze Steine auf die Reifen lauern. Deshalb ist der überschaubare Fußmarsch grundsätzlich vorzuziehen.

Am Drehort weist eine große Holztafel mit Fotos, Zeichnungen und Texten auf die filmhistorische Bedeutung des Canyons hin. Dabei wird nur Winnetou thematisiert, obwohl dort auch viele andere internationale Stars vor der Kamera standen: Omar Sharif ritt hier als Dschingis Khan (1965) im gleichnamigen Historienfilm, Kirk Douglas und Dany DeVito drehten dort für den Piratenfilm Scalawag. Im Sat.1-Zweiteiler Der Geheimnisvolle Schatz von Troja (2006) stand Heino Ferch in der Rolle des deutschen Forschers Heinrich Schliemann am Zrmanja-Canyon und schaute laut Drehbuch auf die Ebene, in der er den Schatz des Priamos vermutete. Das Filmteam um Regisseur Dror Zahavi entschied sich für Kroatien, weil die zerklüftete Berglandschaft dem archäologischen Gelände in der

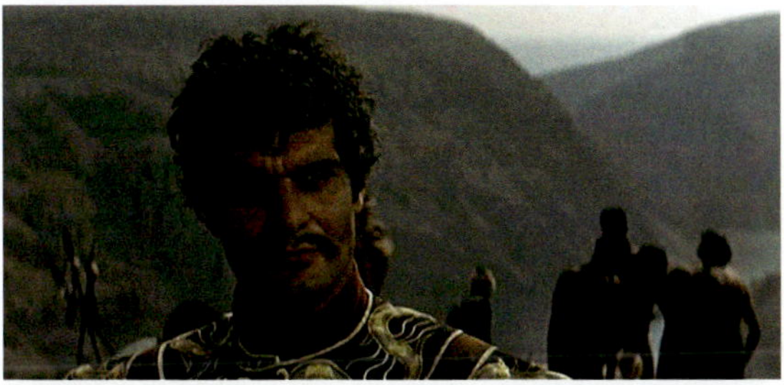

Omar Sharif in DSCHINGIS KHAN, im Hintergrund der Zrmanja-Canyon

heutigen Türkei ähnelt. Die Ausgrabungsstätte selbst wurde im brandenburgischen Oberkrämer gefilmt. Mehr als 20.000 Kubikmeter Sand wurden für ein 150 mal 70 Meter großes Grabensystem angeschüttet. Es war das größte Filmset, das je in Europa errichtet wurde.

Auch die deutsche Fernsehkomödie WINNETOUS WEIBER (2014) entstand unter anderem am Zrmanja-Canyon. Eine der fünf Hauptdarstellerinnen, Floriane Daniel, fand sich an dieser filmhistorischen Stelle am Marterpfahl wieder. Weitere Hauptrollen spielten Nina Kronjäger, Josephin Busch, Maren Kroymann und Teresa Weißbach. Nach einem Drehbuch von Timo Berndt reisen fünf Frauen aus sehr unterschiedlichen Gründen nach Kroatien, um dort zu Pferde die Drehorte der Karl-May-Filme abzuklappern. Eine von ihnen möchte die Asche ihres verstorbenen Mannes in den Silbersee streuen. Doch als sie mit ihren Gefährtinnen die Plitvicer Seen erreicht, muss sie feststellen, dass der touristische Ort nicht mehr den romantischen Vorstellungen aus dem Film entspricht.

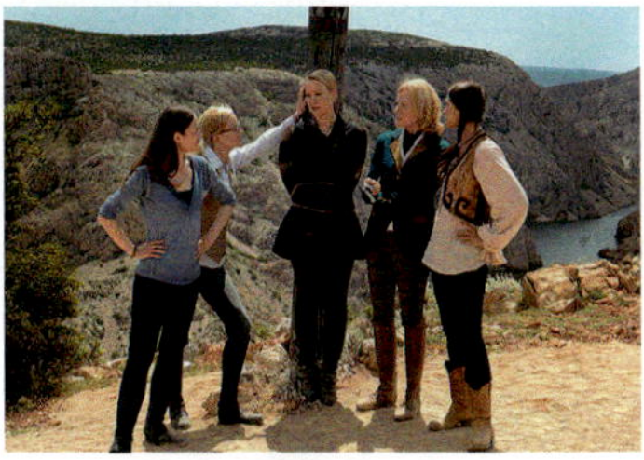

WINNETOUS WEIBER: Für die Marterpfahl-Szene wurde der Untergrund dauerhaft befestigt.

Die Y-Weggabelung aus DER SCHATZ IM SILBERSEE

Auf dem Weg von der A1-Autobahnausfahrt Maslenica in Richtung Obrovac (zum Zrmanja-Canyon oder zum Mali Alan / Tulove Grede) passiert man, auf der linken Seite der Straße gelegen, eine Y-Weggabelung. Hier wurde die Vorschlussszene aus DER SCHATZ IM SILBERSEE gedreht. Während Winnetou und Old Shatterhand zum finalen Abschiedsgruß im Nationalpark Starigrad weilen, verabschieden sich Ellen, Fred, Sam Hawkens und ihre Begleiter knapp 15 Autominuten entfernt. Hier wurde ebenso wie in Plitvice auch für DSCHINGIS KHAN gefilmt.

Die Y-Gabelung ist in DER SCHATZ IM SILBERSEE (1962) zu sehen: Karin Dor, Götz George, Ralf Wolter u. a. verabschieden sich von Winnetou und Old Shatterhand. Die Gabelung liegt hinter dem Ort Jasenice links der Straße 54 in Fahrtrichtung Obrovac.

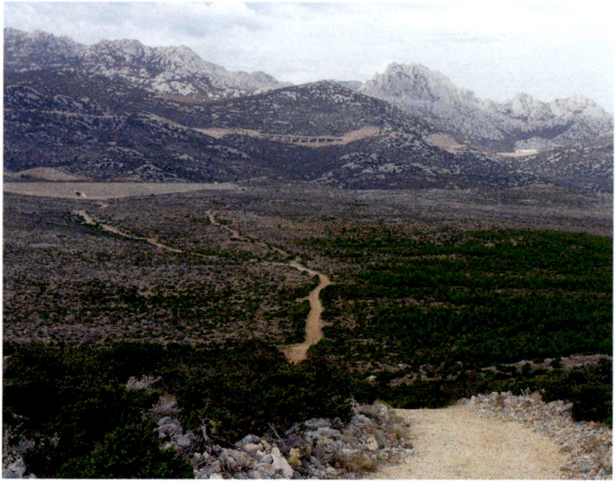

Zurück auf der Straße Maslenica nach Obrovac, erreicht man den Drehort, an dem Old Shatterhand und Mabel (Karin Dor) in WINNETOU UND SHATTERHAND IM TAL DER TOTEN eine **Kaffeepause** einlegen, bis Cummings Soldaten zu ihnen stoßen. Dafür biegt man auf einer der ersten Zufahrten nach rechts in Richtung Obrovac ab. Die Straße verläuft stark abschüssig. Links sieht man eine Polizeiwache. An der Haltelinie muss man geradeaus fahren (ein Schild zeigt die Richtung nach Zagreb an) und nicht in den Ort Obrovac oder über den Fluss abbiegen. Rechts vorne steht eine INA-Tankstelle, die man linksseitig passiert. Nun geht es zwei Kilometer bergauf weiter geradeaus. Etwa dort, wo auf der linken Seite ein Schild die fünf Kilometer Entfernung bis Zidine anzeigt, muss man rechts auf den Parkplatz abbiegen und sein Auto abstellen. Der Ort versprüht den Charme eines verlassenen Busparkplatzes. Gegenüber vom Zidine-Schild folgt man dem Trampelpfad abwärts. Nach ungefähr fünf Minuten passiert man rechts eine kleine Beton-Stele (1698). Hier geht es noch weiter geradeaus. An der nächsten Weggabelung muss man rechts in Richtung Zrmanja laufen. Den Drehort erkennt man nur schwer, zumal der Fluss erst spät sichtbar wird. Erst in Höhe des Plateaus angekommen, realisiert man

Kaffeepause: Lex Barker in WINNETOU UND SHATTERHAND IM TAL DER TOTEN

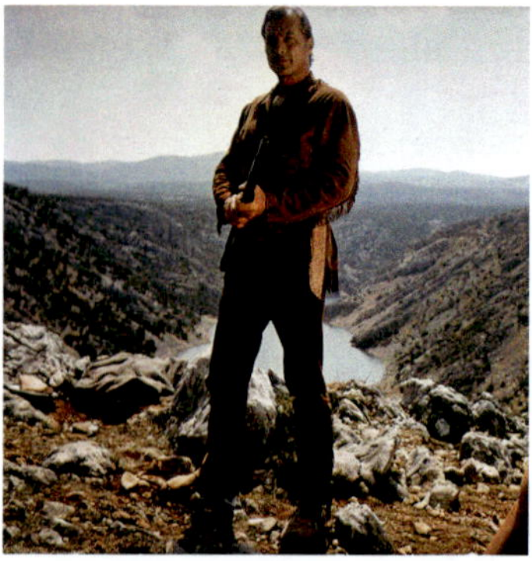

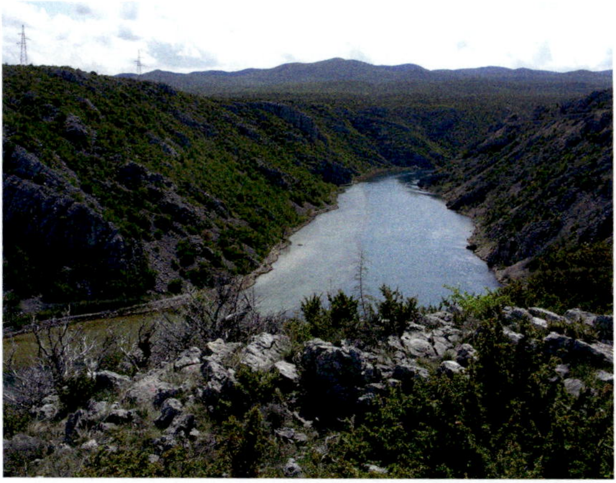

Die Kaffeepause aus WINNETOU UND SHATTERHAND IM TAL DER TOTEN (1968) wurde oberhalb von Obrovac gedreht. Der Ort ist nicht identisch mit dem Pueblo-Motiv am Zrmanja-Canyon.

das schöne Motiv. Unten links erkennt man dann auch die aus dem Wasser ragende Felsnase aus dem Kameraschwenk.

Blickt man nach oben rechts, sieht man auf einer Landzunge ein Haus. Im Hintergrund oberhalb des Drehortes verläuft heute die Straße. Man wundert sich, dass das Filmteam damals den unbequemen Weg auf sich nahm, um dort die Reitszenen zu realisieren. Bei Obrovac gibt es viele schöne Landschaften, die leichter zugänglich gewesen wären.

Mali Alan / Tulove Grede: Die weißen Winnetou-Felsen

Kaum ein anderes Alleinstellungsmerkmal der kroatischen Landschaft hat sich so in die Erinnerung der Zuschauer eingebrannt wie die grandiose Bergwelt mit ihren weißen Felsen. Nugget Tsil, das Goldversteck der Apachen in WINNETOU 1, die «Geier-Wiese» in UNTER GEIERN oder das «Tal der Skelette» in OLD SUREHAND 1. TEIL wurden erst durch diesen faszinierenden Hintergrund zu beeindruckenden Locations. Auch internationale Großproduktionen wie DSCHINGIS KHAN (1965) und HERCULES (2014) nutzten dieses Panorama.

Der Weg dorthin ist beschwerlich. Mit dem Auto ist der **Tulove Grede** in knapp einer Stunde von Starigrad-Paklenica erreichbar. Den größten Teil der Fahrzeit nimmt der beschwerliche Anstieg auf den Berg in Anspruch. Unterwegs passiert man den von der Straße aus nicht einsehbaren Zrmanja-Canyon. Fast 20 Kilometer geht es kontinuierlich bergauf, doch nur der erste Teil der Strecke ist gut ausgebaut. Die alte, ruckelige Passstraße stammt noch aus der Zeit des österreichischen Einflusses und wurde bereits im Jahr 1832 eingeweiht. Sie verläuft serpentinenhaft ohne besondere Absicherungen zum Abhang. Wer Höhenangst hat, muss schon ein großer Karl-May-Fan sein, damit er dieses Abenteuer auf sich nimmt. Abseits des Weges sollte man auf gar keinen Fall den Wagen verlassen. Die Passstraße und mehrere Flächen am Mali Alan wurden im Jugoslawien-Krieg vermint. Die Wege abseits der Schotterstraße gelten bis heute als unsicher. Die aufgestellten Minen-Warnschilder sind ohne Einschränkung zu beachten. Ein lokaler Reiseleiter garantiert für zusätzliche Sicherheit. Denn das Ziel, Kroatien hundertprozentig minenfrei zu bekommen, ist utopisch.

Der Weg zu den Drehorten gleicht zunächst der zuvor beschriebenen Strecke zum Zrmanja-Canyon: Autobahnausfahrt Maslenica, danach die erste Abzweigung rechts in Richtung Obrovac und dann links abbiegen. Danach immer geradeaus auf der Straße D54 in Richtung Obrovac. Man passiert den unscheinbaren Ort Jasenice. Danach noch etwa acht Kilometer geradeaus, bis ein großes Hinweisschild auf der linken Seite den Weg nach Sveti Rock ins Gebirge anzeigt. Den Ruckelweg zum Zrmanja-Canyon lässt man zuvor liegen und biegt erst einige Kilometer später am Schild «Sv. Rock» links ab. Der Schein trügt. Der untere Teil der Passstraße ist modern ausgebaut, danach wird der Weg schlecht. Man braucht aber keinen Geländewagen.

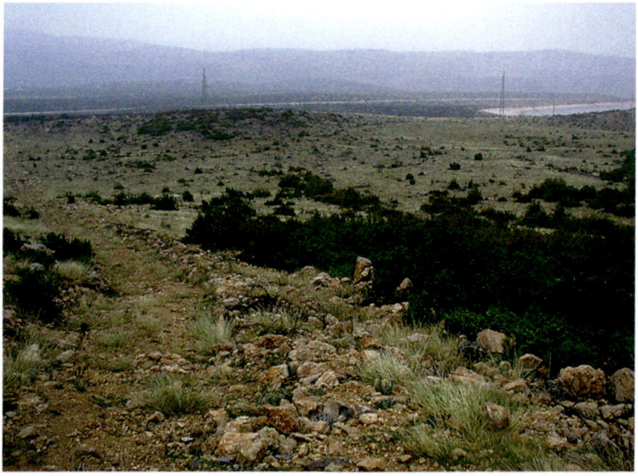

Unterhalb der Passstraße zum Mali Alan / Tulove Grede geht es links zum Drehort Eisenbahnerlager aus WINNETOU 1 (1963). Wegen der Minengefahr ist von einem Betreten abzuraten.

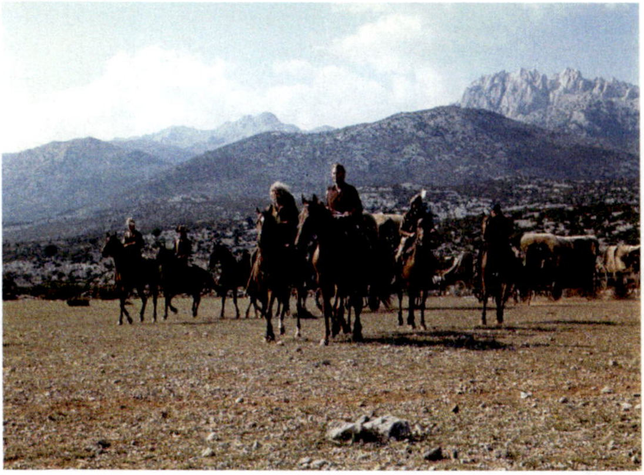

Eisenbahnerlager aus WINNETOU 1 (1963)

Unten am ersten Abzweig links würde es Richtung Drehort des Eisenbahnerlagers aus WINNETOU 1 gehen. Die Steinaufschüttungen haben die vielen Jahre seit den Dreharbeiten überdauert. Es handelt sich um eine Originalkulisse. Aus Respekt sollte man die Steine dort liegen lassen und das Gelände ohnehin lieber meiden, weil niemand garantieren kann, dass es minenfrei ist. Ein völliges Tabu für Besucher ist der **Bergvorsprung** auf dem Weg hoch zum **Mali Alan**, von dem aus Pierre Brice in WINNETOU 1 ins Tal und auf das Lager der Eisenbahner schaut. An dieser Stelle ist besonders mit Minen zu rechnen, vor denen mehrere Schilder auf dem Berg warnen.

Falls man bergauf und insbesondere in den scharfen Kurven einen Drängler hinter sich hat, sollte man sich nicht aus der Ruhe bringen lassen. Da seitlich der Abgrund lauert, neigt man beim Befahren der Kurven dazu, in der Mitte der Straße zu fahren. Gegenverkehr ist selten, dennoch sollte man stets auf ihn vorbereitet sein. Nach circa zehn Kilometern endet der asphaltierte Teil der Straße und es geht sechs Kilometer lang auf Schotter weiter. Etwaige Kiesaufschüttungen in den Schlaglöchern sollte man besonders vorsichtig und langsam befahren, um ein Abrutschen zu vermeiden. Manche Kroaten nehmen die Strecke recht sportlich, doch da es keine effektiven Begrenzungen zum Abhang gibt, sollten alle Karl-May-Filmfans, die nicht in die ewigen Jagdgründe stürzen wollen, den Fuß vom Gas nehmen.

Auf halber Strecke kommt man in einer scharfen Linkskurve zu einer unbefestigten Abzweigung. Folgt man dem Weg nach rechts, gelangt man zu jener Stelle, an der die Leiche von Win-

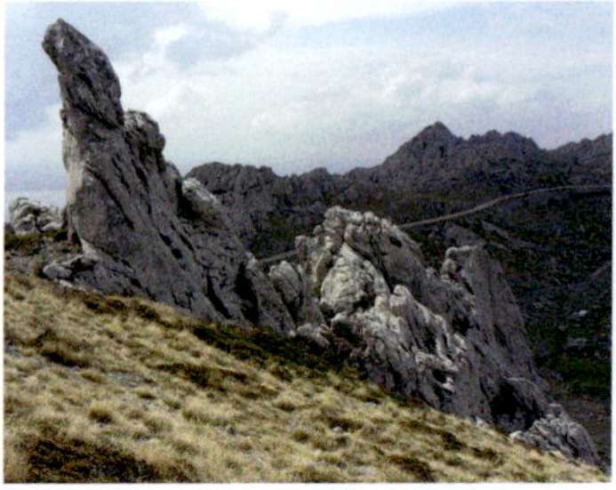

Gebogener Fels am Mali Alan aus WINNETOU 1 (1963)

netous weißem Lehrvater Klekhi-petra in WINNETOU 1 aufgebahrt wurde. Auch hier könnten noch Minen liegen, weshalb vom Betreten des Drehortes dringend abgeraten wird. Man fragt sich, warum das Filmteam 1963 die Mühe auf sich nahm, an dieser abgelegenen Stelle mit beiden Hauptdarstellern zu drehen. Im Film erkennt man praktisch keinen Hintergrund und ahnt kaum, dass die Handlung im Gebirge spielt. Ohne dramaturgische Einbuße hätte man die Szene auch weiter unten im Bereich um den Zrmanja-Canyon drehen können.

An einer Felswand, kurz vor der zweiten Kapelle, wurde für WINNETOU UND DAS HALBBLUT APANATSCHI (1966) die gefährlich wirkende Szene gedreht, in der Happy die Adlerfeder sucht und von Winnetou gerettet werden muss. Hinter der zweiten Kapelle folgt bald eine Windschutzmauer. Sie war schon in einem Bericht der WOCHENSCHAU über die Dreharbeiten zu OLD SUREHAND 1. TEIL im Jahr 1965 zu sehen. Dort stellte das Team seine Fahrzeuge ab. Das kann man auch heute noch tun. Um den Ver-

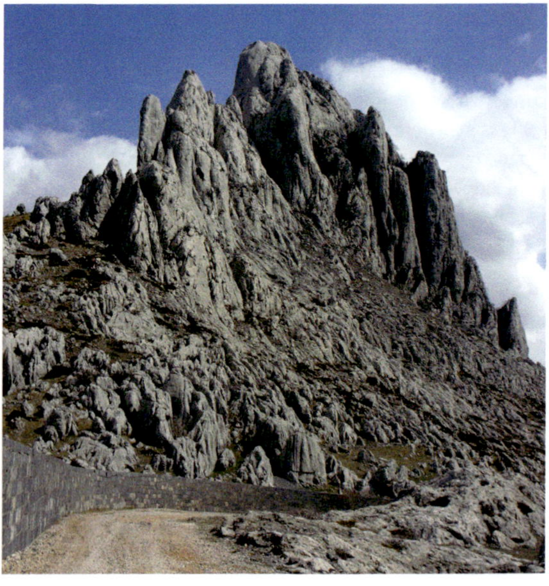

Der Mali Alan / Tulove Grede mit Blick auf die Windschutzmauer

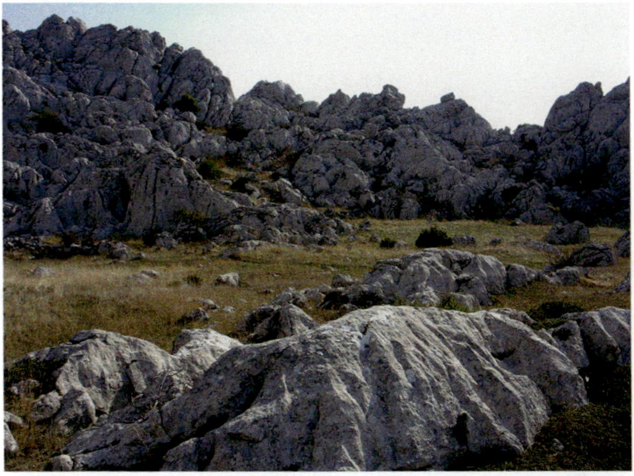

Die Geier-Wiese aus UNTER GEIERN (1964) war zugleich das Tal der Skelette in OLD SUREHAND (1965). Auf dem Steinensemble stand rechts der Schurke Weller.

kehrsfluss aber nicht zu beeinträchtigen, sollten Besucher das Auto auf dem kleinen Weg hinter der Mauer parken. Dort liegt auch der markante Drehort, der als «Geier-Wiese» in UNTER GEIERN genutzt wurde. Mit der Windschutzmauer im Rücken blickt man ins Tal. Auf einem der Steine stand Mihail Baloh als falscher Priester Weller und rief der Geier-Bande zu: «Auf keinen Fall vor morgen früh.»

Das Areal diente zudem als das Tal der Skelette in OLD SUREHAND 1. TEIL. Man hatte die Windschutzmauer im Rücken.

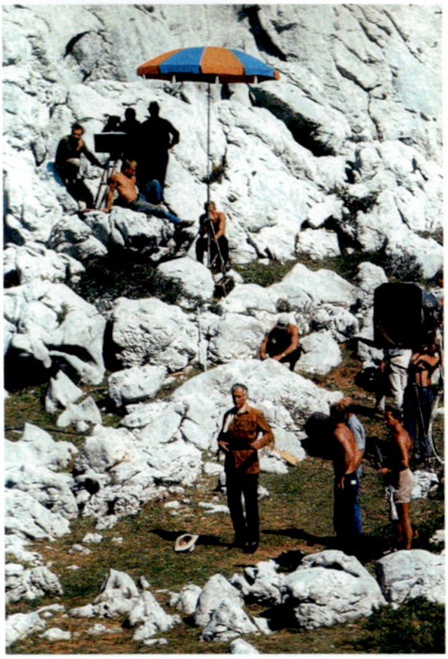

Stewart Granger bei den Dreharbeiten auf der Geier-Wiese zu UNTER GEIERN (1964)

Winnetous Sterbeort

Der Bereich um die von Fans getaufte **«Grüne Wiese»**, oberhalb derer in WINNETOU 3 der Häuptling der Apachen starb, ist eine schwer zugängliche, aber dramaturgisch besonders wichtige und schöne Location. Bis vor wenigen Jahren war dieser Ort wegen der dort verlegten Minen nicht frei zugänglich. Optimistische Stimmen sagen, der kroatische Staat habe in den letzten Jahren Abhilfe geschaffen und alle Minen räumen lassen. Doch solche Aussagen sind mit Vorsicht zu genießen. Zwar gibt es mittlerweile eine Markierung mit roter Farbe auf Steinen, die vermutlich ein lokaler Schäfer angebracht hat, doch angesichts der hoch wachsenden Gräser auf

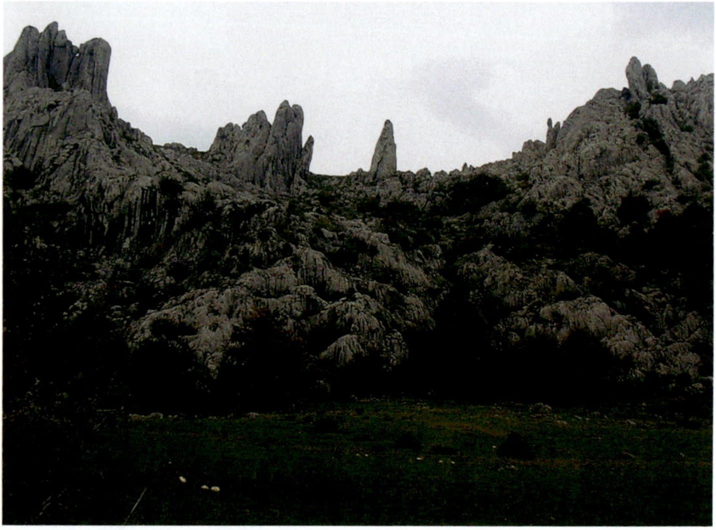

Mali Alan: Oberhalb der «Grünen Wiese» fallen die Fingerfelsen ins Auge. Die Sterbeszene in WINNETOU 3 (1965) wurde oberhalb der Wiese gedreht.

dem Weg weiß man nie, worauf man sich einlässt. Neben übrig gebliebenen Minen können dort auch Schlangen lauern, die gelegentlich auf dem Mali Alan gesichtet werden.

Ein ortskundiger Führer kann Besucher sicher über abschüssiges Gelände leiten. Entlang der roten Markierung, die oberhalb der Geierwiese beginnt, geht es über Felsen und durch drei Täler, bis man die «Grüne Wiese» erreicht. Je nach Wetterlage dauert der Fußmarsch für nicht geschulte Kletterer zwischen 40 und 60 Minuten. Neben festem Schuhwerk und Regenschutz sollte man genug Trinkwasser und Verpflegung mitnehmen.

Auf der «Grünen Wiese» angekommen, liegen rechts in Richtung Zrmanja-Canyon kleinere Felsen. Einer trägt eine Gedenktafel aus dem Bürgerkrieg mit der Aufschrift «Frieden diesem Land, deutsche Soldaten 1996».

Linker Hand liegt das **Plateau**, auf dem sich Winnetou und Old Shatterhand verschanzten. Der sehr steile Weg zum **Sterbeort** ist im Laufe der Jahrzehnte zugewachsen und heute eigentlich nur noch geübten Kletterern zu empfehlen. So friedfertig die schöne Landschaft anmutet, war sie doch in den 1990er-Jahren ein Schauplatz des Bürgerkriegs.

Oberhalb der Grünen Wiese fällt die imposante Felswand auf. Alte Pressefotos zeigen noch die weiter oben gelegenen Felsen, die an ausgestreckte Finger erinnern. Hier wurden auch die Szenen gedreht, in denen Rollins Desperados Winnetou verfolgen.

Auf der Wiese im Tal befindet sich etwas weiter rechts ein kleines Waldgebüsch. Durch dessen Mitte beginnt der Aufstieg zum Motiv. Der Weg ist ebenfalls mit roter Farbe gekennzeichnet. Man muss steile Partien beklettern und sich durch zugewachsene Hindernisse arbeiten. Bei Regen bietet das Wäldchen zwar etwas Schutz vor der Nässe, doch unter solchen Witterungsverhältnissen ist von der Kletterpartie abzuraten. Auf dem nassen Gestein rutscht man leicht ab. Ohnehin sollte Winnetous Sterbestelle wirklich nur von Filmfans in Angriff genommen werden, die körperlich fit und gute Kletterer sind und einen trockenen Tag erwischen.

Die Gräberwiese

In WINNETOU 1 haucht Winnetous Schwester Nscho-tschi ihr Leben mit einem Liebesbekenntnis an Old Shatterhand aus. Neben ihr liegt der tote Häuptling Intschu-tschuna. Die Szene musste mehrfach wiederholt werden und Lex Barker soll mit Tränen gerungen haben. Denn seine vierte Ehefrau Irene hatte erst 1962 den Kampf gegen Leukämie verloren und war gestorben.

Die Gräber von Nscho-tschi und Old Shatterhand sind nicht vor dem ersten Treffen der Blutsbrüder in WINNETOU 3 zu

Mali Alan: Die Gräber sind Fan-Nostalgie und stammen nicht von den Dreharbeiten. Auch Omar Sharif (DSCHINGIS KHAN, 1965) hat hier gedreht. Per Computer wurde der Schauplatz auch als Hintergrund in Szenen aus HERCULES (2014) eingefügt.

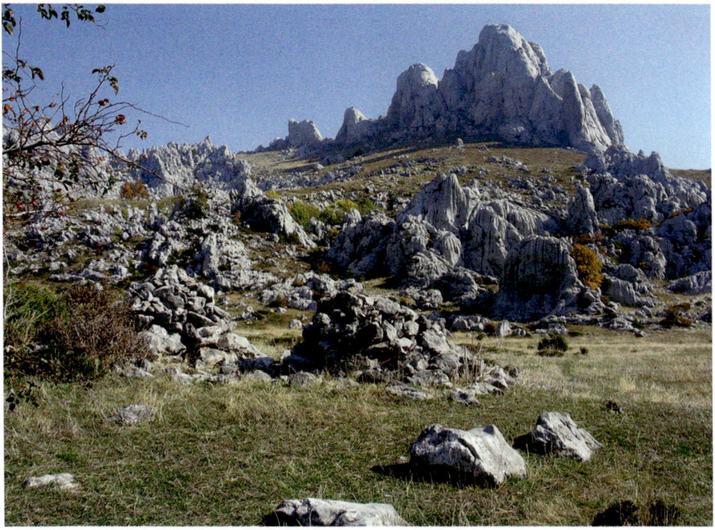

sehen. Der Drehort befindet sich in einer Senke des Tales westlich vom Ausgangspunkt an der Windschutzmauer. An der Location sind noch heute Steinaufschüttungen zu sehen. Sie stammen aber nicht von den Dreharbeiten, sondern wurden später von Filmfans angelegt. Das Gras an diesem melancholischen Ort ist heute deutlich höher als in den Filmen. Auch hier sollen schon Schlangen gesichtet worden sein, weshalb abermals Vorsicht geboten ist.

Mali Alan: Der kleine Rundbogen oberhalb des Kraters ist in WINNETOU 1 zu sehen. Im Vorspann tritt hier Pierre Brice in Erscheinung. Später soll dort der Zugang zum Goldversteck der Apachen liegen. Intschu-tschuna wird dort erschossen.

Die Gräberwiese war auch ein wichtiger Drehort für den Historienfilm DSCHINGIS KHAN (1965). Mit Hilfe von Computereffekten entstand auf ihr auch eine gigantische Stadt für HERCULES (2014) mit Dwayne Johnson in der Titelrolle und dem Mali Alan im Hintergrund.

Der Santer-Krater

Nordwestlich oberhalb der Gräberwiese liegt der spektakuläre Krater, an den sich Santer (Mario Adorf) in WINNETOU 1 klammert. Der Absturz selbst ist filmisch missglückt. Das Bild ist schräg und das Seil deutlich zu erkennen. Im analogen Zeitalter konnte man das Missgeschick erst beim Eintreffen der Muster aus Deutschland feststellen. Mit der heutigen Digitaltechnik hätte es die Szene niemals in den Film geschafft bzw. sie wäre intensiv nachbearbeitet worden.

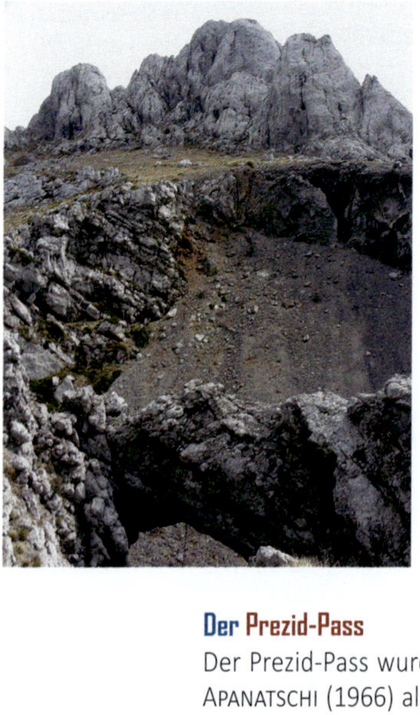

Seit einigen Jahren weisen rote Markierungen den Weg bergauf zum Krater. An dessen Rand sah man Pierre Brice schon im Vorspann von WINNETOU 1 («Sie kannten ihn alle»). Der Rundbogen ist später auch im Hintergrund zu sehen, als Intschu-tschuna erschossen wird und zu Boden sinkt. Der Bogen sollte einen Zugang zum Goldversteck darstellen. Im Film wirkt das glaubhaft, in der Realität käme man nicht weit und würde sofort in den Krater stürzen.

Der Prezid-Pass

Der Prezid-Pass wurde nur für WINNETOU UND DAS HALBBLUT APANATSCHI (1966) als Drehort genutzt. Mit 766 Metern Höhe war der Pass vor der heutigen Autobahnanbindung in Richtung

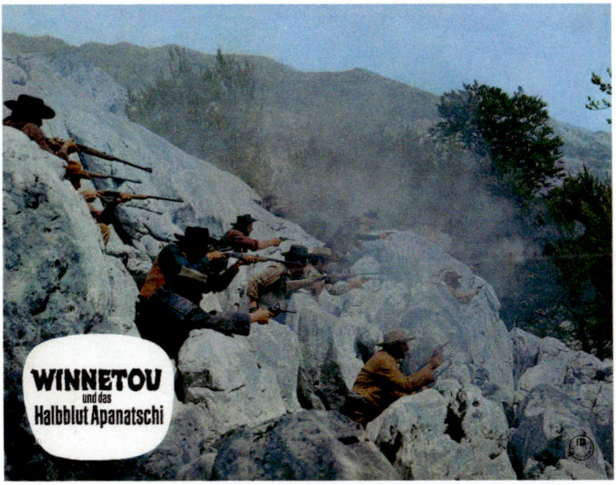

Schießerei am Prezid-Pass in WINNETOU UND DAS HALBBLUT APANATSCHI (1966)

Rijeka ein wichtiger Verbindungspunkt. Wer heute von Starigrad-Paklenica nach Plitvice fährt, kann den Pass benutzen. Bequem ist das aber nicht, auch wenn die Straße eindeutig in einem besseren Zustand ist als die zum Tulove Grede. Die Anfahrt erfolgt über die Autobahn (Ausfahrt Maslenica) bzw. aus Starigrad-Paklenica kommend zunächst Richtung Obrovac (vergleichbar mit der Route zum Zrmanja-Canyon und zum Tulove Grede). Hier fährt man jedoch am Abzweig Sv. Rock / Tulove Grede nicht ab, sondern folgt der Straße geradeaus. Es geht links über den Prezid-Pass in Richtung Gracac (Straße 27). Etwas mehr als 15 Kilometer bergauf durchfährt man schließlich den Tunnel. Nach einem Kilometer muss man auf die alte, nicht asphaltierte Passstraße abbiegen. Man folgt dem Schotterweg, bis man rechts zum sogenannten Finger Manitus gelangt. Wie ein mahnender Zeigefinger ist dieser rechts des Weges in Richtung Himmel gestreckt. Wenige Meter vor dem Finger Manitus spreizt sich der Weg. Auf der linken Seite steht ein Strommast.

Zu Fuß geht es geradeaus den links abspreizenden Weg weiter. Zwischen einem Felsen führt ein schmaler Weg rechts nach oben. Hier läuft man durch eine Waldlichtung und kommt zu einer Wiese. Durch den Bewuchs hat sich die Szenerie stark verändert. Lex Barker und Pierre Brice trafen am Pass aufeinander. Die Starfotos, die von den Hauptdarstellern auf Pferden gemacht wurden, zierten später so manches Jugendzimmer.

Zur Zeit der Dreharbeiten existierte die heutige Passstraße noch nicht. Diese durchtrennt jetzt das Areal, auf dem die

Mitglieder der Curly-Bill-Bande mit dem geplünderten Gold davonritten. Die eigentliche Goldader ist im Film recht unspektakulär auf der entgegengesetzten Passseite ausgewählt worden.

Auch unter eingefleischten Karl-May-Fans gehört WINNETOU UND DAS HALBBLUT APANATSCHI nicht zu den gefragten Verfilmungen. Der Drehort war 1966 neu, wobei auch am Tulove Grede gedreht wurde. Es gibt auf dem Prezid-Pass ebenfalls schöne, idyllische Flecken. Die Wirkung ist aber nicht mit dem spektakulären Mali Alan zu vergleichen. Das Auto kann beim Finger Manitus abgestellt werden. Es gibt an den Drehorten hohes Gras, manche Besucher warnen vor Schlangen. Bei der Winnetou-Convention 2016 führte Veranstalter Ulrich Wirsing WINNETOU UND DAS HALBBLUT APANATSCHI in Anwesenheit von Uschi Glas direkt am Drehort vor. Bei dem Fest traf die Schauspielerin ihren früheren Filmbruder Marinko Cosic.

Lukovo Sugarje: Das nordwestliche Hinterland von Starigrad-Paklenica

Regisseur Harald Reinl soll diesen Drehort bei einer Autofahrt auf der Küstenstraße entdeckt haben und begeistert gewesen sein. Da es die heutige Autobahn in den 1960er-Jahren noch nicht gab, musste die Crew mit der Küstenstraße vorlieb nehmen. Reinl filmte hier 1964 für WINNETOU 2 mehrere Reitszenen. Im Vorspann reitet Pierre Brice an der Kamera vorbei, Indianer passieren auf dem Ritt zur Konferenz am Fort Niobara den Drehort, die drei Soldaten um Leutnant Merril (Mario Girotti = Terence Hill) werden dort von Banditen verfolgt.

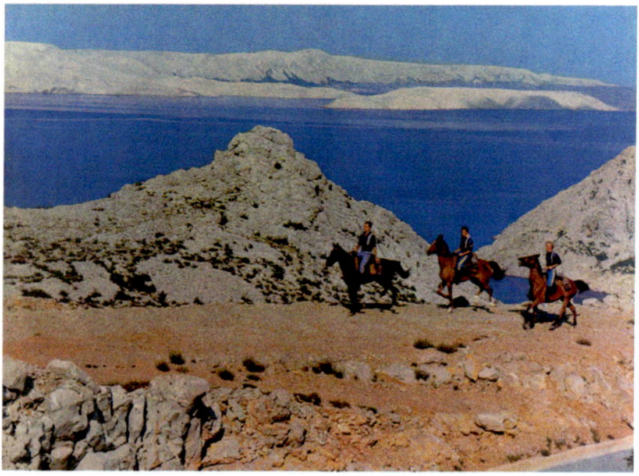

WINNETOU 2: Unten rechts erkennt man die Straße.

Von Starigrad-Paklenica geht es circa 30 Kilometer auf der Küstenstraße (und nicht auf der Autobahn) in Richtung Karlobag/Rijeka nach Lukovo Sugarje. Links liegt die Adria, darin die Insel Pag. Bei kurvigem Verlauf erkennt man auf einem erhöhten Punkt der Straße in der Rechtskurve links unten aus dem Wasser kommend die beiden spitzen Hügel perspektivisch wieder. Im weiteren Straßenverlauf folgt ein Tunnel. Im Film und auf dem Aushangfoto wirken die Hügel größer als in der Realität. Beim ersten Vorbeifahren kann man den Drehort, weil er für den Film aus einer erhöhten Perspektive aufgenommen wurde, leicht übersehen. Die Pferde konnten auf der alten Küstenstraße und direkt daneben laufen. Heute versperrt eine Stromleitung den einst freien Blick.

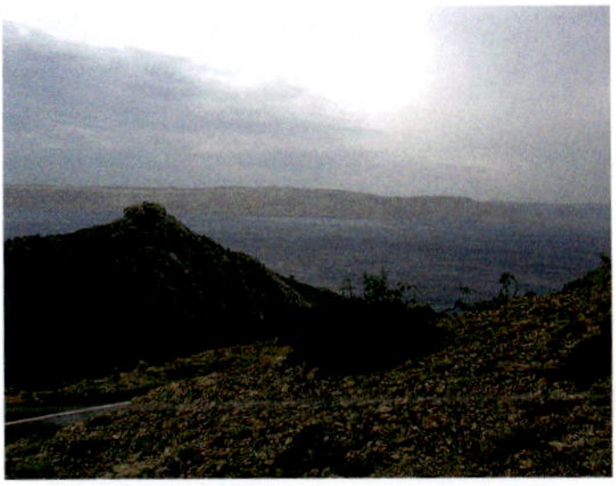

Lukovo Sugarje: Hier ritten Mario Girotti (= Terence Hill) und die Soldaten, verfolgt von Forresters Banditen sowie im Vorspann Pierre Brice und Indianer auf dem Weg zu Fort Niobara in WINNETOU 2 (1964) direkt neben der Küstenstraße.

Von hier aus ist es ein kurzer Weg zur nächsten Location von WINNETOU 2. Dort rettete Old Shatterhand die drei Soldaten vor einem Hinterhalt der Banditen. Auf der Küstenstraße geht es einen Kilometer weiter in Richtung Rijeka/Karlobag durch einen Tunnel. Hinter diesem parkt man bei nächster Gelegenheit den Wagen. Der Drehort liegt links jenseits der Straße. Man erkennt ihn heute an den Strommasten, die zur Straße hin verlaufen. Als die Banditen die Soldaten ermorden wollen, kommen Old Shatterhand und Gunstick Uncle zur Hilfe. Lex Barker schoss von einem Felsen, der inzwischen zugunsten eines Strommastes abgetragen wurde.

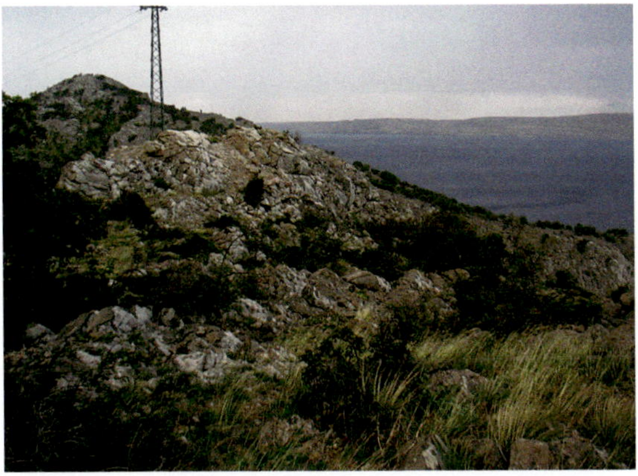

Lukovo Sugarje, neben der Küstenstraße zur Adria gelegen: In WINNETOU 2 (1964) wurde hier die Rettung der Soldaten um Mario Girotti durch Old Shatterhand und Gunstick Uncle gedreht.

Rastevic

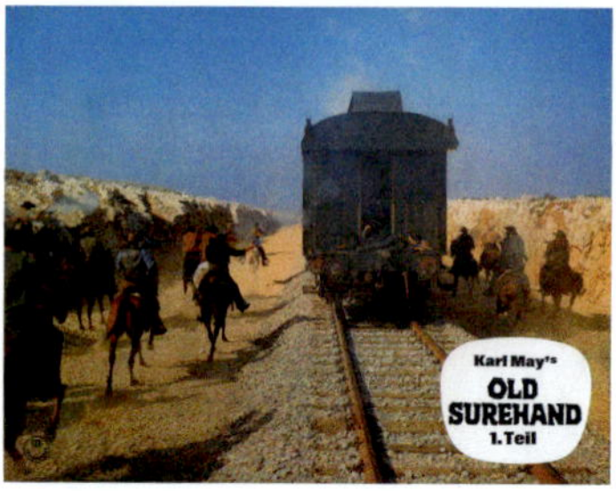

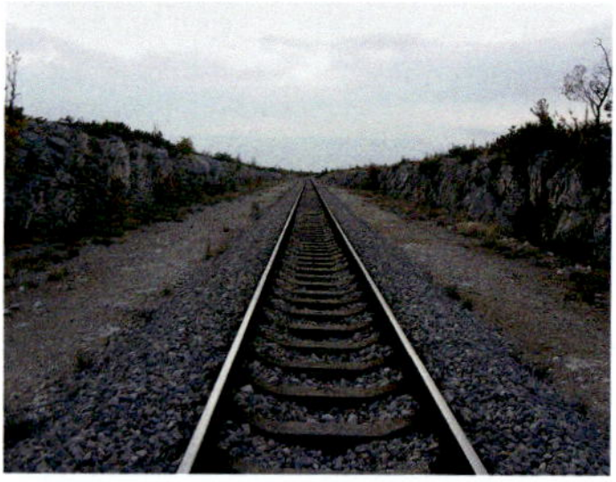

Die kurze Schlucht bei Rastevic. Drehort des Eisenbahnüberfalles in OLD SUREHAND (1965).

Zwei wichtige Drehorte für die Filme OLD SUREHAND und WINNETOU UND DAS HALBBLUT APANATSCHI befinden sich nur wenige hundert Meter voneinander entfernt. Sie sind durch Bahngleise verbunden. Auf der noch immer intakten Bahnlinie wurde 1965 der Zugüberfall zu Beginn von OLD SUREHAND gedreht. Wer den Ort erreicht, wundert sich. Denn die Schlucht ist scheinbar viel zu kurz, als dass der ausgedehnte Überfall dort spielen könnte. Für die Dreharbeiten musste der Zug ständig zurückgesetzt werden und fuhr die identische Kurzstrecke immer und immer wieder. Die Szene ist spektakulär, trägt aber zur eigentlichen Handlung des Films nur wenig bei. Der Kinotrailer kündigte die Bande als «historische Vorbilder der englischen Eisenbahnräuber» aus dem Jahr 1963 an. Auch das deutsche Filmplakat setzte stark auf diesen Überfall.

Auf der Autobahn von Starigrad-Paklenica in Richtung Split nimmt man die Ausfahrt Benkovac. Man fährt Richtung Biograd und muss die Autobahn unterqueren. Dafür hält man sich vor Zapuzane rechts und im kleinen Ort Rastevic erneut rechts und biegt in Richtung des verödeten Wartehäuschens unterhalb der Autobahnbrücke ab.

Als Stewart Granger in OLD SUREHAND auf den Zug aufmerksam wird und die Zündschnur durchschießt, befindet er sich in Platak im Hinterland Rijekas. Man sieht üppiges Grün, während der Zug in einer eher staubig-tristen Landschaft steht. Granger drehte aber auch in Rastevic, für Reitszenen doubelte ihn Ivo Kristof. Letzterer gehörte auch zum Stuntteam von Ridley Scotts GLADIATOR (2000) und wirkte in der RTL-WINNETOU-Neuverfilmung (2016) als Pferdemeister mit.

Heute stört ein Versorgungsrohr die frühere Western-Atmosphäre. Geht man zurück, an den Schienen entlang und deutlich über das verwunschene Wartehäuschen hinaus, gelangt man zum Drehort Rocky Town aus WINNETOU UND DAS HALBBLUT APANATSCHI. In der Rechtskurve überrollte der Zug den Ganoven Judge (Mihail Baloh). Die Szene könnte man heute noch genauso drehen wie 1966. Regisseur Harald Philipp kehrte ein Jahr später nach Kroatien zurück, um mit Marie Versini und Hellmut Lange in Rastevic und im Krka-Nationalpark den Konsalik-Streifen LIEBESNÄCHTE IN DER TAIGA (1967) zu drehen.

Plitvicer Seen

Der Nationalpark Plitvicer Seen ist die Königin unter den Sehenswürdigkeiten Kroatiens. Ausgerechnet an diesem einzigartigen Naturschauspiel und UNESCO-Weltkulturerbe brach der Bürgerkrieg aus. In den Sommermonaten ist angesichts der Touristenströme Geduld von Nöten. Wer außerhalb der Sommerferien anreisen kann, hat deutlich mehr Ruhe. Trotz aller Schönheit der Natur sollte man die Zeit nicht vergessen. Wer nicht rechtzeitig zu Fuß, per Shuttle-Bus oder Boot zum Auto oder Bus zurückkehrt, kann schnell in die Dunkelheit geraten. Das macht den Heimweg zu einem gefährlichen Unterfangen, da die Straße nicht beleuchtet ist und die Abhänge seitlich nicht gesichert sind.

Es gibt zwei zentrale Parkplätze an den Eingängen 1 (Untere Seen) und 2 (Obere Seen). Es empfiehlt sich die Nutzung des ersten Eingangs. Das Auto kann dort kostenpflichtig abgestellt werden. Über eine Holzbrücke gelangt man zum Eingangsbereich. Links von den Kassen befindet sich neben einem Imbiss ein Laden, der auch Postkarten mit Karl-May-Motiven anbietet. Eine davon zeigt Pierre Brice in WINNETOU 3, eine andere Lex Barker und den Reitertrupp aus DER SCHATZ IM SILBERSEE.

Plitvicer Seen: Die Schatzhöhle aus DER SCHATZ IM SILBERSEE (1962). Sie liegt oberhalb des Kaluderovac-Sees. Geht man durch Eingang 1 in den Park, sieht man die Höhle bald zur linken Seite. Der Wächter des Schatzes hatte Szenen in der realen Höhle. Herbert Lom musste nach seiner Sterbeszene direkt abreisen. Über 40 Jahre später sagte er beim Karl-May-Fest in Bad Segeberg: «Ich wollte nur zum Flughafen.»

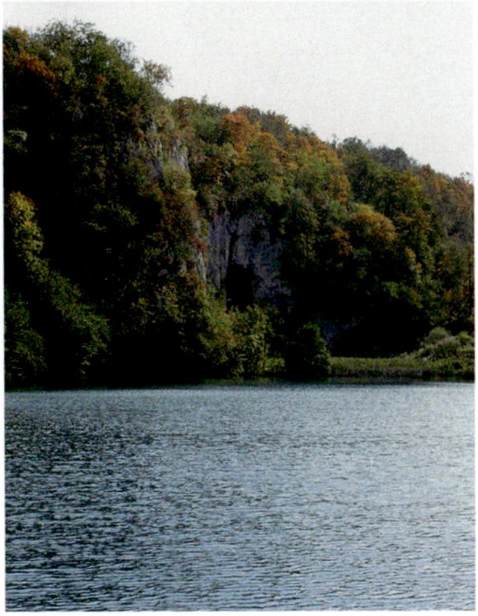

Das Ticket kostet je nach Jahreszeit zwischen 55 und 180 Kuna für Erwachsene und ist für den gesamten Nationalpark und auch für die Oberen Seen gültig. Sobald man den Park betritt, ist man schon fast in Winnetous Filmheimat angelangt. Links verläuft der Fußweg bergab zum **See Kaluderovac**. Dieser doubelte 1962 den Silberseee. Hier oben, hinter der Holztafel zwischen den Bäumen, blickt man bergab auf die Utahs wie einst Lex Barker und Pierre Brice in DER SCHATZ IM SILBERSEE.

Dort verriet Winnetou seinem Blutsbruder, dass er von den Utahs unter ihrem aufwieglerischen Unterhäuptling Rollender Donner verfolgt wurde. Die

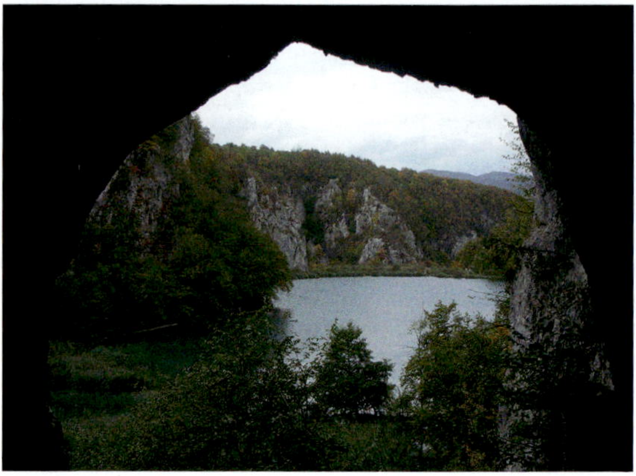

Plitvicer Seen: Blick aus der Schatzhöhle (Der Schatz im Silbersee, 1962)

Utahs ritten auf einem Holzsteg, der seit vielen Jahren nicht mehr existiert, über das Wasser in Richtung des Großen Wasserfalls (Veliki Slap). Auf dem abschüssigen Fußweg in Richtung Höhle wurde die Szene gedreht, in der die Tramps mit ihren Geiseln Fred und Ellen reiten. Cornel Brinkley steigt vom Pferd und wendet sich an Fred: «Wo führt nun der Weg hinunter?»

Auf die Frage des Cornels, folgt eine Einstellung, in der die Banditen auf einem sehr steilen Weg bergab durch eine Höhle laufen. Dieser Weg verläuft parallel zur Schatzhöhle. Wer ihn beschreitet, merkt schnell, dass auch die Schauspieler Probleme hatten, sicher zu laufen und nicht auszurutschen. Derselbe Ort wurde genutzt, um mit Pierre Brice und Karin Dor Werbefotos für Winnetou 2 zu machen. Im eigentlichen Film sind sie dort aber nicht zu sehen. Regisseur Harald Reinl kehrte für Winnetou 3 nach Plitvice zurück, ebenso drehte er dort das Jack-London-Abenteuer Die blutigen Geier von Alaska (1973).

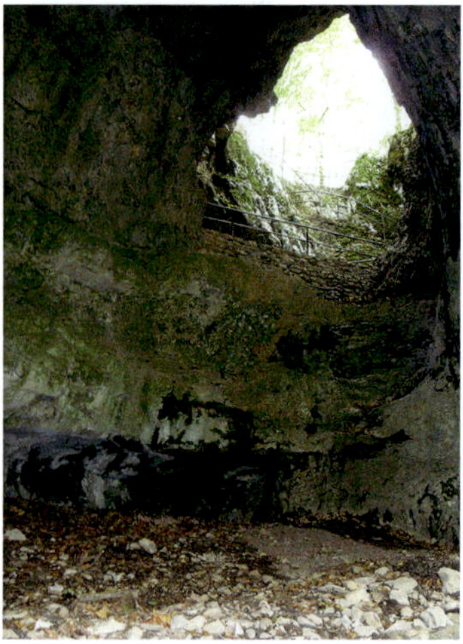

Durch diese steile Öffnung zu laufen, ist nicht ohne. Als die Schatz im Silbersee-Tramps mit den Gefangenen abwärts gehen, haben sie deutliche Probleme, sicheren Stand zu halten.

Auf den Stufen, die schon Cornel Brinkley hinauf eilte, kann man die Schatzhöhle erreichen. Der Weg ist etwas steil, aber gut zu meistern. Aus der Höhle eröffnet sich ein schöner Blick. Im Film wartet der Schatzwächter in der Höhle. Die weiteren Aufnahmen erfolg-

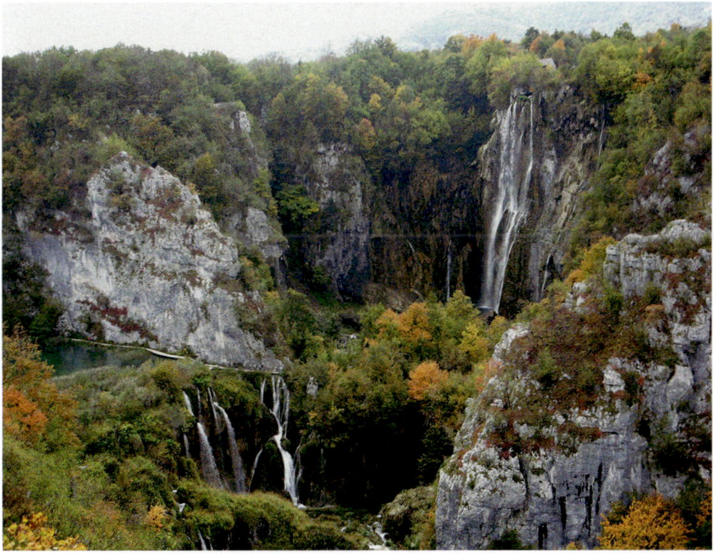

Panoramablick auf die Plitvicer Seen, im Hintergrund der große Wasserfall

ten weitgehend im Studio. Die Höhle ist kleiner und dunkler als im Film. Sie wurde für die Aufnahmen künstlich ausgeleuchtet.

Über den Steg geht es weiter zum **großen Wasserfall**. Das Gebiet rechts davon ist heute für die Öffentlichkeit gesperrt. Dort wurden Szenen für WINNETOU 3 gedreht, insbesondere das Nachtlager der Rollins-Banditen und rechts davon Winnetous Sprung mit einem Baumstamm in die Tiefe.

Der Vorspann von WINNETOU 2 zeigt gleich in der ersten Einstellung Pierre Brice auf dem Pferd vor dem Wasserfall, während die Erzählerstimme erklärt: «Der Tod seines Vaters wurde zum Wendepunkt in Winnetous Leben.» In WINNETOU 3 verteidigt er sich hier gegen Banditen, die ihn jagen. Außerdem entstanden am Wasserfall viele Standfotos, die zum Beispiel für das Cover einer Hörspiel-Langspielplatte genutzt wurden.

Auf dem Rückweg läuft man auf den Stegen rechts unterhalb der Schatzhöhle vorbei. Dabei passiert man die **Seen Manovac** und **Milanovac**, bis man zum **See Kozjak** (Jezero Kozjak) kommt. Am Ufer gibt es eine Rastmöglichkeit mit Imbiss, Toiletten und Bootsanlegestelle. Parkbesucher können von dort aus kostenfrei mit dem Boot zu den oberen Seen übersetzen.

Vorher sollte man sich aber einen anderen wichtigen Drehort anschauen. Dafür geht es von der Anlegestelle über den

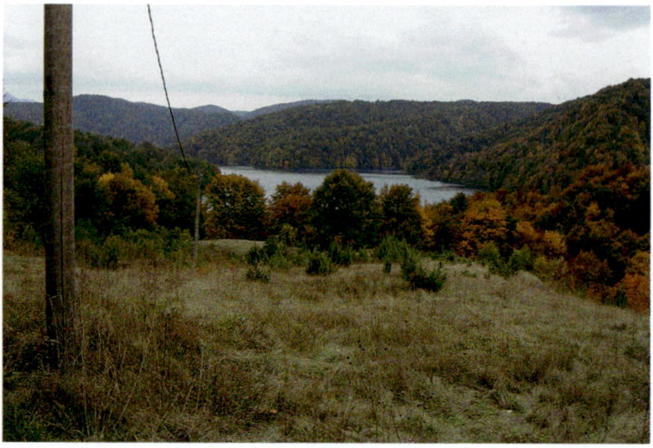

Plitvicer Seen: Vorschlussszene aus DER SCHATZ IM SILBERSEE (1962). Old Shatterhand ritt neben dem Großen Wolf und den Getreuen sowie Utahs die damals gemähte Wiese hinauf.

Wanderweg in einem Halbkreis zurück und raus aus dem Nationalpark. Vor wenigen Jahren wurde dort eine Holzhütte für einen Ranger erbaut. Er überwacht, dass die Besucher im Besitz einer Eintrittskarte sind. Man folgt den Schildern zur Pension Etno Garden (Plitvice Selo 62, 53231 Plitvice), die mit dem Auto auch außerhalb des Parks erreichbar ist. Nun geht es weiter in Richtung einer Stromleitung und zurück zum Kozjak-See. Mit wenigen Häusern im Rücken bewegt man sich auf der Straße und blickt hinab in das Tal mit einem bekannten Motiv.

Hier ritten die Utahs, nachdem sie die Tramps besiegt hatten, in DER SCHATZ IM SILBERSEE die Lichtung über die Wiese hinauf, angeführt von Old Shatterhand und dem Großen Wolf, gefolgt von Winnetou, Ellen und Fred. «Die Utahs haben tapfer gekämpft. Der Große Wolf ist ein guter Häuptling», verkündet Lex Barkers Synchronstimme Horst Niendorf. Für die Dreharbeiten wurde die Wiese gemäht, heute ist sie wild gewachsen. Gerade im unteren Bereich vor dem Wasser hat die Vegetation stark zugenommen.

Die oberen Seen in Plitvice

Zurück in den Nationalpark und zur ausgeschilderten Bootsanlegestelle (P 3). Das Boot fährt vom Anleger zu den oberen Seen (**Gornja Jezera**) und wieder zurück. Um keinen Fußmarsch in der Dunkelheit zum Eingang absolvieren zu müssen, sollte man nicht die Zeit vergessen und die Ablegezeiten beachten. Durchsagen gibt es im Park nicht.

Das Boot hält nach einer idyllischen Fahrt mit Touristen aus vielen Ländern an der Stelle P 2. Hier geht es zu Fuß über wei-

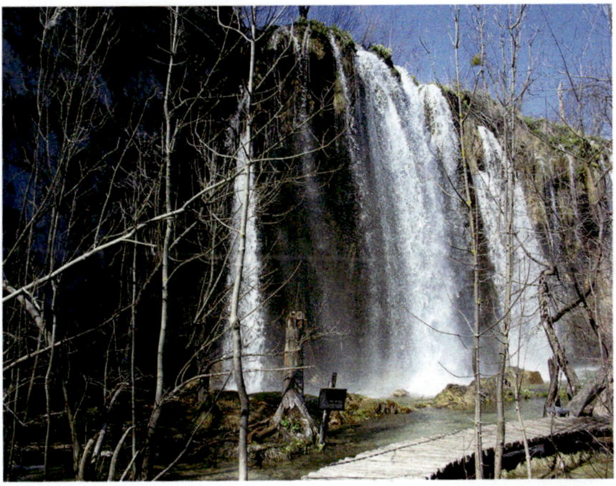

Plitvicer Seen, Obere Seen bei Mali Prstavac: Fred Engel (Götz George) und Ellen (Karin Dor) wurden in DER SCHATZ IM SILBERSEE (1962) befreit (unten). Auf den Steinen rechts unten im Bild standen Barker und Brice für das Presse- und Aushangfoto (ganz unten) sowie das Plakat des SILBERSEE-Films.

tere Holzstege zu den oberen Seen. Wer mit dem Boot zur gegenüber liegenden Anlegestelle P1 will, kann zu Fuß weiter zu den drei großen Hotelanlagen namens Hotel Jezero, Hotel Plitvice und Hotel Bellevue. Von dort aus ist es nicht weit bis zum Eingang 2 des Nationalparks.

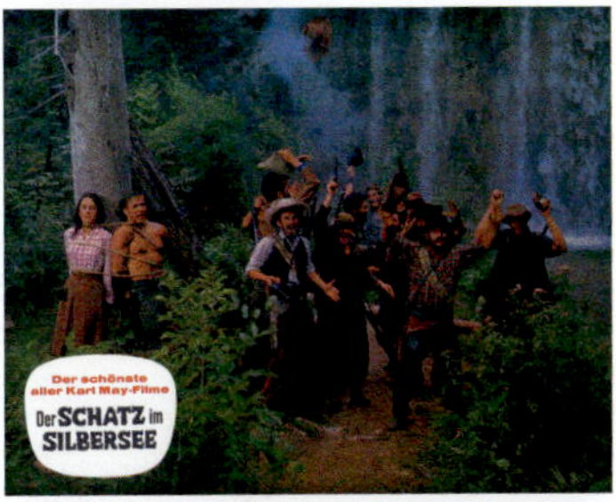

Filmfans sollten an der anderen Seite des **Kozjak-Sees** zu den **Oberen Seen** (P 2) laufen. Bei Regen muss man auf den glitschigen Fußweg achten. Es geht an vielen Wasserfällen vorbei, die wie für Karl Mays Traumwelten gemacht zu sein scheinen. Hinweisschilder geben eine gute Orientierung. Für Winnetou-Fans sind vor allem die Bereiche Mali prstavac und Golovacki buk interessant.

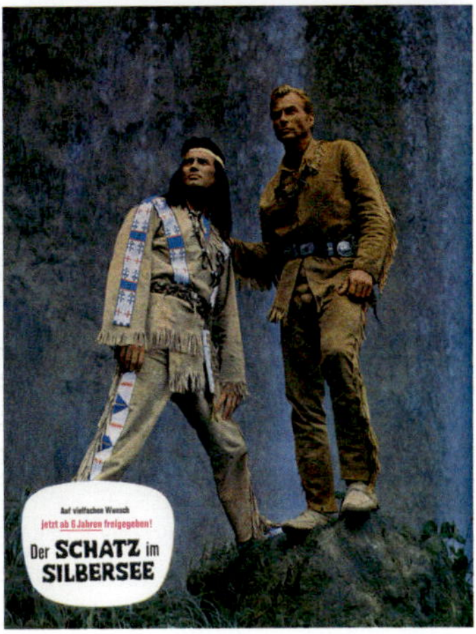

Am **Mali prstavac** waren Fred Engel (Götz George) und Ellen Patterson (Karin Dor) in DER SCHATZ IM SILBERSEE gefangen und wurden von Old Shatterhand und Winnetou mit Hilfe der Utahs befreit. Der knapp aus dem Wasser ragende Felsen diente für ein bekanntes Pressefoto, das auch als Filmplakat verwendet wurde.

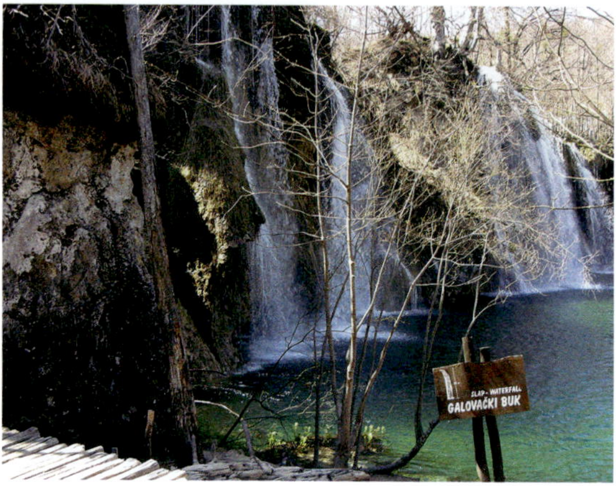

Galovacki buk: Plitvicer Seen, Obere Seen. Beim letzten Motiv auf dem Holzsteg geht es zum Galovacki buk. Hier bedrohte Cornel Brinkley (Herbert Lom) Ellen und Fred (Karin Dor, Götz George) in DER SCHATZ IM SILBERSEE (1962).

Die **Galovacki buk** bietet eine Überraschung. Eine Schrifttafel stellt sicher, dass man diese recht klein wirkende Fläche als Drehort erkennt. In DER SCHATZ IM SILBERSEE wurde hier mit Herbert Lom als Cornel Brinkley («Also, wo liegt nun der Schatz? Wo?»), Götz George («Ihr habt doch versprochen, uns freizugeben, bevor ich euch sage, wo der Schatz liegt.») und Karin Dor gefilmt. Im Kino war nicht zu erahnen, wie klein die Fläche jenseits des Holzsteges ist. Die Schauspieler hatten kaum Platz, um sich dort zu bewegen. Die Drehorte wurden in WINNETOU 3 für Banditenszenen aufgegriffen.

Außerhalb des Nationalparks Plitvice

Prijeboj: Das Haupt-Dorf der Utahs

Entgegen der Erstauflage dieses Buches hat hier doch nicht alles angefangen. Dabei berichteten die Medien im August 1962 vom (vermeintlichen) Drehstart des Großfilmes DER SCHATZ IM SILBERSEE mit der spannungsreichen Zweikampfszene zwischen Old Shatterhand und Häuptling Großer Wolf. Doch im Hauptdorf der Utahs wurde erst ab dem dritten Drehtag, dem 08.08.1962, gefilmt. Das Werkfoto-Buch *Der Schatz im Silbersee – Die Dreharbeiten 1962* der Rialto-Film, Berlin (2019) hat den Drehplan veröffentlicht. Drehstart mit zwei Arbeitstagen war danach das Motiv «Waldlager». Hier werden Old Shatterhand und Begleiter mit den Utahs konfrontiert. Der große Kunstfelsen, auf dem Old Shatterhand mit den Utahs verhan-

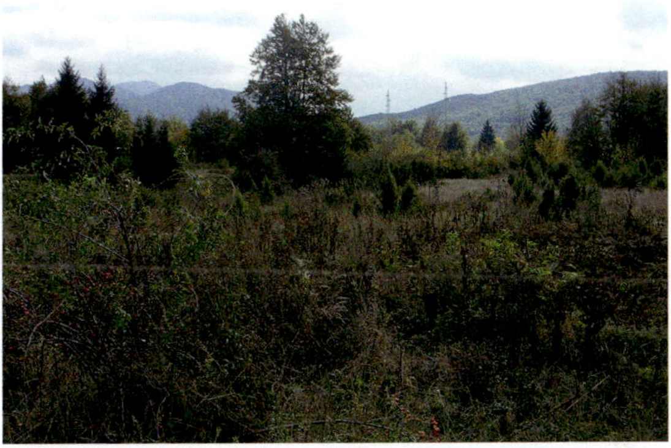

Ein wichtiger früher Drehort von DER SCHATZ IM SILBERSEE: das heute zugewucherte Areal des Utah-Dorfes bei Prijeboj. Es herrscht dort Minengefahr.

delt, ist natürlich heute nicht mehr vorhanden. Hier wurde bei Plitvica Selo begonnen. Das Utah-Dorf in Prijeboj diente nur für die Film-Berichterstattung als Ort des Drehstarts.

Für die Presse war es ein dankbares Motiv, obwohl Pierre Brice hier als noch relativ unbekannter Winnetou-Darsteller keine Szene hatte. In der vielleicht spannendsten Sequenz des Filmes tritt Old Shatterhand zum Tomahawk- und Messerzweikampf gegen den Großen Wolf (Jozo Kovacevic) an. Streng genommen, enthält die Szene einen logischen Bruch. Zuvor haben die Tramps das erste Lager der Utahs (gedreht freilich später in Grobnik polje bei Rijeka) zerstört, was die Indianer fälschlicherweise Old Shatterhand und dessen Gefährten zu-

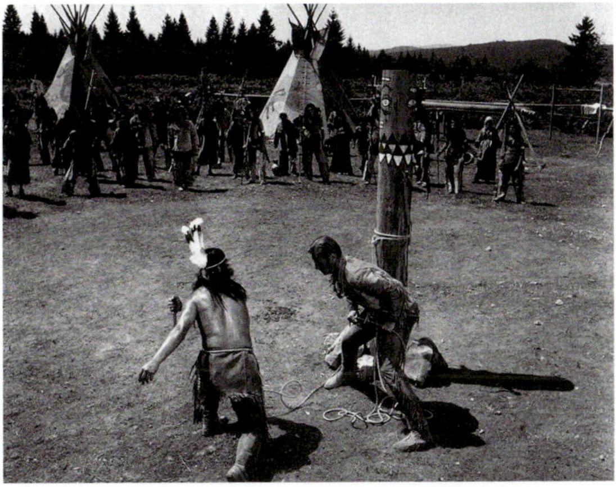

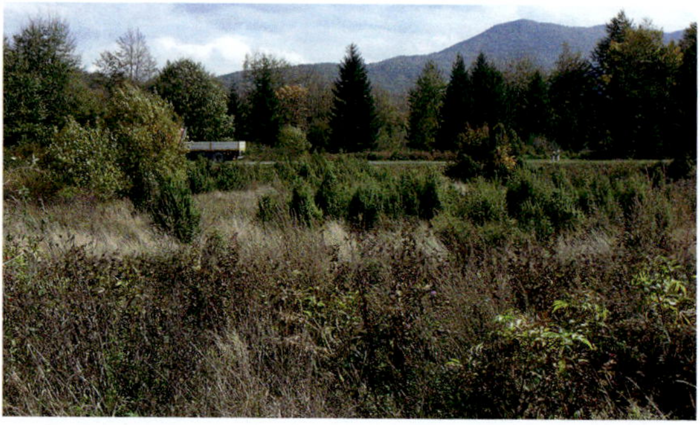

Das Utah-Lager bei Prijeboj. Im Hintergrund verläuft die Straße. Das hat bei den Karl-May-Filmen auch an anderer Stelle nicht gestört. In DER SCHATZ IM SILBERSEE fährt sogar ein Fahrzeug in einer anderen Einstellung oben durch das Bild.

schreiben. Dass die Utahs mit den «Schatzsuchern» sodann in ein völlig unversehrtes und neues Dorf zurückkehren, welches erkennbar an einer ganz anderen Stelle steht, fällt aber den wenigsten Zuschauern auf.

In der 70. Filmminute reiten der Große Wolf und seine Krieger mit Old Shatterhand in das zweite Lager ein, wo es schon bald zum Zweikampf auf Leben und Tod kommt. Doch wo hat Architekt Dusko Jericevic das Utah-Lager errichtet? Das Standardwerk *Der Weg zum Silbersee* von Michael Petzel gibt eine Beschreibung des Drehortes. Dieser ist anlässlich eines Besuches der Plitvicer Seen gut «mitzunehmen», da er nur gut acht Kilometer vom Eingang 1 des Nationalparks entfernt ist. Es empfiehlt sich, den Drehort schon auf dem Hinweg, also vor dem Besuch des Nationalparks anzusteuern. Denn in Plitvice gibt es vieles zu sehen. Wenn man dann noch die Rückfahrt vor sich hat, gerät man leicht in die Dämmerung und findet nicht mehr die Zeit für den kleinen Abstecher.

Bei Prijeboj folgt man der Ausschilderung nach rechts (bei Anfahrt in Richtung Nationalpark bzw. bei der Rückfahrt aus dem Park in südlicher Linie nach links) in Richtung Bihac. Dann lokalisiert der *Der Weg zum Silbersee* den Drehort «nach genau 1,2 Kilometern auf der rechten Seite».

Die Straße wird heute stark vom Lastverkehr genutzt. Die Gegend kann sehr neblig sein, sodass sich die im Film zu sehenden Berge im Hintergrund des Kampfplatzes nicht mal erahnen lassen. Trotz längerer Suche entlang des Weges stellt sich nie das Gefühl ein, den Drehort tatsächlich gefunden zu haben. Daher vertreten die Autoren dieses Buches eine andere These als Michael Petzel. Sie sind nach den beschriebenen 1,2 Kilometern nicht rechts, sondern links auf einen anderen Weg abgebogen. Nicht ohne

Risiko, denn linksseitig der Straße warnen Minenschilder, die man in dem unebenen Gelände ernst nehmen sollte. Der Weg verläuft bald zu einer stark zugewachsenen Mulde, die sich für das Filmteam dank der Berge im Hintergrund gut geeignet hätte. Doch das erneute Betrachten der Eintrittszene in das Lager lässt einen stutzig werden. Kann es sein, dass sich die Reiter zunächst über die ebene Straße parallel zum Lager näherten? Schließlich ritten die Darsteller auch in den späteren Filmen OLD SHATTERHAND (1964) und WINNETOU 2 (1964) über die Straße, die man einfach mit Sand verdeckte. Die Vermutung liegt nahe, dass das Utah-Lager links und vor der Straße gebaut wurde. Das würde auch erklären, warum in der Filmszene und auf Standfotos umgedrehte Kanus zu sehen sind. Sie dienten offenbar dem Zweck, den Blick auf die Straße und den dahinter liegenden Weg zu verdecken.

Auch wenn die Fans geteilter Meinung sind: Vieles spricht für uns weiter dafür, dass der spektakuläre Zweikampf linksseitig und nicht rechts der Straße nach Bihac lag. Man kann den Ort über einen schlechten Weg mit dem Wagen umfahren, sollte das Fahrzeug aber angesichts der Minenwarnschilder nicht verlassen. Die Location ist ohnehin längst wild bewachsen. Offenbar wurde sie 1962 für die Filmarbeiten teilweise aufgeschüttet. Nach Erscheinen der Erstauflage dieses Buch haben Fans weiter geforscht. So wird gegen das Argument, die Reiter seien über die Straße von links kommend in das Indianerdorf geritten, vorgebracht, die Straße nach Bihac sei nach 1962 im Verlauf womöglich geändert worden? Selbst das Alter von Bäumen wurde unter Befragung von Förstern untersucht und von vielen Kennern wird das Gelände auf der rechten Seite der Straße als Filmlocation angenommen.

Krka-Nationalpark und die Schleier-Fälle (Roski slap)

15 Kilometer nordöstlich von Sibenik rauscht der **Karstfluss** Krka auf einer Strecke von insgesamt 56 Kilometern von der Hauptquelle bei Knin bis nach Skradin über zehn Gefälle abwärts. Höhepunkt des Nationalparks ist der **Skradinski buk**, der zugleich ein wichtiger Karl-May-Drehort war. Zwischen den **Schleier-Fällen** sowie **Roski slap** und den Hauptfällen Skradinski buk erstreckt sich die Krka in 17 Katarakten über 46 Meter Höhenunterschied. Um zu vermeiden, dass man vor lauter Touristen nicht ungestört die Motive besuchen kann, sollte man versuchen, den Nationalpark außerhalb der Hauptferienzeit zu besuchen.

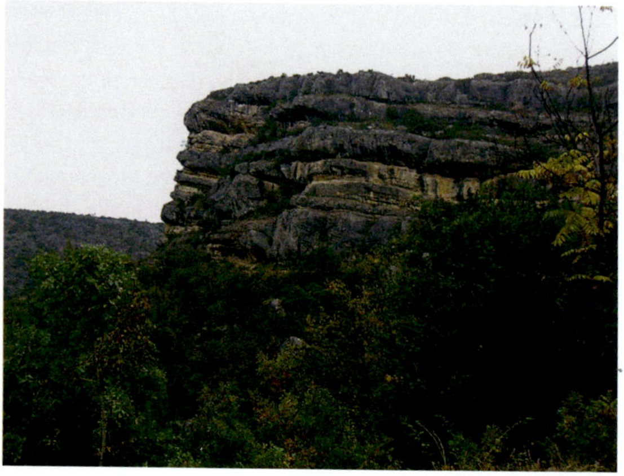

Diesen einprägsamen Felsen passiert man auf der Fahrt zu den Schleier-Fällen. Harald Reinl setzte die Szenerie als Hintergrund in WINNETOU 1 (1963) und WINNETOU UND SHATTERHAND IM TAL DER TOTEN (1968) ein.

Die romantischen Schleier-Fälle waren bis 2005 kostenfrei zu besichtigen. Inzwischen kassieren Ranger das Eintrittsgeld, sofern man das Ticket nicht schon im Hauptpark gekauft hat. Die Karte berechtigt zum Besuch der Roski slap und der **Hauptfälle**. Es ist aber auch möglich, Tickets zu kaufen, die nur für den Bereich der Schleier-Fälle gültig sind. Eine Übersicht in kroatischer und englischer Sprache befindet sich auf der Internetseite www.np-krka.hr.

Ob man zuerst die Schleier-Fälle oder den Hauptpark besichtigt, ist Geschmackssache. Die Schleier-Fälle waren seit WINNETOU 1 ein wichtiger Drehort, auch der RTL-WINNETOU-Dreiteiler (2016) wurde zum Teil hier gedreht. Etwa 36 Kilometer flussabwärts der Krka-Quelle gelegen, stürzt sich die Krka in den **Visovacer See**. Dieser wurde für den RTL-Dreiteiler zum Silbersee und löste damit die von Touristen überströmten Plitvicer Seen ab. Von Starigrad-Paklenica aus beträgt die Distanz zu den Schleier-Fälle knapp 100 Kilometer, was einer Fahrzeit von circa 70 Minuten entspricht. Staus sind auf der schwach genutzten Autobahn eher selten, sofern es keine Unfälle oder Bauarbeiten gibt.

Man nimmt von der Autobahn 1 (Rijeka in Richtung Split oder umgekehrt) die Ausfahrt 21 Skradin / Richtung Skradin / D56. Nach dem Verlassen der mautpflichtigen Autobahn fährt man nach einem kurzen Stück nicht weiter rechts in Richtung Skradin / Nationalpark Krka, sondern geradeaus in Richtung Gebirge und folgt der Ausschilderung Roski slap. Nach sechs Kilometern nimmt man im Kreisverkehr die zweite Ausfahrt, biegt 2,7 Kilometer später rechts ab und vier weitere Kilometer

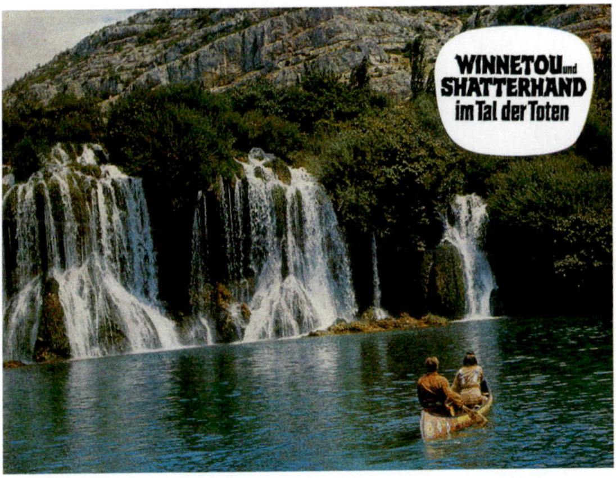

Wasserfall Roski slap in WINNETOU UND SHATTERHAND IM TAL DER TOTEN (1968)

später erneut rechts. Die Fahrt mutet abenteuerlich an, denn es geht erst bergauf ins Gebirge und anschließend auf der Z6246, kurz vor dem Ziel, wieder stark bergab.

Mit dem Auto überquert man die sehr enge Brücke und hofft, dass kein Gegenverkehr kommt. Anschließend parkt man rechts am Ranger-Kassenbereich. Hier gibt es sogar unmittelbar vor der Flussüberquerung ein Hotel. Für Benutzer eines Navis ist diese Adresse hilfreich: Hotel Roski slap, Roski slap 1, 22320 Drnis/Kroatien.

Der Ranger weist den Weg zum **Roski slap-Wasserfall**. Dieser ist in WINNETOU UND SHATTERHAND IM TAL DER TOTEN zu sehen. Das Auto bleibt am Kassenhäuschen stehen, es geht zu Fuß geradeaus weiter und dann den Schildern folgend zum Roski slap. Zunächst kommt man über einige Treppen nach unten zu einem Gasthof und kann sich dort auch mit Eis und Getränken stärken. Der Weg führt zu einem Holzsteg, von dem aus man den Wasserfall beobachten kann. Wo einst Pierre Brice und Lex Barker mit dem Kanu unterwegs waren, sind auch heute noch Boote auf dem Wasser.

Wieder zurück am Ranger-Kassenhäuschen vorbei, geht es den Schildern folgend nach rechts auf einen Wanderweg. Schaut man am ersten Abhang schräg nach oben, erkennt man einen weiteren Drehort aus WINNETOU UND SHATTERHAND IM TAL DER TOTEN. Old Shatterhand wurde hier hoch zu Ross auf dem rampenförmig in die Höhe verlaufenden Bergmassiv von den Gangstern in Empfang genommen. Im Film droht er vom Felsen in die Tiefe zu stürzen und wird von Winnetou hinaufgezogen.

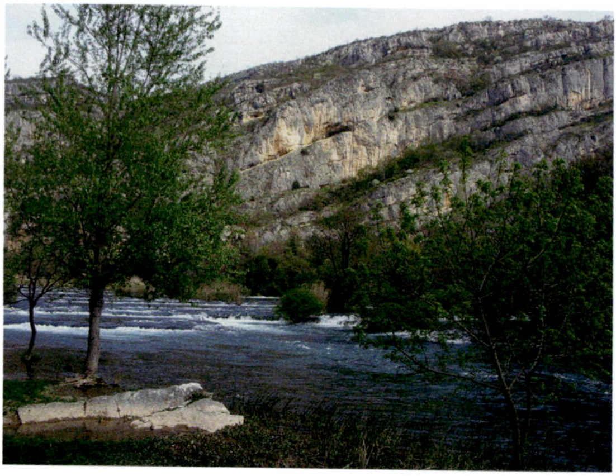

Nationalpark Krka: Oberhalb der Schleier-Fälle bei den Stromschnellen wurde für WINNETOU 1 (1963) und WINNETOU UND SHATTERHAND IM TAL DER TOTEN (1968) gedreht, ferner für die RTL-Neuverfilmungen.

Die Einstellung sieht gefährlich aus. Das war es auch. Mit einem wenig berechenbaren Pferd in solch steiler Anhöhe zu drehen, verdient rückblickend Respekt. Unten zurück auf dem Wanderweg geht es rechts bis zum Holzsteg und dann über das Wasser mit den Stromschnellen auf die andere Seite. Von hier aus kann man links zurück zur schmalen Brücke gehen. Im Jahr 2005 rückten Bagger an und veränderten das Gelände.

Im weiteren Verlauf kommt man zum Nachtlager der Apachen am Fluss. Hier saßen Lex Barker und Marie Versini in WINNETOU 1 auf einem Baumstamm, belauscht von Santer (Mario Adorf), der im Wasser stand und sich hinter einem großen Stein duckte. Die rötliche Färbung der Felsen im Hintergrund ist auf alten Pressefotos gut zu erkennen.

An den Stromschnellen der Schleier-Fälle wurden auch Szenen für UNTER GEIERN gedreht. Old Surehand überwältigt dort die Schoschonen. Zuvor befand sich Hauptdarsteller Stewart Granger noch an den Krka-Hauptfällen im Innern des Nationalparks.

Roski slap war 1964 ferner Drehort für den deutsch-österreichischen Western HEISS WEHT DER WIND. Zwei Wochen vor dem Kinostart von UNTER GEIERN zeigte Regisseur Rolf Olsen viele bekannte Winnetou-Drehorte aus anderen Kameraperspektiven. Die Hauptrollen spielten Thomas Fritsch, Walter Giller, Judith Dornys, Gustav Knuth (der 1962 als Sam Hakwens in DER SCHATZ IM SILBERSEE im Gespräch war) und Ingrid van Bergen.

Mehrere Einstellungen von HEISS WEHT DER WIND wurden vor den Skrandinski-buk-Hauptfällen im Krka-Nationalpark gefilmt. Unter anderem Schwimmszenen mit der Rettung Walter

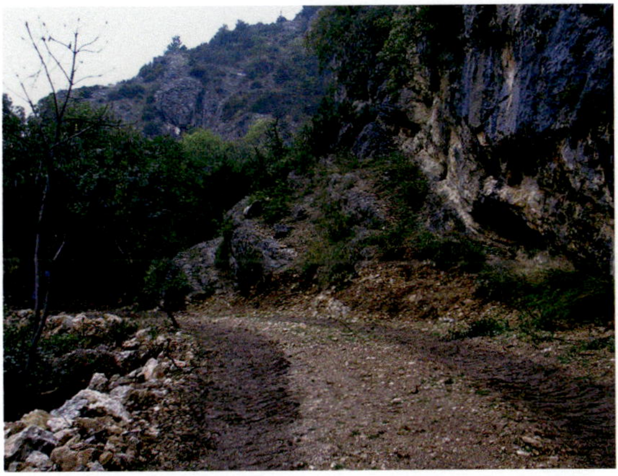

Nationalpark Krka, oberhalb der Schleier-Fälle. Der Weg sieht heute nicht mehr so aus wie auf dem Foto. Auf die Anhöhe lief Mabel (Karin Dor), um Cummings (Clarke Reynolds) abzulenken.

Gillers. Vier Jahre bevor Regisseur Harald Reinl in WINNETOU UND SHATTERHAND IM TAL DER TOTEN (1968) dort die Kanufahrt inszenierte, setzte Rolf Olsen überdies den Wasserfall von Roski slap als Hintergrund für eine romantische Szene ein. Allerdings ist der Wasserfall im Film recht klein und unscheinbar. HEISS WEHT DER WIND spielte auch auf dem Tulove Grede, außerdem an einem anderen Motiv des Zrmanja-Canyons, das schon in DER SCHATZ IM SILBERSEE zu sehen war. Der Film nutzte auch den Berg Kamenjak als Hintergrund. Die Westernstadt befand sich, wie auch in WINNETOU 3, OLD SUREHAND, DUELL VOR SONNENUNTERGANG und ONKEL TOMS HÜTTE in Ljubljana-Stozice, das zu Slowenien gehört.

Wer mit dem Auto zum **Krka-Nationalpark** anreist, sollte sich nicht durch die zum Teil widersprüchlich wirkende Ausschilderung zum Park beirren lassen. Es gibt die Möglichkeit, nach der Autobahnabfahrt Skradin bis in den Ort zu fahren. Hier gibt es viele kostenpflichtige Parkplätze. Die Besucher können im Info-Center am Ufer eine Eintrittskarte kaufen und kostenfrei mit dem Schiff zum Nationalpark übersetzen. Die Fahrt dauert eine halbe Stunde. Kurz hinter der Anlegestelle geht es rechts zum Eingangsbereich, wo das Ticket kontrolliert wird. Wer dann dem Wanderweg zur linken Seite bergauf folgt, befindet sich oben hinter einer völlig zugewachsenen Felswand. Dahinter lag, wie Klaus Bruder herausfand, das Zeltlager der Apachen in OLD SHATTERHAND. In WINNETOU UND SHATTERHAND IM TAL DER TOTEN wurde hier Major Kingsley von den Ganoven um Boone (Nikola Gec) ermordet. Wer den Drehort besuchen will, muss durch das wild gewachsene Gestrüpp steil bergauf klettern.

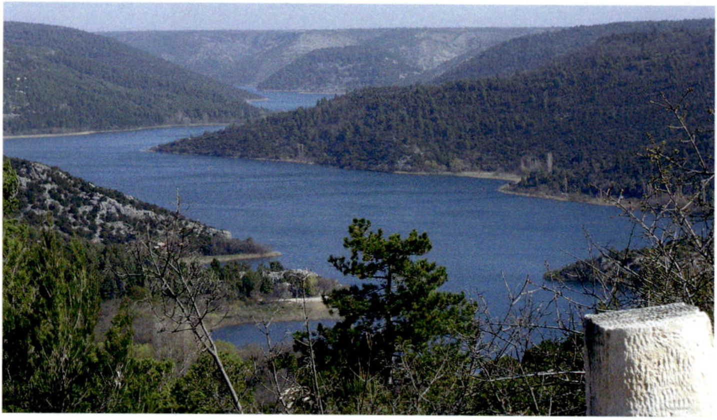

Krka-Nationalpark: Auf der linken Bucht befand sich das Apachen-Dorf in der CCC-Produktion OLD SHATTERHAND (1964).

Produzent Artur Brauner berücksichtigte in OLD SHATTERHAND (1964) nicht, dass die Apachen im Vorgängerfilm WINNETOU 1 der Rialto romangetreu in Pueblos lebten. Karl-May-Fans bezeichnen das Zeltdorf in OLD SHATTERHAND deshalb gern als Sommerlager der Apachen. Ganz passend ist das nicht, da man der Produktion ansieht, dass sie in einer kalten Jahreszeit und bei schlechtem Wetter gedreht wurde.

Im Grunde genügt ein Blick aus der Ferne auf das Apachen-Lager. Vom Eingang **Lozovac** des Nationalparks kann man die Landzunge erkennen. Man kann aber auch mit dem kostenfreien Shuttle-Bus des Parks oder in Eigenregie mit dem Auto bergab fahren und sich die Landzunge aus der Nähe anschauen. Auf dem schmalen Weg, den man dafür nutzt, entstand eine Reiterszene mit Lex Barker und Pierre Brice. Auf Produktionsfotos sind die kleinen Begrenzungssteine gut zu erkennen.

Der Parkplatz befindet sich im Kernbereich des Nationalparks oberhalb der Hauptfälle. Es gibt dort Gastronomie, Geschäfte und historische Wassermühlen. Sehr zu empfehlen ist der Weg über die Stege oberhalb der Krka mit märchenhaften Landschaften. Die Filmemacher hatten damals die Qual der Wahl bei der Motivsuche. Die Wege sind so angelegt, dass man schließlich zu den Hauptfällen **Skradinski buk** gelangt. Wer mit dem Boot aus Skradin kommt, beginnt mit dieser Hauptattraktion.

Aus Sicht der Besucher ist das ehemalige Wasserkraftwerk Krka, das sich seitlich oberhalb der Hauptfälle Skradinski buk befindet, keine optische Bereicherung. Es wurde 1895, nur zwei Tage nach dem Wasserkraftwerk an den Niagara-Fällen,

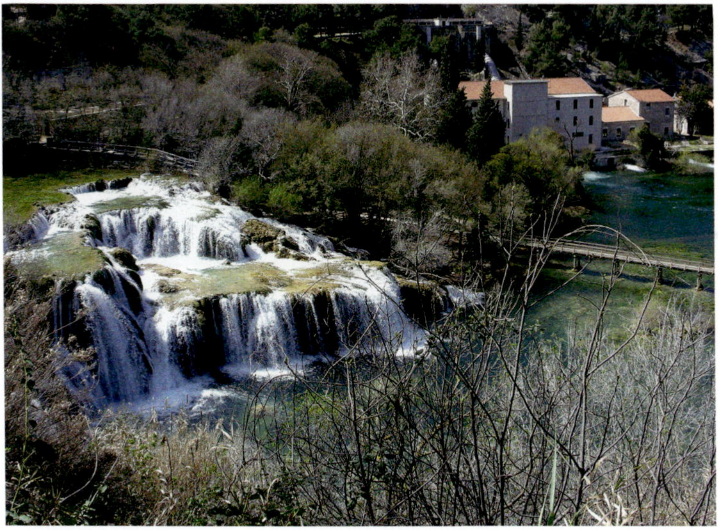

als erstes in Osteuropa in Betrieb genommen und sicherte Sibenik schon früh eine Versorgung mit Elektrizität.

Skradinski buk-Hauptwasserfälle des Krka-Nationalparks. Rechts steht das erste osteuropäische Wasserkraftwerk.

Blickt man vor den Kiosken vom jenseitigen Ufer aus auf den Rauwackenbarrieren-Wasserfall, ist man mitten in der Karl-May-Filmwelt. Zur linken Seite schwammen die Apachen in WINNETOU 1 und fischten die Osagen in WINNETOU UND SHATTERHAND IM TAL DER TOTEN. In der Mitte verläuft eine lange Brücke über die Krka. An besucherstarken Tagen schlängeln

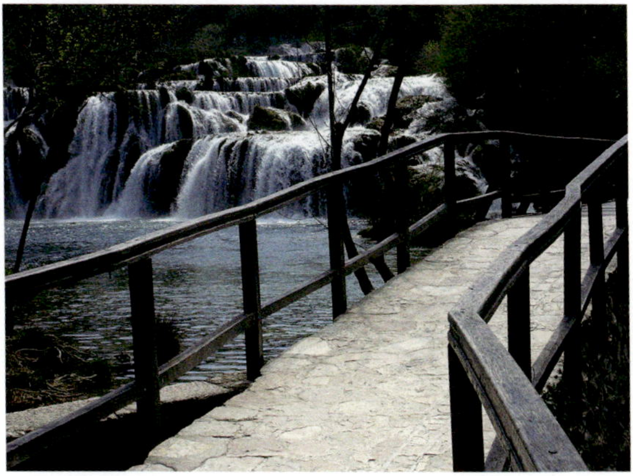

Krka-Nationalpark: Skradinski buk. Über diese Brücke ritt Lex Barker in dem Film OLD SHATTERHAND (1964).

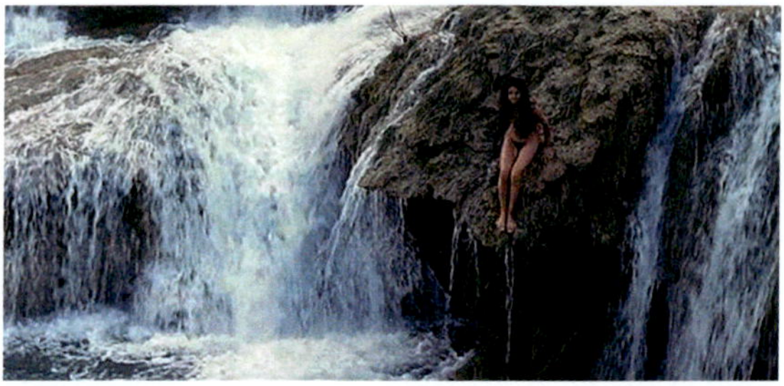

Daliah Lavis Double Gordana Zeitz-Ceko sprang in Old Shatterhand in die Fluten.

sich hier die Touristen und machen Selfies mit den Wasserfällen im Hintergrund.

Über die Brücke ritt Lex Barker 1964 in Old Shatterhand zur Missionsstation von Paloma. Außerdem wurden auf der Brücke PR-Fotos von Lex Barker und Pierre Brice in vollem Kostüm gemacht und als Postkarte vertrieben.

Von der unteren Ebene des Wasserfalls sprang in Old Shatterhand – vermeintlich – Daliah Lavi als Paloma Nakama ins Wasser. Die einzige Nacktszene in den Karl-May-Filmen der 1960er-Jahre blieb vielen Fans in besonderer Erinnerung. Daliah Lavi musste aber nicht selbst die Hüllen fallen lassen und ins 14 Grad kalte Wasser hüpfen. Sie wurde von Gordana Zeitz-Ceko gedoubelt.

Während der Dreharbeiten war die Wassermenge durch das Wasserkraftwerk gedrosselt. Rechts oben wurde der eindrucksvolle Bau der Missionsstation errichtet. In diesem Bereich ritten Stewart Granger und Gefährten 1964 für Unter Geiern. Ferner wurden Teile der Floßszenen aus Der Ölprinz am Skradinski buk-Wasserfall gefilmt. Regisseur Harald Philipp kehrte für die Konsalik-Verfilmung Liebesnächte in der Taiga (1967) zurück. Seine weibliche Hauptdarstellerin war Marie Versini, die er gern schon für Der Ölprinz besetzt hätte. Sie sei allerdings zu teuer gewesen, sagte er später.

Harald Philipp war bei den jugoslawischen Filmteams hoch geachtet. Er konnte anekdotenreich erzählen und war für seinen Humor bekannt. So berichtete er einmal: «Wenn einem Horst Wendlandt sagte, wir drehen mit Harald Leipnitz, dann haben wir mit Gary Cooper gedreht. Versprach einem Artur Brauner, wir drehen mit Gary Cooper, haben wir Harald Leipnitz bekommen.» Der Regisseur schwärmte noch wenige Jahre vor seinem Tod von der angenehmen Arbeit mit den US-Stars Lex Barker und George Nader. Mit Stewart Granger hatte er einen holprigen Start: «Als ich ihn das erste Mal traf, fragte ich ihn, wie ihm das

Drehbuch gefallen habe. Offenbar wusste er nicht, dass ich es geschrieben hatte. Granger sagte: ‹It's the most fucking script I've ever read.› Ich antwortete ihm, dass ich es unter Mithilfe eines Co-Autors verfasst hatte. Da lachte er und umarmte mich.»

Hinterland des Krka-Nationalparks: Die Manojlovacki-Schleife

Einen besonders schönen Blick ins Tal der Krka hat man an der Manojlovacki-Schleife. Wenn man den Krka-Hauptpark verlässt, fährt man von Skradin 39 Kilometer zur Regionalstraße D56 und dann auf dieser in Richtung Kistanje – Knin. Es geht bergauf. Etwa sieben Kilometer hinter Kistanje sieht man rechts der Straße auf einer Wiese zwei große Steinbögen. Sie sind auch auf den Flyern abgebildet, die im Nationalpark Krka kostenfrei verteilt werden, und weisen auf die Überreste des antiken römischen Militärstützpunktes Burnum (heute bei Ivosevci) aus der Zeit zwischen dem 1. Jahrhundert vor und dem 1. Jahrhundert nach Christus hin. Ein Amphitheater, das nur in organisierten Gruppenführungen besichtigt werden kann, und weitere Ausgrabungen liegen unterhalb des Wasserfalls. Nur wenige Meter vor den zwei Steinbögen parkt man den Wagen rechts an der letzten schmalen (nicht asphaltierten) Wegeinmündung. Hier hält man sich weiter rechts in Richtung der Krka und geht zum Abhang. Dort ist der Drehort aus OLD SHATTERHAND, von dem aus Pierre Brice 1964 ins Tal hinabschaute.

Anschließend geht es mit dem Auto geradeaus in Richtung der beiden Steinbögen weiter. Hat man diese passiert, fährt man bei der ersten Möglichkeit nach rechts und parkt im Kurvenverlauf rechts an der extra eingerichteten Campiermöglichkeit. Die

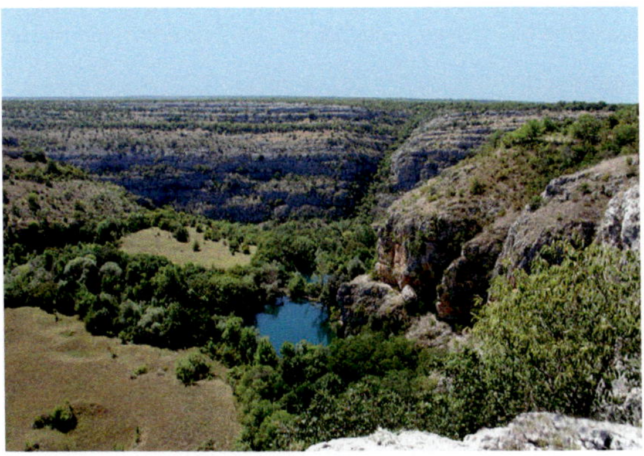

Die Manojlovacki-Schleife

beiden sattgrünen Wiesen, die unten im Tal zu sehen sind, kennt man aus WINNETOU 1 und OLD SHATTERHAND. Auf der hinteren Wiese vor dem rötlichen Felsen trafen sich Winnetou und Tujunga in OLD SHATTERHAND zur Jagd. Auf der Wiese davor wurde der Apache Schwarzer Adler von Santers Leuten gefesselt und ermordet. Kiowa-Häuptling Tangua äußerte daraufhin die berechtigte Sorge: «Er tot. Wie Du nun erfahren, wo Gold der Apachen?»

Wer seine Begeisterung über den schönen Ausblick aus der Höhe nicht zügeln kann, kommt mit einiger Mühe auch direkt zu den Drehorten. Dafür muss man bergab fahren, mehrere Brücken überqueren und sich durch dichtes Gestrüpp schlagen. Besser ist es, sich den Aufwand zu sparen. Der Ausblick aus der Anhöhe ist viel idyllischer. Nach einem langen Tag an der Krka und in einer recht verlassenen Gegend, beträgt die Rückfahrzeit nach Starigrad-Paklenica ungefähr 75 Minuten.

Drehorte bei Biograd

Die Hotelanlage Crvena Luka bei Biograd

Ab WINNETOU 3 (1965) wohnte das Filmteam wiederkehrend in der Hotel- und Bungalowanlage Crvena Luka (www.crvena-luka.hr/de). Sie lag strategisch günstig in der Nähe vieler Drehorte, etwa sieben Kilometer südlich des schmucken Küstenortes Biograd und drei Kilometer vom Vrana-See entfernt. In der damals brandneuen Anlage konnte es sich das Team am Wasser bequem machen. Das für den Film gebaute Dorf der Jicarillas stand im Bereich der Anlage mit Blick zum Wasser auf der rechten Seite. Läuft man rechts am Ufer entlang bis zur äußeren Hotelbucht und dann noch mehrere 100 Meter, erreicht man einen Sandstrand. Vermutlich zum Schrecken von Häupt-

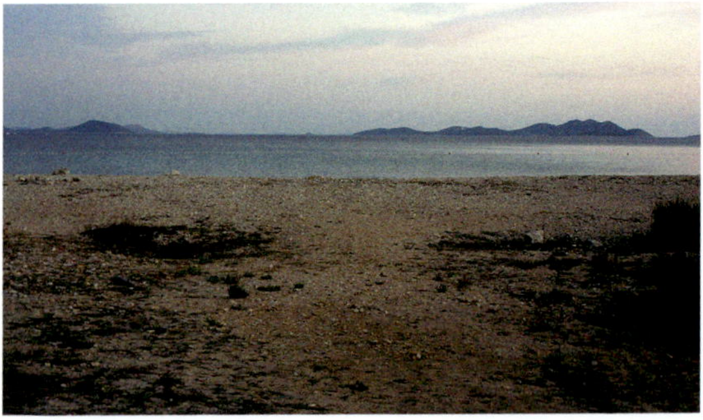

Die Bucht bei der Ferienanlage Crvena Luka (Jicarilla-Dorf in WINNETOU 3, 1965) wurde ferner in WINNETOU UND DAS HALBBLUT APANATSCHI (1966) eingesetzt.

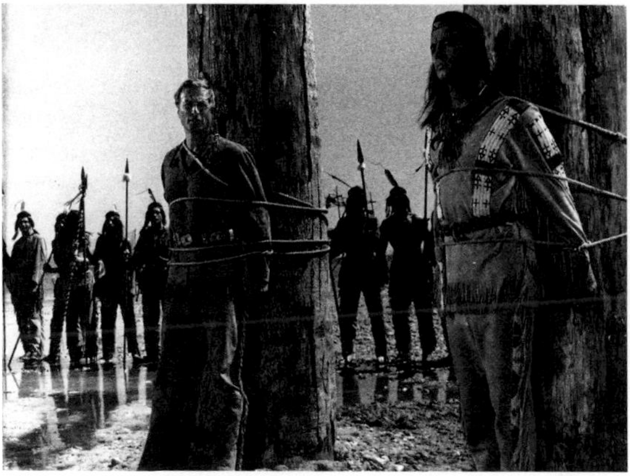

Wieder mal am Marterpfahl (WINNETOU 3)

ling Weißer Büffel wurde der Bereich lange Zeit für FKK genutzt. An dieser Bucht standen Old Shatterhand und Winnetou am Marterpfahl, verhöhnt vom Schurken Rollins. Sam Hawkens (Ralf Wolter) kam nach seinem kleinen Feuerwerk aus den Büschen zu Hilfe und schnitt die Fesseln der Blutsbrüder durch. Alte Werkfotos zeigen, dass der Sandstrand während der Dreharbeiten teilweise vom Meer durchnässt war. Die Marterpfahl-Szene stand Pate für Michael Herbigs Parodie in DER SCHUH DES MANITU (2001): «Ich bin mit der Gesamtsituation unzufrieden.»

Vom 30 Kilometer entfernten Flughafen Zadar erreicht man die Anlage Crvena Luka, indem man Richtung Debelja fährt, dann in Sukosan nach links auf die Küstenstraße 8 in Richtung Biograd na Moru. Alternativ geht es über die Autobahn 1 bis Benkovac. Dann hält man sich in Richtung Biograd na Moru. Am Ortseingang von Biograd biegt man rechts ab in Richtung Šibenik und fährt die Küstenstraße (D8) drei Kilometer südlich in Richtung Pakoštane entlang. Rechts geht es zur Anlage Crvena Luka. Der Sandstrand ist von einem Kiefernwald umgeben. Das Resort wurde 1960 eröffnet und 2013, nach jahrelanger Unterbrechung und Renovierung, erneut.

Die Bucht wurde auch als Drehort für WINNETOU UND DAS HALBBLUT APANATSCHI genutzt und um die Blockhütte der Ganoven erweitert. Außerdem mieteten sich Karl-May-Filmcrews während der Dreharbeiten zu OLD SUREHAND und WINNETOU UND SHATTERHAND IM TAL DER TOTEN in der Anlage Crvena Luka ein. Somit haben die Winnetou-Regisseure der 1960er-Jahre, nur mit Ausnahme von Hugo Fregonese, dort gewohnt.

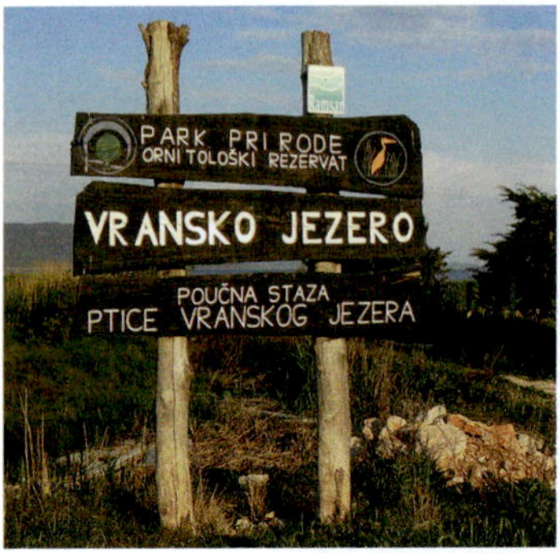

Das Sioux-Dorf am Vrana-See (Vransko jezero)

Nur sechs Kilometer von der Hotelanlage Crvena Luka entfernt liegt der Drehort, an dem für WINNETOU UND SHATTERHAND IM TAL DER TOTEN das Sioux-Dorf aufgebaut wurde. Von Zadar aus beträgt die Entfernung 37 Kilometer entlang der Küstenstraße Richtung Split. Der Schauplatz befindet sich acht Kilometer hinter Biograd na Moru. Von Starigrad-Paklenica aus fährt man circa 70 Kilometer, ein Stück davon auf der Autobahn 1 Richtung Split.

Von der Hotelanlage Crvena Luka geht es zurück zur Hauptstraße Jadranska Magistrale nach Pakostane. Im Ort orientiert man sich an der Tankstelle und biegt hinter dieser nach rechts in Richtung Pakostane/Vrana ab. An der nächsten Kreuzung rechts abbiegen. Man folgt dem Vrana-See bis zum Schild auf der rechten Straßenseite: «Park prirode (= Naturpark), Vransko jezero, Pakostane, 50 km/h, Ptice ne cesti (= Vögel auf der Straße).»

Unmittelbar vor dem Schild geht rechts ein Schotterweg ab. Hier rechts abbiegen und den Wagen parken. Der Fußweg verläuft ca. 170 Meter bis zum Ufer. An den Bergen im Hintergrund ist zu erkennen, dass man den Drehort erreicht hat, an dem Winnetou und Häuptling Roter Büffel kämpften. Das Sioux-Dorf lag rechts des heute aufgestellten Zaunes, der zu einem Privatgrundstück gehört, das man respektieren sollte.

Linker Hand vom Areal des Filmdorfes wurden für die Parkbesucher Holzstege zum Wasser errichtet. Filmszenen der Gefangenen

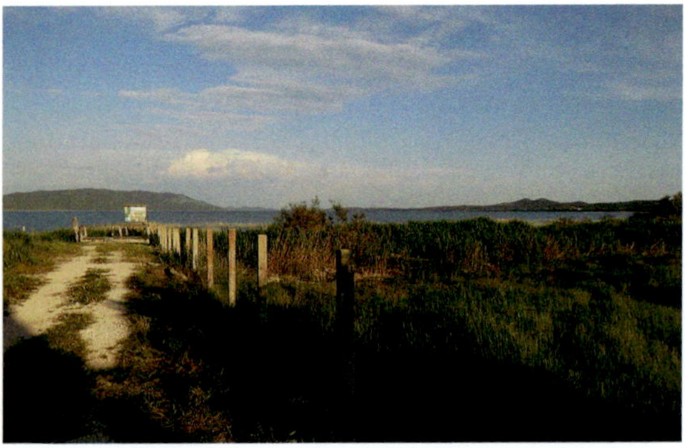

Am Vransko jezero (Vrana-See) stand das Sioux-Lager aus WINNETOU UND SHATTERHAND IM TAL DER TOTEN (1968). Hier erfolgte der Zweikampf von Winnetou (Pierre Brice) gegen Häuptling Roter Büffel (Vojo Govedarica). Zur rechten Seite des Zauns stand das Indianer-Dorf.

um Rik Battaglia zeigen Schilf, welches es auch heute reichlich gibt. Je nach Besetzung der Reiherstation kann der Zugang zum Wasser mit einem Eintrittsgeld verbunden sein, der jedoch nicht zum Betreten des Drehortes berechtigt. Dieser ist jedoch gut sichtbar.

«Roter Büffel» Vojo Govedarica aus dem heutigen Bosnien und Herzegowina trat für Regisseur Harald Reinl nochmals als kriegerischer Indianer in Aktion: In dem Jack-London-Film DIE BLUTIGEN GEIER VON ALASKA (1973) ist er der Gegenspieler von Hauptdarsteller Doug McClure. Für diesen Film wurden auch die Karl-May-erprobten Mihail Baloh, Mirko Boman, Ilija Ivezic, Branko Spoljar und Harald Leipnitz besetzt.

Kurz vor dem Ortseingang Pakostane wurde 1965 eine Anschlusseinstellung aus dem Vorspann von WINNETOU 3 gedreht. Pierre Brice ritt als Winnetou, der zum Treffen mit den Häuptlingen möchte, vor der malerischen Wasserkulisse. Der Drehort ist heute kaum noch wiederzuerkennen, da die Vegetation üppig gewachsen ist.

Winnetous Todesahnung in Drage

Hat man den Vrana-See besichtigt, bietet sich ein Abstecher zum kleinen Ort Drage an. In einer stimmungsvollen Szene offenbart der Apachen-Häuptling in WINNETOU 3 seinem Blutsbruder die Todesahnung. Zu dem lohnenden Drehort mit Fußmarsch deutlich bergauf geht es zunächst mit dem Wagen auf der Straße von Biograd nach Pakostane fünf Kilometer in süd-östlicher Richtung der Küste entlang. Oberhalb von Drage biegt man nicht rechts herunter ab in Richtung Ortschaft mit Ufer (dort gibt es einen Campingplatz und Gastronomie), sondern bleibt zunächst über Drage auf der Hauptstraße. Kurz vor

In WINNETOU 3 (1965) ahnte Winnetou seinen Tod. Pierre Brice und Lex Barker standen auf einem Hügel und blickten auf das Meer.

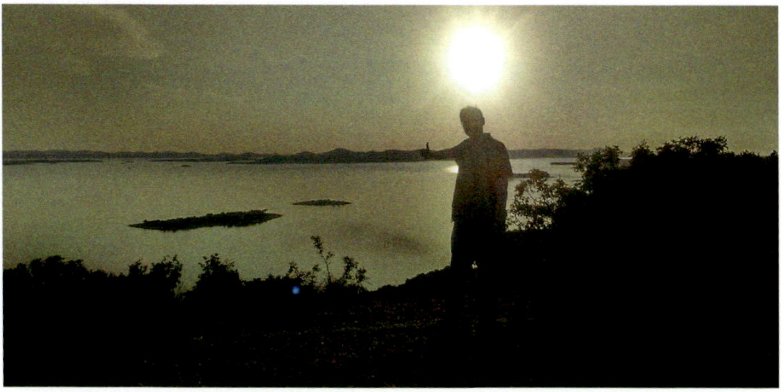

dem Hotel Stipe (Pakostanska 18, 23211 Drage) geht es links in eine kleine Straße ab. Der Drehschauplatz ist wiederholt als Aussichtspunkt ausgeschildert. Um in den Genuss des fantastischen Ausblicks zu gelangen, mit im Film gut unterhalb der Blutsbrüder zu erkennenden Kornaten vor Drage im Wasser zur einen Seite und im Rücken der Filmlocation mit dem Vrana-See, sollte man dringend das Auto und die Nerven schonen. Den Pkw also besser vor dem Weg bergauf vor dem gelben Haus abstellen und für den Rest immer in Richtung Funkmast/ Aussichtspunkt zu Fuß weiter. Das Kfz wird ansonsten wohl im tiefen Kies stecken bleiben. Oben per pedes angekommen, warten neben dem Funkmast, einem kleinen Gebäude und einem Aussichtsturm willkommene Sitzbänke mit Tischen und der Ort, an dem Pierre Brice und Lex Barker die elegische Szene drehten.

Tafelberg bei Lisane Ostrovicke in WINNETOU UND SHATTERHAND IM TAL DER TOTEN

Filmregisseure lieben Tafelberge als Hintergrundmotiv. Hier treffen die beiden Titelhelden aufeinander und neben Barker und Brice haben auch Karin Dor, Ralf Wolter, Eddi Arent und Clarke Reynolds hoch zu Ross gedreht.

Ein sehr stimmungsreicher Drehort aus WINNETOU UND SHATTERHAND IM TAL DER TOTEN, mitten im Nirgendwo. Von Rastevic bzw. Benkovac südöstlich auf der 56 in Richtung Zazvic / Bribirske Mostine hält man sich außerhalb der Ortsbebauung von Lisane Ostrovicke und parkt beim Friedhof oder der Kiesfläche. Dort zu Fuß bergauf, nach einigen Minuten links halten auf der großen Wiese, bis sich der Tafelberg im Hintergrund zeigt. Unterhalb im Tal stehen Häuser, die von der Filmkamera auch heute nicht erfasst würden.

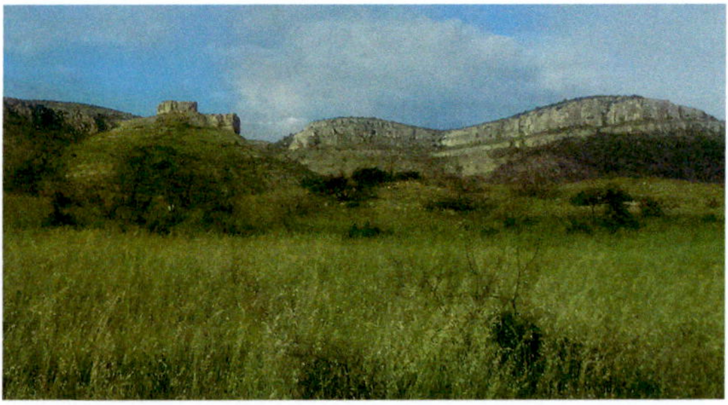

Der Tafelberg kam nur in *einem* Winnetou-Film zur Geltung

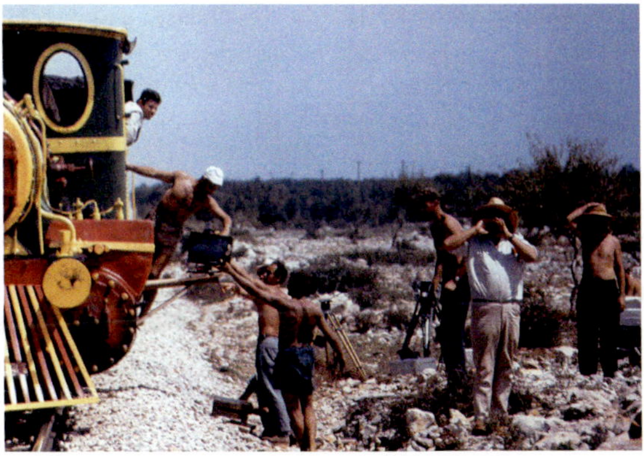

Dreharbeiten zu WINNETOU 1 (1963)

Dverske bei Zecevo: Die Eisenbahnerstadt Roswell

Die Westernstadt **Roswell** aus WINNETOU 1 heißt mit bürgerlichem Namen Dverske und liegt bei Zecevo an der Straße 59 in Richtung Kistanje/Knin, knapp zwei Kilometer hinter dem Abzweig Zecevo. Von Starigrad-Paklenica dauert die 88 Kilometer lange Fahrt ungefähr eine Stunde. Schneller und kürzer ist die Anreise vom 25 Kilometer entfernten Skradin am Nationalpark Krka. Von der Straße 56 fährt man auf die oben genannte 59. Links von der Straße verläuft die Eisenbahnlinie, die im Film zu Roswell gehört. Zwischenschnitte der angreifenden Indianer wurden allerdings im Grobnik Tal gedreht.

Landschaftliche Reize hat der Ort keine, aber bis vor wenigen Jahren bot er immerhin einen Blick auf die Schienen zum Saloon als original Requisiten aus WINNETOU 1. Action-Höhepunkt des Kinohits war die real gedrehte Fahrt einer Eisenbahn in den Saloon. Dafür wurde 1963 vom vorhandenen Gleis ein Abzweig zur Kulisse gebaut. Dieser Schienenstrang überdauerte die Dreharbeiten rund 50 Jahre. Im Rahmen von Gleisarbeiten soll das Überbleibsel aber inzwischen entfernt worden sein. Im Kino war Roswell auf einer sandigen Freifläche zu sehen. Heute ist der Ort bewachsen. So spannend die Szene auch war, die hier gedreht wurde: Heute ist der Wiedererkennungswert gering.

Der Zug rast in den Saloon

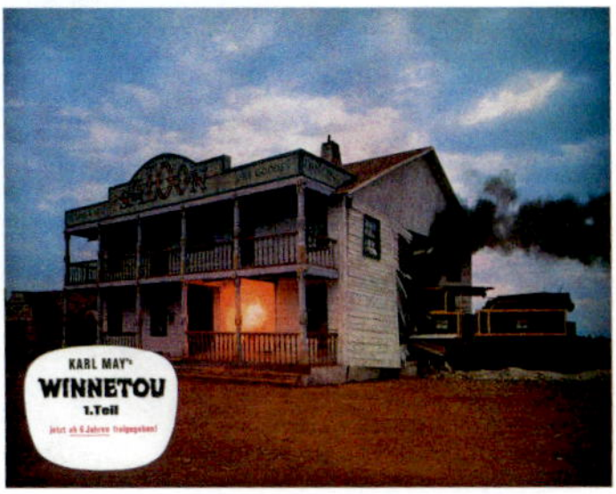

Wieder auf der Straße 59, geht es in entgegengesetzter Richtung (also nicht nach Kistanje/Knin) weiter zum Drehort für Reitszenen aus WINNETOU 1 bei **Bribirske mostine**. Old Shatterhand und sein Treck trafen hier auf Sam Hawkens, Dick Stone und Will Parker. Zwei nicht asphaltierte, steinige Wege verlaufen dort im Scheitelpunkt einer Kurve zur Straße. Einige Meter davor wurde auf einem Weg eine kurze Reiteinstellung mit Nscho-tschi auf dem Weg nach Roswell gefilmt.

Drehorte bei Vrlika

Vrlika / Suho polje

Suho polje bei Vrlika in der Gespanschaft Split-Dalmatien ist kein Touristengebiet. Gäbe es nicht die Karl-May-Filme, käme kaum ein Urlauber auf die Idee, diese Gegend zu besuchen. Vrlika hat knapp 2200 Einwohner und ist durch die Straße D1 bzw. E59 auf der Strecke von Knin nach Sinj oder durch die E71 von Split nach Knin mit den größeren Orten verbunden. Der Damm des Peruca-Stausees (Perucko jezero) sollte 1995 im Krieg das Ziel einer Sprengaktion werden. In dem ausgetrockneten linken Tal wurde der Angriff auf die Wagenburg in UNTER GEIERN gedreht. Elke Sommer und Götz George blickten von einem Hügel ins Tal. Die Cetina speist den Staudamm oberhalb von Senj.

Vrlika im Südosten Kroatiens liegt unweit der Grenze zu Bosnien und Herzegowina. Vor dem Ort fährt man links Richtung Jesevic und Kosore und drei Kilometer später über eine Brücke im Ort Vinalic. Hinter der Brücke biegt man links ab und fährt über eine weitere Brücke (über den Fluss Cetina) in Richtung Vinalic Balek. In einem Rechtsbogen geht es zu einer weiteren Karl-May-Location.

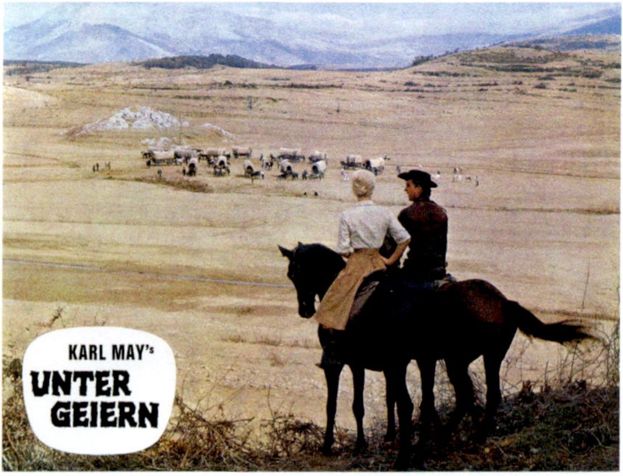

UNTER GEIERN (1964)

Zwei Schotterwege spreizen sich in einem 45-Grad-Winkel neben der befestigten Straße. Man biegt auf den linken Weg in Richtung eines Hügels im linken Tal des Suho polje ab. Vor diesem Hügel sollte man sein Auto abstellen und zu Fuß bergauf laufen. Links erkennt man den Felsen, von dem aus Silers (Harald Leipnitz) und seine Gangster in WINNETOU UND SEIN FREUND OLD FIREHAND angriffen. Gegenüber liegt auf der rechten Seite der Felsen, an dem sich Winnetou mit Nscho-tschi und den Apachen zu Beginn des Films verschanzt, bevor Old Firehand gegen die angreifenden Banditen zur Hilfe eilt. Regisseur Alfred Vohrer hatte an dieser Stelle schon zwei Jahre zuvor den Angriff der Geier-Banditen auf die Planwagen in UNTER GEIERN gedreht. Bis heute hat sich der Ort kaum verändert.

Zurück zum Auto und wieder auf die befestigte Straße, geht es links in Fahrtrichtung Koljane. Es ist nur ein kurzer Weg bis zur sogenannten «Mondlandschaft», wie Karl-May-Fans die karge Gegend bezeichnen. Unterwegs sieht man auf der linken Seite die Prärielandschaft mit den mächtigen Bergen im Hintergrund. Hier wurde der Auftakt von OLD FIREHAND gedreht, bei dem Silers' Banditen die Apachen verfolgen. Außerdem wurden Szenen für UNTER GEIERN gedreht: Die Planwagen ziehen nach bestandenem Abenteuer friedlichen Zeiten entgegen, die Schoschonen reiten im oberen Teil des Bildes auf dem Hügelkamm. In DER ÖLPRINZ verabschiedet sich hier Bill Forner von Winnetou und Old Surehand. Auf der rechten Seite der Straße entstand die Szene, in der die Finders-Banditen und Knife den am Felsen baumelnden Bill Forners ermorden. Hinter der Kamera befand sich die Fahrstraße von Vrlika in Richtung Koljane.

Knapp einen Kilometer, nachdem man wieder auf die Straße zurückgekehrt ist, sieht man auf der linken Seite einen Friedhof. Davor kann man seinen Wagen abstellen. Der von Filmfreunden verliehene Name «Mondlandschaft» kommt nicht von ungefähr: Markante Felsformationen würden die Gegend auch zu einer perfekten Location für Science-Fiction-Filme machen. In WINNETOU 3 finden Old Shatterhand und sein Blutsbruder nordöstlich vom Friedhof einen toten Cowboy, der sich im Pueblo von den Büffeljägern losgesagt hatte. Gut bekommen ist ihm das nicht: «Weil er an das Gute glaubte, musste er sterben.»

In diesem Teil der Mondlandschaft ermordet Rollins (Rik Battaglia) in WINNETOU 3 den Häuptlingssohn Schneller Panther mit Winnetous Messer. Silers (Harald Leipnitz) kam in dieser Steingerölllandschaft in WINNETOU UND SEIN FREUND OLD FIREHAND

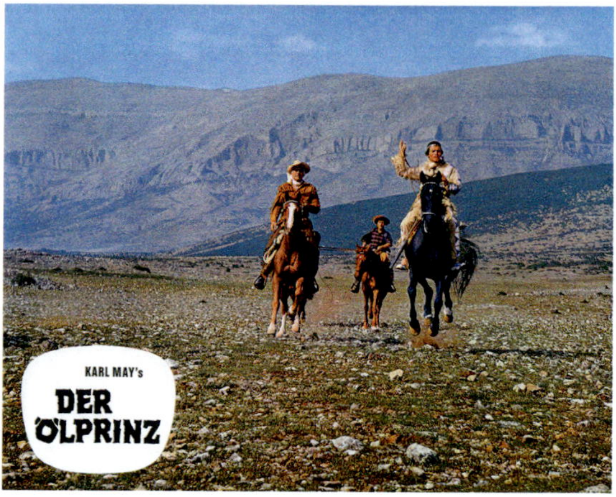

Der Ölprinz (1965)

ums Leben. Old Firehand zückte Pfeil und Bogen, dabei stand die verfallene Hacienda der Ganoven als Filmdekoration im Tal auf der rechten Seite. Für Italo-Western-Fans ist dieser Ort ebenfalls interessant, da die Hacienda auch in Rocco – Der Einzelgänger von Alamo (1967) zum Einsatz kam. Für diese italienische Produktion wurde auch in knapp zwölf Kilometer Entfernung an einer Bucht des Perucko Sees zwischen den Orten Laktac und Dabar gefilmt. In Old Firehand ermordete Silers hier den Mexikaner Puglia und hielt den Treck auf. Die östliche Ausbuchtung des Perucko-Sees erinnert auf der Landkarte an einen kopfüber in die Luft gehaltenen Golfschläger.

Silers Tod in Winnetou und sein Freund Old Firehand (1966)

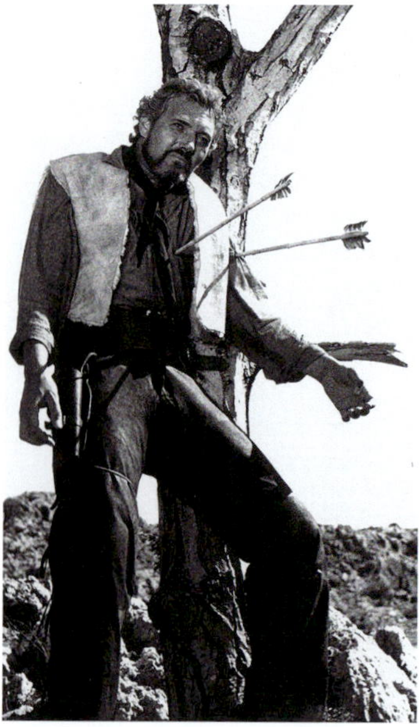

Trilj – die Wagenburg

Regisseur Harald Philipp konnte seinem Film Der Ölprinz deutlich mehr abgewinnen als Winnetou und das Halbblut Apanatschi, den er ein Jahr später drehte. Er hatte ihn erst nach Beginn der Dreharbeiten übernommen, da der ursprünglich engagierte Regisseur Paul May zu langsam arbeitete und nicht die Zustimmung der Produktion fand.

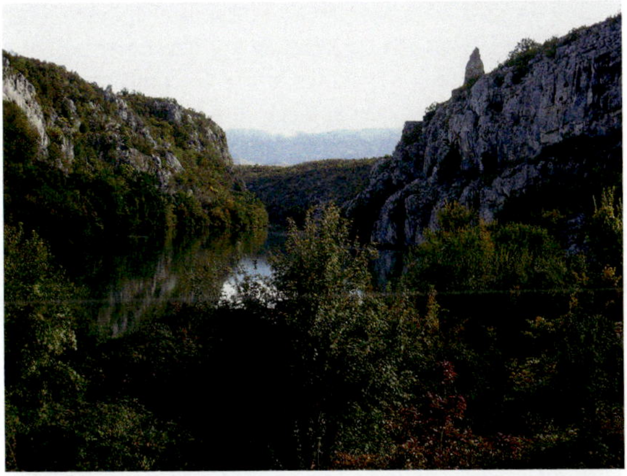

Trilj: Einprägsame Szenerie aus DER ÖLPRINZ (1965). Leider ist die Fläche sehr stark zugewachsen. Der Fluss ist die Cetina.

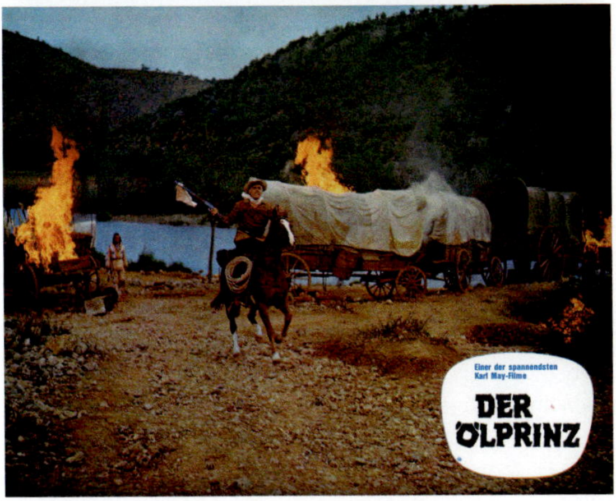

Kurzerhand wurden alle bereits gedrehten Szenen wiederholt. Harald Philipp ist unter den WINNETOU-Regisseuren der 1960er-Jahre wohl derjenige, dessen Filme am wenigsten auf die kroatische Landschaft setzten. Er drehte oft an Schauplätzen, die seine Kollegen Harald Reinl und Alfred Vohrer schon zuvor genutzt hatten. Allerdings filmte auch er an einigen neuen Orten: In WINNETOU UND DAS HALBBLUT APANATSCHI war das der Prezid-Pass oberhalb von Obrovac, für DER ÖLPRINZ siedelte er die Wagenburg bei Trilj an. Auf der freien Fläche, die in der Realität viel kleiner wirkt als im Film, sind die Siedler dem drohenden Angriff der Utahs schutzlos ausgeliefert.

Trilj erreicht man, wie damals schon das Filmteam, über Split auf der E71 zunächst in Richtung Sinj, bevor man bei Brnaze rechts in Richtung Trilj auf die Straße 60 und Fahrtrichtung Bosnien und Herzegowina abbiegt. Alternativ fährt man auf der Strecke E59 von Knin nach Sinj und dann bei Brnaze auf die 60 bis Trilj. Vor der Cetina-Brücke muss man rechts abbiegen und circa zwei Kilometer weiter parallel zum Fluss Cetina steil bergauf durch den Rechtsbogen fahren. Rechts stehen Häuser, links der Straße verläuft nach rund 150 Metern abwärts ein Trampelpfad. Den Wagen kann man linker Hand auf der dritten Parkmöglichkeit auf einer Wiese abstellen. Auf dem Trampelpfad geht es bergab bis zum Ufer des Cetina-Flusses. Zuvor mündet weit unten rechts ein Weg ein. Heute üppig bewachsen, ließ Winnetou auf dem rechten Weg die Pferde laufen. Auch die Fläche, auf der die Planwagen standen, ist seit den Dreharbeiten zugewuchert. Blickt man in die Ferne nach oben rechts, sieht man die markante Felsnase, die wie eine Felsnase wirkt und auch in DER ÖLPRINZ zu sehen ist.

Mit dem Auto geht es zurück nach Trilj und von dort über die große Brücke, dann links nach Livno. Man hält sich an die Orte Grab, dann Otok und schließlich Ruda. Dieser Ort liegt circa 15 Kilometer hinter Trilj und war Schauplatz von Floßaufnahmen aus DER ÖLPRINZ. Weitere wurden an den Hauptfällen des Krka-Nationalparks und auf der Cetina bei Kresevo gedreht. Auch die Hängebrücke-Szenen entstanden in Ruda. Um diesen Drehort zu erreichen, fährt man am Elektrizitätswerk vorbei, über die Brücke und dann rechts hinunter zum Fluss Ruda und zu einem Wasserfall. Old Surehand verhindert hier im Film die Flucht des Ölprinzen und seines Bewachers Knife.

Nordwest-Kroatien

Grobnik polje im Hinterland Rijekas

Im Vorspann von DER SCHATZ IM SILBERSEE reiten Old Shatterhand und Winnetou zu Martin Böttchers überwältigender Filmmusik über eine weite Wiesenlandschaft mit Bergen im Hintergrund. Das ist das Höchstmaß an Prärielandschaft aller in Kroatien gedrehten Western. Die Täler von Grobnik (Grobnik polje) liegen rund zehn Kilometer nordöstlich von Rijeka. Um sie zu erreichen, muss man die Autobahnausfahrt Grobnik-Motodrom nehmen. Diese Rennstrecke wurde erst im Jahr 1977 erbaut. Da die Region nicht von der Erinnerung an Karl-

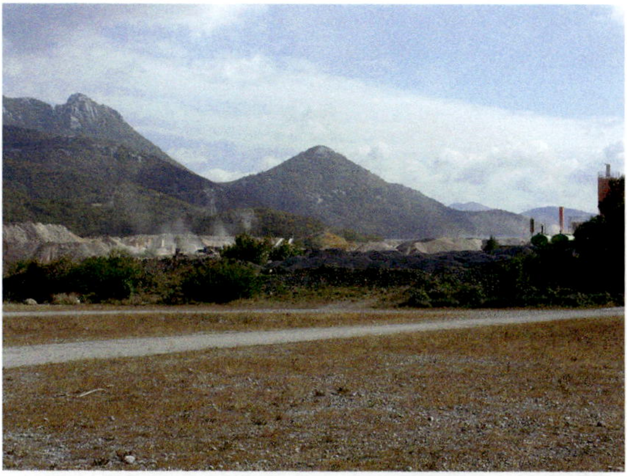

Grobnik polje: Der Drehort des Forts Niobara aus WINNETOU 2 (1964), es stand leicht erhöht. Das Foto zeigt die Kieshalde des Kieswerkes.

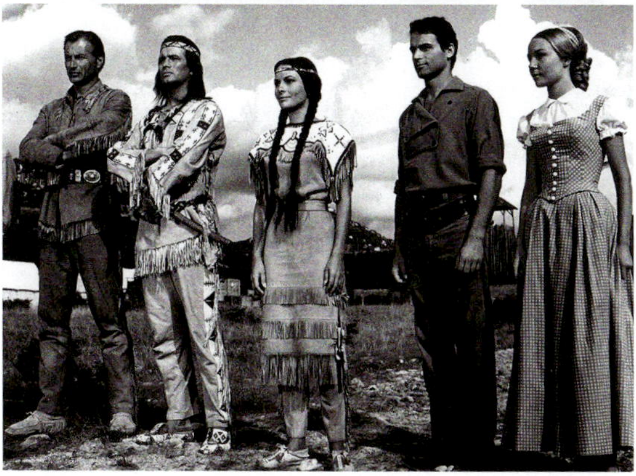

Die Hauptdarsteller aus WINNETOU 2 vor dem Fort Niobara

May-Filme leben kann, verdienen dort viele Menschen ihr Geld durch Motorsportfreunde. Die Adresse der Rennstrecke lautet Automotodrom Grobnik, Automotodrom 1, 51219 Cavle/Kroatien. Die Internetseite www.grobnik.hr listet Hotels und Pensionen auf, die vor allem für die Fans des schnellen Sports gedacht und in vielen Fällen nicht ganzjährig geöffnet sind.

Das Gros der Motorrad-Rennfahrer wird nicht wissen, dass hier einst in WINNETOU 1 der Treck vor den Kiowas flüchten musste. Die Ebene eignete sich 1963 hervorragend für Reitszenen und ermöglichte eine temporeiche Inszenierung mit vielen Pferden und Planwagen. Leider wurden für die Rennstrecke teilweise auch die Berge abgetragen.

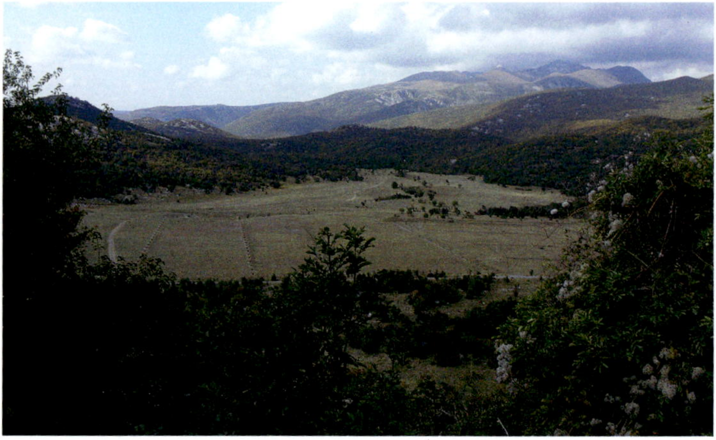

Blick auf den Drehort von Butlers Farm aus DER SCHATZ IM SILBERSEE (1962) im Seitental von Grobnik polje

Das Grobnik Tal wird inzwischen durch die Autobahn geteilt, die es in den 1960er-Jahren noch nicht gab. Der neue Asphalt macht es Besuchern zwar leicht, die Stelle zu erreichen, doch die frühere Karl-May-Idylle wird jäh gestört.

Läuft man außerhalb des eingezäunten Motorsportareals im weitläufigen Tal herum, kann es dem Filmfan mitunter passieren, dass plötzlich Fallschirmspringer der kroatischen Armee vom Himmel gleiten. Sie sind Filmtouristen gegenüber freundlich gesonnen, weil sich die Soldaten im Laufe der Jahre an solche spleenigen Besucher gewöhnt haben.

In Grobnik polje wurden auch die auf Roswell stürmenden Apachen in WINNETOU 1 gefilmt. Während der Überfall auf den Treck gedreht wurde, entstand in Grobnik polje parallel unter der Regie von Jürgen Roland der Western DIE FLUSSPIRATEN VOM MISSISSIPPI (1963). Dieser Film war mit Hansjörg Felmy, Horst Frank, Brad Harris und Sabine Sinjen prominent besetzt. Der Italiener Tony Kendall, der bürgerlich Luciano Stella hieß, trug im Film ein Kostüm, das stark an Winnetou erinnerte. Der Film kam sieben Wochen vor WINNETOU 1 in die deutschen Kinos. Über den kleinen Fluss Save, der den Mississippi doubeln musste, schrieb das Magazin *Der Spiegel* verächtlich: «Dieser Mississippi ist so schmal und idyllisch wie der Neckar bei Heidelberg, und auf die von der Reklame versprochene Explosion eines Raddampfers wartet der Zuschauer vergebens. Der von Horst Frank verkörperte pseudoneurotische Schurke wirkt wie Fuzzy ohne Bart; Jörg Felmy ist als Sheriff ein entmutigend

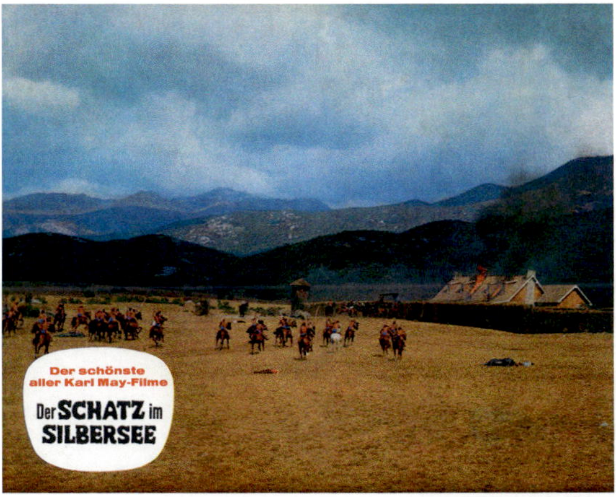

Angriff auf Butlers Farm in DER SCHATZ IM SILBERSEE (1962)

blasser Held. Immerhin bewährt sich das Talent des STAHLNETZ-Regisseurs Roland an einigen Nebenfiguren und im Arrangement von Kampfszenen, sodass diese deutsche Verfilmung der Gerstäcker-Saga das Niveau eines Durchschnitts-Western erreicht. Ideales Blachfeld für Reiterattacken: der Ex-Flughafen bei Rijeka.»

Der Nachfolgefilm DIE GOLDSUCHER VON ARKANSAS (1964) wartete neben Brad Harris und Horst Frank mit den Karl-May-Stars Mario Adorf, Ralf Wolter, Dieter Borsche und Marianne Hoppe auf. Diese Dreharbeiten fanden im heutigen Tschechien statt. *Der Spiegel* monierte 1964 eine Wirklichkeitsflucht des deutschen Filmes und rechnete vor, dass angeblich mehr als die Hälfte der aktuellen deutschen Filme im Wilden Westen oder an anderen fernen Orten spielten. Der Autor strafte im selben Text die österreichische Schlager-Schmonzette HOLIDAY IN ST. TROPEZ ab, die mit Vivi Bach und Ann Smyrner an der Makarska-Riviera in der kroatischen Gespanschaft Split-Dalmatien gedreht wurde.

Das Seitental von **«Butlers Farm»** aus DER SCHATZ IM SILBERSEE wird seit vielen Jahren rein militärisch genutzt. Man gelangt mit dem Auto dorthin, auch wenn in der Region so manch bellender Hund Jagd auf die motorisierten Besucher macht. Der militärische Wachposten duldet die WINNETOU-Fans allenfalls, auch wenn nicht jeder Soldat nachvollziehen kann, warum man sich das eher unscheinbare Gebiet anschauen möchte. Als Tourist sollte man sich stets darüber im Klaren sein, dass der Zutritt durch Zivilisten nicht erwünscht ist.

Wer keine Lust auf Diskussionen mit der kroatischen Armee hat, kann diesen Teil des Grobnik Tals auch komplett meiden und alternativ bei der Fahrt in Richtung Platak den Panoramablick von oben auf den Drehort genießen. Baumans Ranch (UNTER GEIERN) lag im entgegengesetzten Grobnik-Seitental beim Ort Drazice hinter Podhum an einer Schotterpiste.

Platak

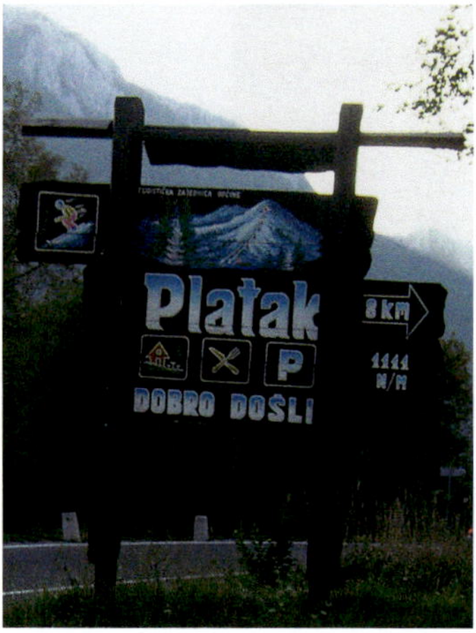

Bei diesem Schild müssen Autofahrer die scharfe Kurve bergauf beachten.

Im Anschluss an den Besuch des Grobnik Tals oder direkt nach der Autobahnabfahrt Grobnik-Motodrom führt der Weg in das frühere Skigebiet Platak. Bergauf hält man sich auf der Straße Rijeka nach Karlobag ins Gebirge in Richtung Gornje Jelene / Platak und erreicht schon bald eindrucksvolle Karl-May-Landschaften. Achtung beim links gelegenen, kurvigscharfen Abzweig nach Platak.

Hier geht es links nach Platak (auf dem Schild steht «Platak, 8 km, Dobro Dosli») zu mehreren Filmlocations in den Bergen und geradeaus zum Kiowa-Dorf aus WINNETOU 1. Für letzteres folgt man weiter dem Straßenverlauf. Nach ungefähr drei Kilometern befindet sich der ehemalige Standort des Kiowa-Dorfes rechts unterhalb der Straßen-Stützmauer. Hier befreite Old Shatterhand Winnetou, der an einen Baum gefesselt war, den zuvor die Requisite aufstellen musste. Am besten orientiert man sich an den Strommasten mit Oberleitungen, dann muss man bergab klettern. Das ist problemlos möglich. Dass dieser versteckte Drehort überhaupt wiederentdeckt wurde, ist dem österreichischen Karl-May-Experten Karl Ebner zu verdanken. Er stellte ihn der Öffentlichkeit im Februar 2004 in einem dreiseitigen Beitrag für das Fachmagazin *Karl May & Co* (Nr. 95) vor.

Der Drehort wird heute durch die Strommasten unterteilt und ist stark überwuchert. Karl Ebner hat nachgewiesen, dass die Filmcrew von WINNETOU 1 diesen Ort auch für andere kurze Einstellungen verwendete. Der Apache Schwarzer Adler reitet im Vorspann nicht nur am Mali Alan, sondern auch auf der Wiese oberhalb des Kiowa-Lagers. Und Chris Howland versuchte hier mit ausbleibendem Erfolg, als Wildwest-Reporter die galoppierenden Kiowas mit der Kamera abzulichten.

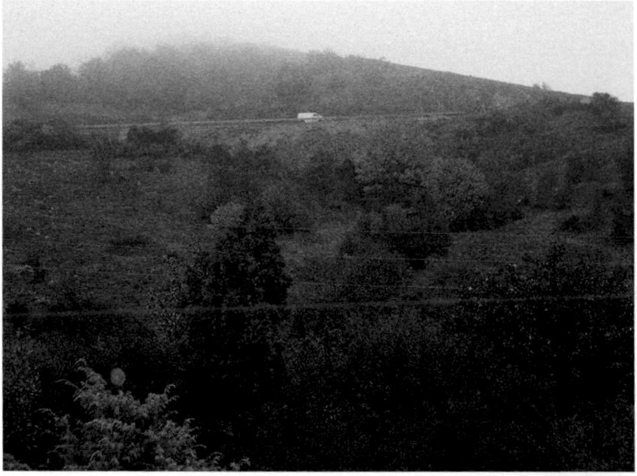

Das Kiowa-Lager aus WINNETOU 1 (1963). Es ist über die Jahre hinweg stark zugewachsen.

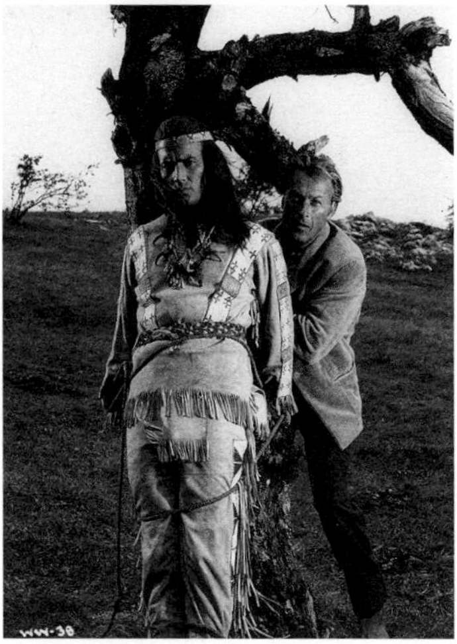

WINNETOU 1 (1963)

Zurück am geparkten Auto, muss man wenden und die drei Kilometer zurück zur Abzweigung (aus Richtung Kiowa-Lager kommend) fahren, um dann nach rechts in Richtung Platak abzubiegen. Knapp davor weist ein Schild den Weg. Nach wenigen Metern folgt eine weitere scharfe Rechtskurve und schließlich ein «Durchfahrt verboten»-Schild. Wer sich daran hält, muss auf den nächsten Drehort verzichten. Andererseits wird die Straße von vielen Autos befahren. Es gibt sogar ein Schild mit Höchstgeschwindigkeit und auch das nahe gelegene Hotel in Platak will für Autos erreichbar sein.

Nach gut zwei Kilometern macht die befestigte Straße eine Rechtskurve und schlängelt sich weiter. Am Anfang der Rechtskurve fährt man auf mehrere Tannen zu und biegt links auf einen nicht asphaltierten Weg (Richtung Za Crvi) ab. Keine 300 Meter entfernt verläuft links zwischen den Tannen ein Trampelpfad. Er führt zum ehemaligen Schoschonen-Dorf aus UNTER GEIERN. Wo einst Pierre Brice als Winnetou in das Lager ritt, um mit Wokadeh zu verhandeln, kann man heute problemlos bergab laufen. Im Lager war Old Surehand an den Pfahl gebunden, um sich im Gottesurteil den Pfeilen der Krieger zu stellen.

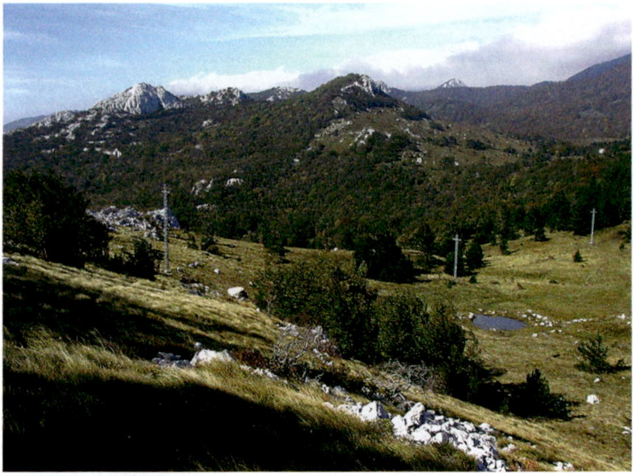

Platak: Drehort des Schoschonen-Lagers in UNTER GEIERN (1964). Für viele Fans der schönste Karl-May-Indianerdorf-Schauplatz. Heute durchzieht die Stromleitung den Drehort.

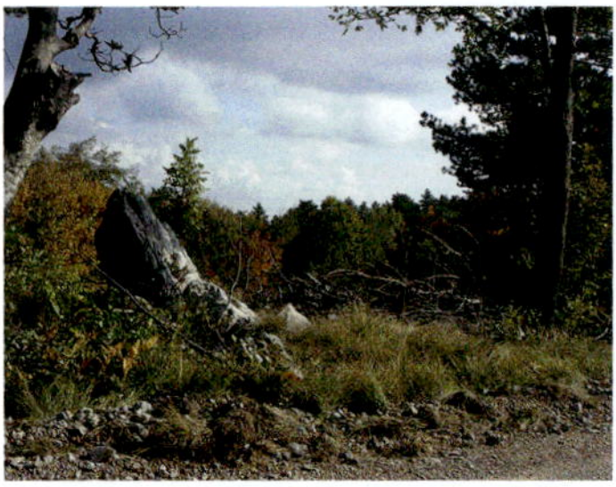

An diesem Felsen stand Stewart Granger mit seiner Winchester in UNTER GEIERN (1964). Auf der gegenüberliegenden Seite gelangt man hinter dem Fotografen durch die Tannen zum Drehort des Lagers der Schoschonen.

Links oben, auf einer leicht begehbaren Anhöhe, beobachteten Old Surehand und Old Wabble das Indianerdorf. Leider wird der Hintergrund dieses stimmungsvollen Drehortes inzwischen von Strommasten mit Oberleitungen zerteilt.

Verlässt man das Gebiet des ehemaligen Schoschonen-Lagers und geht bergauf zurück zum Auto, steht man am Ende des Trampelpfades vor einem weiteren Motiv aus UNTER GEIERN. Hier stand Old Surehand am Felsen und feuerte ein paar Warnschüsse an die Adresse der Geier-Bande ab.

Das Auto kann stehen bleiben. Nun läuft man auf der befestigten Straße zurück zur Abzweigung, die links zum Schoschonen-Lager führte. Über die asphaltierte Straße hinweg kann man direkt gegenüber zu Fuß bergauf zur sogenannten «Prärielandschaft» gehen. Der Weg ist recht anspruchsvoll, aber das Ziel lohnt die Mühen. Bald sieht man einen Hügel mit vertikal verlaufenden Steinstreifen. Das ist der beeindruckende Hintergrund auf sehr bekannten Fotos von Pierre Brice und Lex Barker. Das Bild wurde auch für das Cover der PEG-Hörspiel-Schallplatte «Halbblut» genutzt.

In der prächtig grünen Landschaft inszenierte Regisseur Alfred Vohrer 1965 Stewart Grangers ersten Auftritt in OLD SUREHAND. Dieser beobachtet hoch zu Ross einen Zugüberfall und schießt aus großer Entfernung auf eine brennende Zündschnur, die daraufhin erlischt. Die Eisenbahn selbst wurde bei Rastevic in

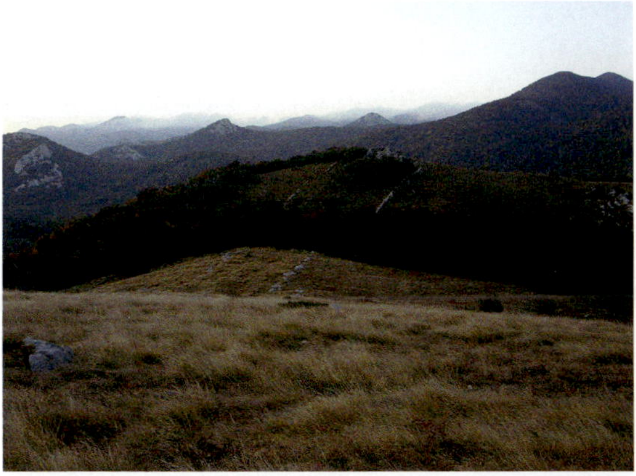

Der Streifenhügel von Platak. Das für ein Aushangfoto von Barker und Brice (WINNETOU 2, 1964, Mitte) genutzte Motiv wurde auch für den Schuss Stewart Grangers (OLD SUREHAND, 1965) auf die Lunte an der (bei Rastevic stehenden) Eisenbahn eingesetzt.

einer ganz anderen Umgebung gefilmt. Anschlussfehler dieser Art verzieh das Kinopublikum aber im Jahr 1965 eher, als es die heutigen Kinogänger tun würden.

In Platak befand sich linker Hand in WINNETOU 2 das von Forresters Banditen verwüstete Ponca-Dorf. In UNTER GEIERN ritten in Platak auch Bauman (Walter Barnes) und sein Sohn Martin (Götz George) zur Bärenjagd. Winnetou und die Assiniboins galoppierten durch die hügelige Landschaft (WINNETOU 2).

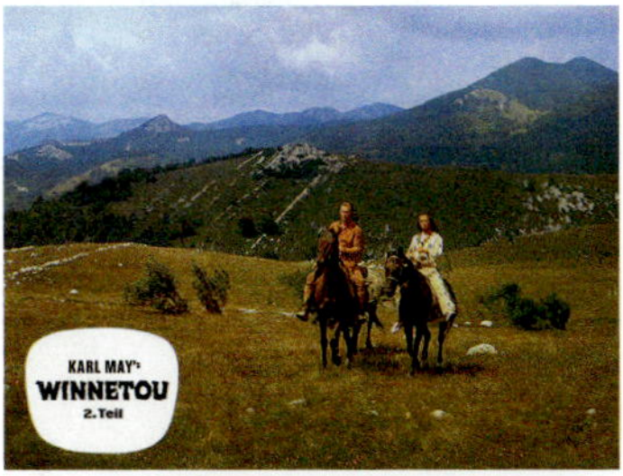

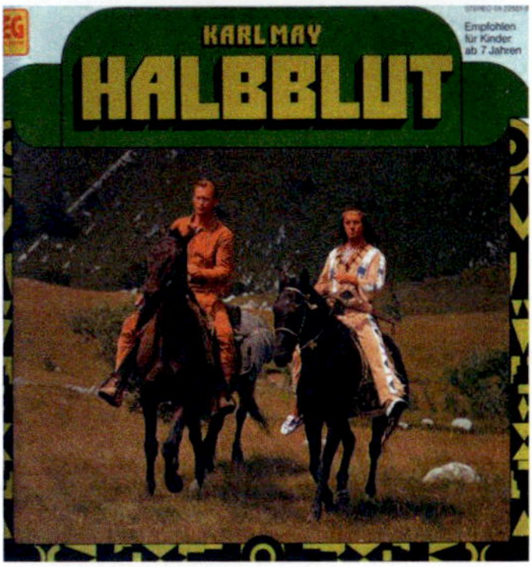

Das ehemalige Dorf der Assiniboins aus WINNETOU 2 erreicht man, indem man die Straße nach Platak bergauf durch einen Wald fährt, sich links hält und dem Straßenverlauf folgt, bis man ein Hotel mit angeschlossenem Skilift erreicht. Hinter dem Hotel befindet sich links unterhalb des Weges eine große Wiese. Es ist kein Problem, sie bergab zu Fuß zu erreichen.

1964 standen hier Mario Girotti, der später als Terence Hill berühmt wurde, und seine Kollegen am Marterpfahl. Pierre Brice, Karin Dor und Gojko Mitic drehten dort ebenso wie Lex Barker. Außerhalb der Sommerzeit sollten Besucher diesen Drehort nicht erst in der Dämmerung aufsuchen. Im Oktober droht starker Nebel,

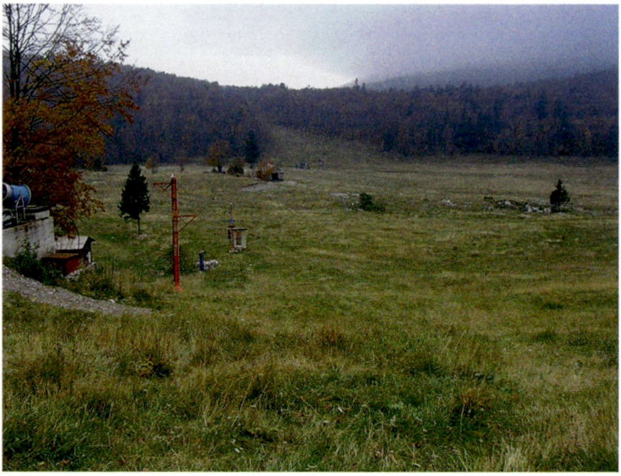

Platak: Auf der Wiese stand 1964 das Lager der Assiniboins-Indianer (in WINNETOU 2). Mario Girotti war am Marterpfahl; Winnetou (Pierre Brice) und Ribanna (Karin Dor) knüpften zarte Bande.

noch im April kann es zu Schneetreiben kommen. Mit solchen Wetterproblemen hatte auch die Produktionsfirma Rat Pack zu kämpfen, als sie im Herbst 2015 dort Szenen für den RTL-WINNETOU-Dreiteiler drehte. Die Farm, auf der Old Shatterhand (Wotan Wilke Möhring) sich mit Nscho-tschi (Iazua Larios) niederlässt, sollte ursprünglich auf einem Feld bei Fuzine gedreht werden. Dieses war jedoch durch starke Regenfälle unterspült, sodass die Filmemacher auf die frühere Assiniboins-Wiese auswichen. Wer im Auto ein Navi hat, kann sich am Great Mountain Bed & Breakfast Hotel Platak orientieren: Platak 5, 51219 Platak/Kroatien.

Kamenjak

Der größte Blickfang bei Autofahrten nach Platak ist der vis a vis gelegene 837 Meter hohe Berg Kamenjak. Regisseur Harald Reinl liebte die Berge und setzte den Kamenjak als Hintergrund in WINNETOU 1 und WINNETOU 2 ein. Um ihn zu erreichen, fährt man von der Autobahnabfahrt Motodrom bei Grobnik polje auf der Straße Rijeka in Richtung Karlovac ins Gebirge und Richtung Platak. 120 Meter vor dem Abzweig nach links in Richtung Platak geht vor einer Kurve ein Schotterweg nach rechts ab. Diesem Weg folgt man und fährt auf der schlechten Schotterpiste über zwei Kilometer. Linker Hand liegt die Erhöhung, auf der in WINNETOU 1 die Kiowas den Treck beobachteten. Wer WINNETOU 1 nur im Fernsehen oder auf VHS gesehen hat, kennt die Szene gar nicht. Sie wurde für die ZDF-Ausstrahlung geschnitten, damit der Film ins Sendeschema passte. Erst auf DVD war sie wieder zu sehen.

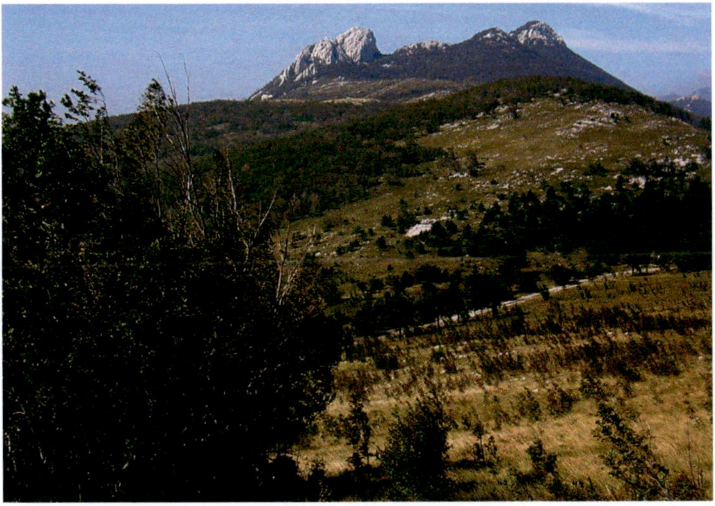

Auf diesem Hügel beobachteten die Kiowas in WINNETOU 1 (1963) den heranziehenden Treck. Im Hintergrund: der Kamenjak.

Der nasenartige Kamenjak-Gipfel absolviert in WINNETOU 1 (1963) mehrere Auftritte. So macht Old Shatterhand die Pferde fest, um anschließend Winnetou im Lager der Kiowas zu befreien. Nach dieser Aktion steigt Winnetou auf das Pferd und reitet mit dem toten Klekih-petra davon.

Wer auf die Wiese vor dem Gipfel des Kamenjak will, muss dies zu Fuß meistern. Ein zügiger Marsch dauert eine Dreiviertelstunde oder länger. Die große Wiese vor dem Kamenjak war in WINNETOU 2 Schauplatz einer Reiterkette der Banditen. Vor dem links gelegenen Abzweig nach Platak fährt man nach rechts auf den Schotterweg. Hier geht es bergab in das Wiesental und anschließend zu Fuß hinauf Richtung Gipfel.

Nicht nur Winnetou und Ribanna waren enttäuscht, dass ihnen ein Happy End in WINNETOU 2 versagt blieb. Im Film nahmen sie auf der Wiese vor dem Gipfel Abschied. In der frühen Planungsphase von WINNETOU UND SHATTERHAND IM TAL DER TOTEN sah eine andere Drehbuchfassung vor, dass Ribanna zurückkehrt. Die Idee wurde aber nicht umgesetzt.

Die Drehorte sind nicht zu verwechseln mit dem Kap Kamenjak. Letzteres ist die Südspitze der nordwestlichen kroatischen Halbinsel Istrien. An den schroffen Klippen des Kap Kamenjak entstanden Aufnahmen für den Mittelalter-Gruselfilm DER LETZTE TEMPELRITTER (2011) mit Nicolas Cage und Ron Perlman. Der überwiegende Teil des Films entstand aber in Österreich und Ungarn.

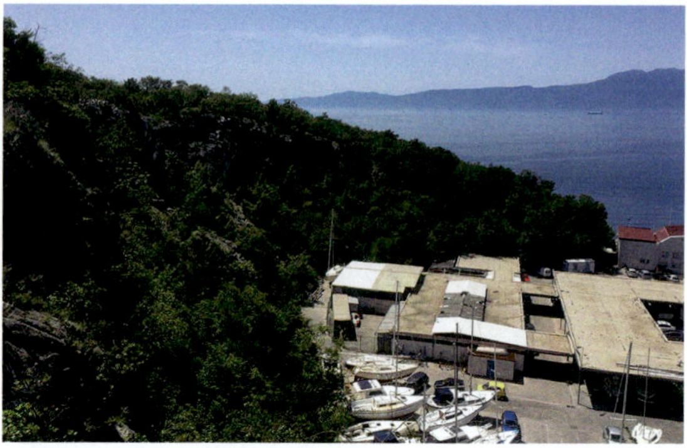

Talkessel der Tramps aus DER SCHATZ IM SILBERSEE (1962). Der Kameramann passte genau auf, dass das Meer nicht ins Bild kam.

Weitere Karl-May-Drehorte im Umland von Rijeka

Ehemaliger Steinbruch Kostrena

Ungefähr 15 Kilometer von Platak und 20 Kilometer vom Flughafen Rijeka entfernt liegt östlich hinter Rijeka ein ehemaliger Steinbruch am Rande von Kostrena. Dort wurde das Lager der Tramps in DER SCHATZ IM SILBERSEE gedreht. Die Blockhütte, in der der rote Cornel schlafen durfte, während seine Leute draußen bleiben mussten, steht heute natürlich nicht mehr.

Navi-Nutzer orientieren sich an der Adresse des 1962 erbauten Hotels Lucija, Doricici 8, Kostrena/Kroatien in der Bucht Zurkovo. Man folgt der Küstenstraße und kommt nach Susak und in den Ort Kostrena, hält sich dann Richtung Adria. Von oben kann man ins Tal blicken, so wie einst Winnetou das Camp beobachtete. Der Kameramann musste bei den bergab gefilmten Einstellungen aufpassen. Das rechts liegende Meer, auf das die Tramps schauten, sollte nicht ins Bild ragen. Heute wird in dieser Region dem Tauchsport gefrönt.

Den Pkw kann man bequem auf einem Parkplatz oberhalb des Talkessels abstellen und auf einem befestigten Fußweg die

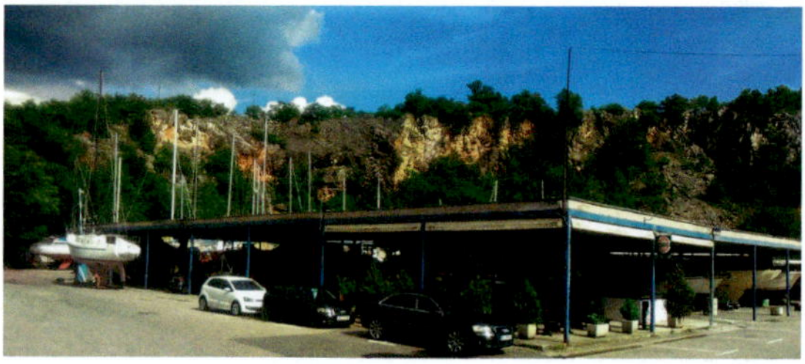

Oben auf dem Hügelkamm beobachtete Winnetou die Tramps, deren Lager unten war.

links gelegene Location hinter sich lassen, an der Winnetou in DER SCHATZ IM SILBERSEE die Tramps beobachtete, den Wächter ausschaltete sowie davor warnte, den beschworenen Frieden zu brechen. Man geht den Weg bergab und landet bei einem weiteren Parkplatz. Hier campierten Brinkleys Tramps unter den wachsamen Augen des Apachen. Die Örtlichkeit ist bebaut und man kann zum Wasser hin Gastronomie besuchen.

Die Region um Split, Omis und Trogir

Die Hafenstadt Split ist nach Zagreb die zweitgrößte Stadt Kroatiens. Vor circa 1700 Jahren ließ der römische Kaiser Diokletian in Split einen monumentalen Alterssitz für sich erbauen. In den folgenden Jahrhunderten entwickelte sich der Diokletianspalast zu einer bewohnten Festung, um die herum sich die Altstadt ausbreitete. Die UNESCO ernannte die gesamte Altstadt, die an der Südküste der Halbinsel liegt und für den motorisierten Verkehr gesperrt ist, im Jahr 1979 zum Weltkulturerbe.

Das Karl-May-Filmteam drehte zwar nicht in der Altstadt, logierte aber erstmals für WINNETOU 2 im malerisch am Hafen gelegenen Hotel Marjan, während im Umfeld von Split an mehreren Orten gedreht wurde.

Weltweite Beachtung als Drehort fand Split erst durch die vierte Staffel der HBO-Serie GAME OF THRONES. Nach den guten

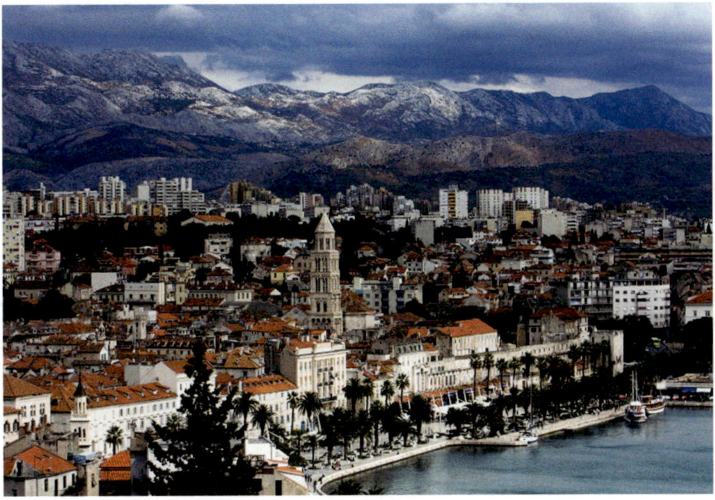

Blick auf die Hafenstadt Split

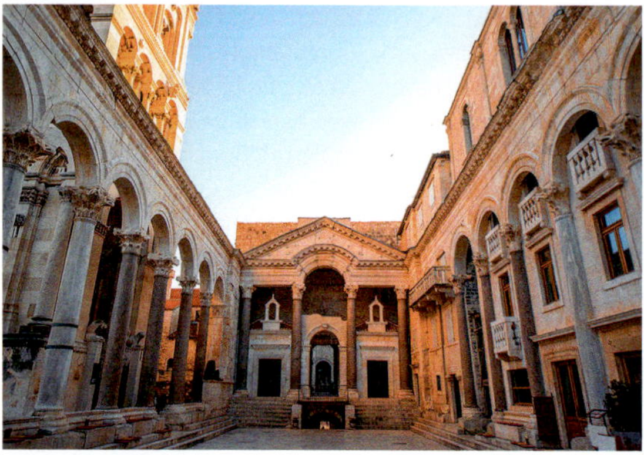

Split: Game of Thrones, Diokletianpalast (links), Keller des Diokletianpalasts (unten)

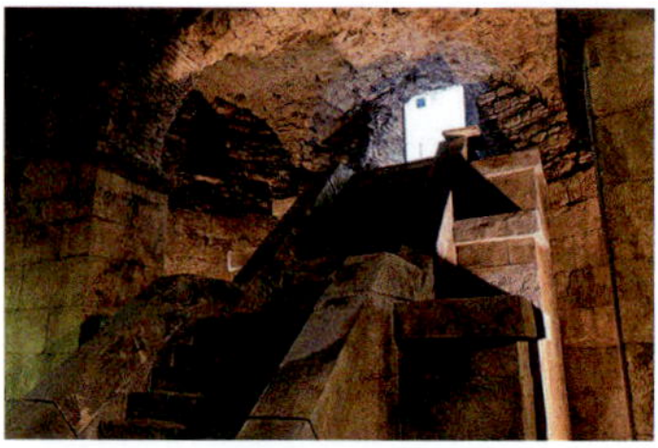

Erfahrungen, die das Produktionsteam ab der zweiten Staffel in Dubrovnik gemacht hatte, kam Split zwei Jahre später als ergänzende Kulisse hinzu. Gedreht wurde vor allem im und am **Diokletianpalast**. In dessen weitverzweigten Kellergewölben, genannt Podrumi, entstanden unter anderem düstere Szenen mit Tyrion Lannister (Peter Dinklage). Bei einer geführten Tour in englischer Sprache, die von www.splitlicious.com durchgeführt wird, erfahren die Teilnehmer alles über die (Film-)Geschichte der Stadt. Der Spaziergang umfasst nicht die zehn Kilometer von Split entfernte Bergfestung **Klis**, die eine beeindruckende Aussicht auf Split bietet. Das mächtige Bauwerk diente in der vierten Staffel von Game of Thrones als Sklavenhändler-Stadt Meereen und wurde in der digitalen Nachbearbeitung um viele Türme erweitert.

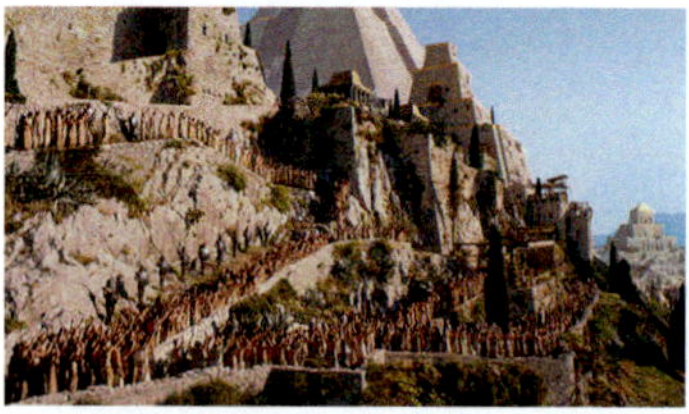

Die Festung Klis wurde in Game of Thrones zur Sklavenhändler-Stadt Meereen

Fans der Serie werden auch Gefallen am Game of Thrones-Museum finden, in dem Requisiten und Fotos von den Dreharbeiten in Split und Dubrovnik ausgestellt werden und der ikonische Königsthron der Serie zu einem Erinnerungsfoto einlädt.

Seit 2016 produziert die Constantin Television GmbH jährlich zwei Spielfilme der Reihe Der Kroatien-Krimi für das Hauptabendprogramm der ARD. Regie führt der Genre-erfahrene Michael Kreindl (Mordkommission Istanbul, Der

AMSTERDAM-KRIMI) fast alle Drehbücher stammen von Christoph Darnstädt (DAS EXPERIMENT). Hauptschauplatz der Filmreihe ist Split.

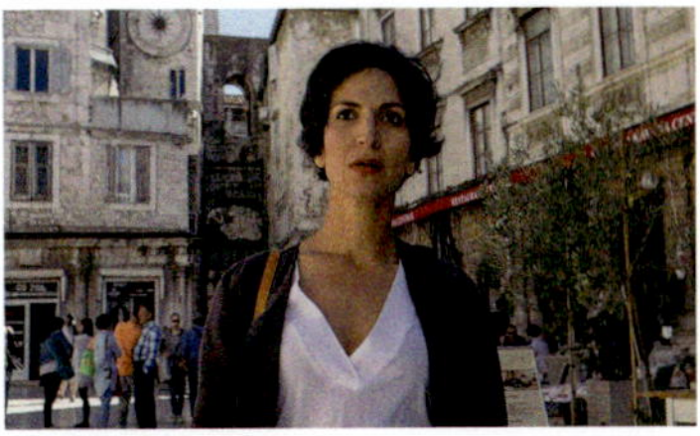

DER KROATIEN-KRIMI (2016) mit Neda Rahmanian

In den ersten sechs Filmen spielte Neda Rahmanian die Hauptrolle der Kommissarin Branka Marić, seit der siebten Folge ist Jasmin Gerat als Nachfolgerin in der Hauptrolle der Kommissarin Staša Novak zu sehen. Männliche Kollegen in der Mordkommission von Split sind Emil Perica, gespielt von Lenn Kudriawizki, und Borko Vučević, gespielt von Kasem Hoxha. Dass der Migrationshintergrund der Darsteller zwar in den Iran, nach Russland und Albanien reichte, aber nicht nach Kroatien, war einer der wenigen Kritikpunkte der Serie. Dies änderte sich mit der Deutsch-Türkin Jasmin Gerat, deren deutsche Mutter nach eigenen Angaben kroatische Vorfahren hatte.

Filmtitel wie MORD AUF VIS (2018), DER MÄDCHENMÖRDER VON KRAC (2019) und DIE PATIN VON PRIVONICE (2021) machen deutlich, dass einige Fälle auch außerhalb von Split gelöst und gedreht wurden. Ein Schwerpunkt der Produktionen liegt aber auf der Großstadt, wobei Filme wie DER TEUFEL VON SPLIT (2016) und SPLIT VERGISST NIE (2023) die moderne Krimihandlung mit der Erinnerung an die Jugoslawienkriege (1991–2001) und den Zerfall des ehemaligen Staates verflechten. Doch auch Korruption, mafiöse Strukturen, Mädchenhandel oder Homophobie sind markante Themen, die in den überraschungsreichen Geschichten erzählt werden.

«Grundsätzlich zeichnen sich die KROATIEN-KRIMIS durch ihre Nähe zur kroatischen Kultur aus», sagte Schauspieler Lenn Kudriawizki in einem Interview mit der ARD. Da er für die Dreharbeiten jedes Jahr bis zu drei Monate in Split wohnt, ist er zum Experten für die Geschichte und Sehenswürdigkeiten der Stadt geworden und teilt sein Wissen oft in Zeitungen und Magazinen, die über den KROATIEN-KRIMI berichten. Er empfiehlt das Café Vidilica mit seiner hoch gelegenen Terrasse, von der aus der Diokletianspalast, die Promenade und der Hafen sowie die Vielzahl der Inseln in der Adria zu sehen sind.

Jasmin Gerat spielt die Kommissarin Staša Novak. An ihrer Seite ist Lenn Kudriawizki als Emil Perica.

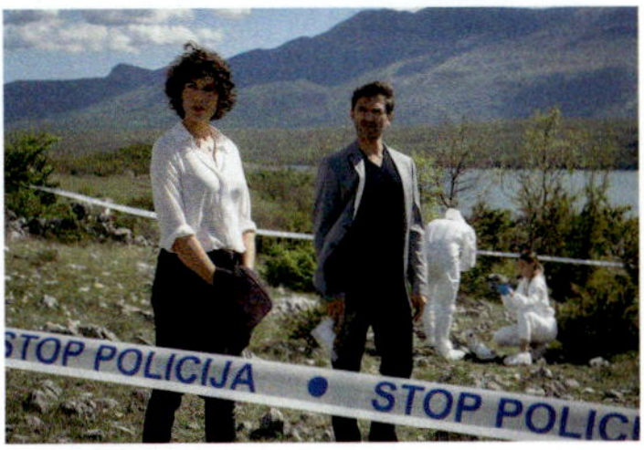

Dass die Altstadt von Split wie eine gigantische Filmkulisse aussieht, geht auf den römischen Kaiser Diokletian zurück. Der hatte im Jahr 305 die Nase voll von der Hektik in Rom und ließ seinen Alterssitz direkt ans Ufer der Adria bauen: größer als sechs Fußballfelder, mit 18 Meter hohen Mauern, Wachtürmen, Thermen und Tempeln. Zehn Jahre später starb Diokletian und die überdimensionierte Luxusvilla drohte zu verwaisen. Also zogen die Bewohner von Split ein, indem sie die Anlage renovierten und immer mehr verschachtelte Häuser an die Mauern bauten. Nun fehlte nur noch ein Gotteshaus. Das entstand im siebten Jahrhundert direkt auf dem achteckigen Mausoleum des toten Kaisers, der nach Angaben von Historikern zu Lebzeiten keine Christen mochte. So gilt die Kirche, die auf seinen Überresten entstand, nicht nur als die älteste katholische Kathedrale der Welt, sondern auch als Racheakt gegen Diokletian.

Karl-May-Filmfans kommen außerhalb von Split auf ihre Kosten. Im Umland entstanden Szenen für WINNETOU 2, UNTER GEIERN, DER ÖLPRINZ, OLD SUREHAND sowie WINNETOU UND DAS HALBBLUT APANATSCHI. Die Drehorte haben sich aber im Laufe der Zeit deutlich verändert.

Die Zementfabrik in Solin

Ob man über die Küstenstraße oder die Autobahn fährt: Vor Split kommt man zwangsläufig an der Stadt Solin vorbei. Unter dem alten Namen Salona war der Ort einst die römische Hauptstadt Dalmatiens und eine Residenz des Kaisers. Noch heute findet man antike Ruinen. Karl-May-Fans freuen sich aber mehr über das alte Zementwerk. Da es direkt an der Straße liegt, kann man es bei der Fahrt durch Solin nicht verfehlen. In den drei Steinbrüchen und in einem See auf dem Gelände wurden mehrere Szenen für WINNETOU 2 gedreht. So warten am Blauen See die Banditen auf Winnetou, Old Shatterhand und Castlepool. Die Forrester-Banditen überfallen hier die Siedler am Redstone Canyon. Old Shatterhand findet später in den Überresten einen Teddybär.

Für WINNETOU 3 kehrte Regisseur Harald Reinl 1965 zurück. Darin will Gomez (Mihail Baloh) Old Shatterhand und Winnetou durch eine Explosion töten. Die Blutsbrüder stellen sich leblos. Auch für OLD SUREHAND wurde 1965 auf dem Gelände inszeniert. Dort entstand das Dorf der Komantschen, in dem auch der Leichnam des toten Häuptlingssohnes verbrannt wurde. Die am Wasser spielenden Szenen des Dorfes wurden

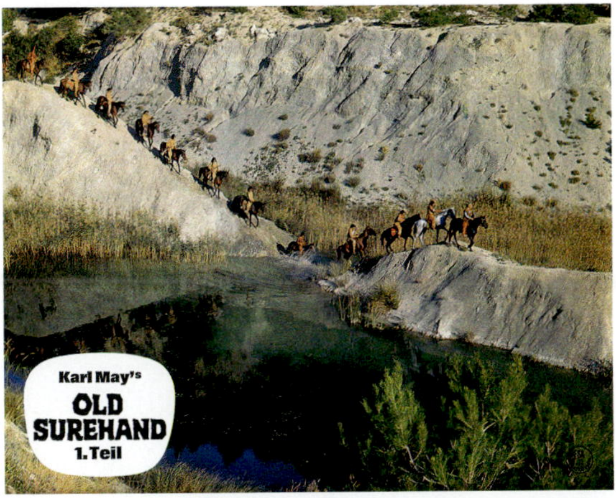

Solin in OLD SUREHAND 1. TEIL

hingegen weiter südlich am Fluss Cetina bei Radmanove mlinice gedreht. Die Außenaufnahmen der alten Poststation, in der Old Surehand, Old Wabble und Judith eine Schlangensuppe, aber auch Wein mit Schlafmittel serviert wird, entstanden ebenfalls in dem Zementwerk. Einige Meter weiter rechts war der Eingang zum Labyrinth des Todes. Hier bemerkte Mario Girotti, dass er von den Gaunern nicht nach Ford Brighton gebracht wurde. Der General übergab den Komantschen die unbrauchbaren Gewehre.

Regisseur Alfred Vohrer kehrte 1966 zurück. In WINNETOU UND SEIN FREUND OLD FIREHAND dienten die Steinbrüche als Passweg vor dem Ort Miramonte mit kontrollierenden Soldaten. Hier stürzten auch die Silers-Desperados in den See. Das Firmengelände hat sich seit den 1960er-Jahren massiv

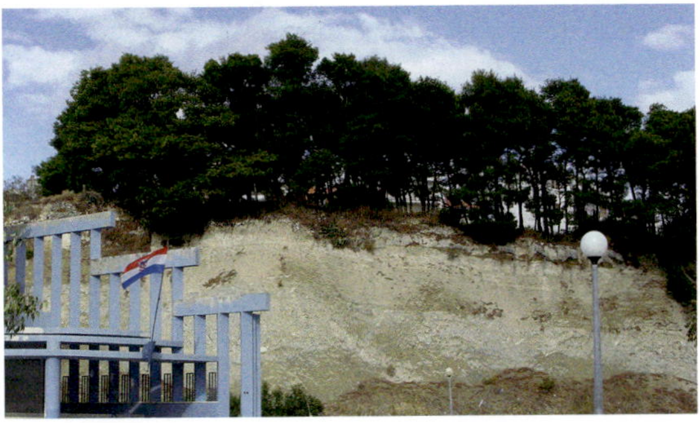

Der Steinbruch von Strobrec war Drehort von New Venango (WINNETOU 2, 1964) und Miramonte (WINNETOU UND SEIN FREUND OLD FIREHAND, 1966).

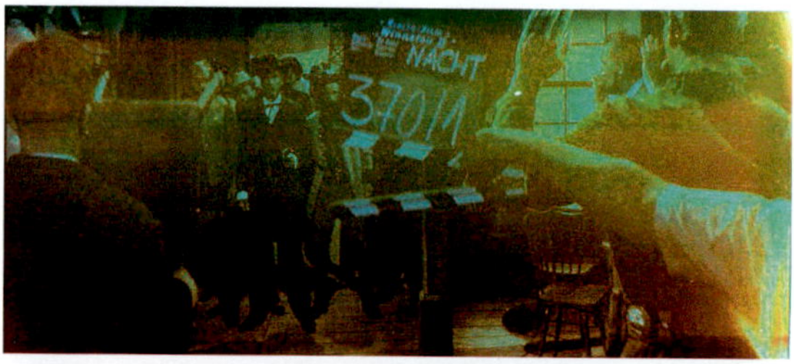

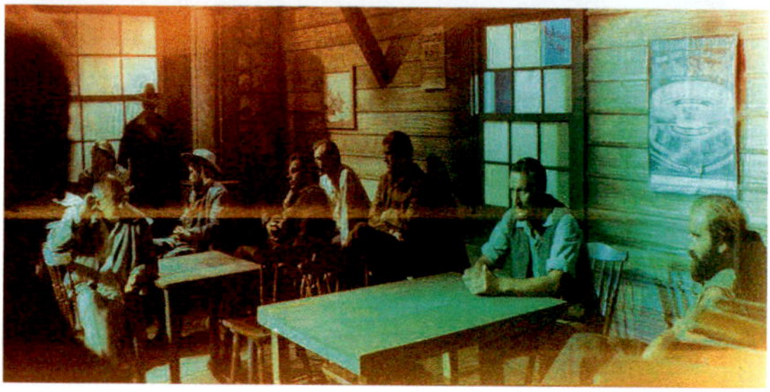

Schnittreste aus Winnetou 2, gefunden in einer Filmdose: New Venango entstand im Steinbruch von Stobrec. Die passenden Atelieraufnahmen erfolgten in den CCC-Studios in Berlin-Spandau.

durch Auf- und Zuschüttungen verändert. Der Wiedererkennungswert ist nicht mehr gegeben.

Ein anderer Steinbruch in **Stobrec** bei Split ist schwer zu finden. Er diente sowohl als New Venengo in Winnetou 2 als auch als Miramonte in Winnetou und sein Freund Old Firehand. Der an Palmen reiche Ort Stobrec ist nur acht Kilometer von Split entfernt und gut ausgeschildert. Zum Drehort fährt man nicht rechts, sondern links am Berg hoch. In Stobrec geht es auf der Straße Put Svetog Lovre nach dem Erreichen der rechts gelegenen Fußballplätze an der direkt folgenden Hauptkreuzung nach links auf die Straße 8. Nach etwas mehr als 300 Metern biegt man rechts auf die Petrova Ulicka ab und folgt ihr 200 Meter in nördlicher Richtung. Dann geht es nach links in die Ulicka Gospe od Karmela. Nach weiteren 120 Metern gelangt man zum Steinbruch mit Parkplätzen. Dort steht inzwischen eine Schule, die es zum Zeitpunkt der Dreharbeiten noch nicht gab.

Oben rechts am Berg steht noch immer die kleine Kapelle, die in Winnetou und sein Freund Old Firehand als Kirche genutzt wurde. Dort war im Film auch Toms Grab. Forrester und seine Männer waren in Winnetou 2 alles andere als Kirchgänger. Für die Dreharbeiten wurde die kleine Kapelle verdeckt und fiel daher nicht auf.

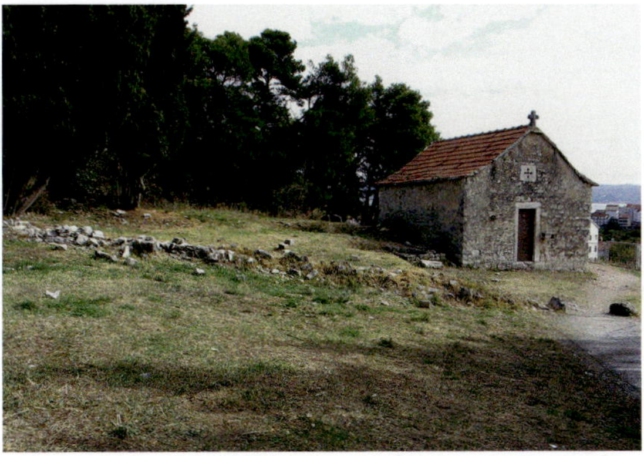

Die Kapelle direkt oberhalb des Stobrec-Steinbruches war Motiv in WINNETOU UND SEIN FREUND OLD FIREHAND (1966).

In WINNETOU 2 befreit Winnetou Lord Castlepool (Eddi Arent) vom Pfahl und aus der sengenden Sonne. Die beiden gehen zum Rand des Talkessels und lassen sich von Winnetous Pferd Iltschi an einem Lasso hochziehen. Für diese Einstellung wurde Pierre Brice von dem Aufnahmeleiter und späteren Filmproduzenten Eberhard Junkersdorf gedoubelt. Er gehörte zur Filmcrew und sprang ein, als der vorgesehene Stuntman nicht erschien.

Donje Sitno

Obwohl bei dieser Szene aus dem Hauptcast nur Anthony Steel und ein paar Indianer-Statisten vor der Kamera standen, handelte es sich bei diesem Drehort lange Zeit um eines der großen Rätsel der alten Winnetou-Filme. Laut Disposition sollte Bud Forresters Tod an anderer Stelle und einem anderen Tag gedreht werden. Weniger die Eheprobleme mit Steels Frau als vielmehr der Appetit auf Spirituosen soll zu Schwierigkeiten geführt haben. Die Produktion entschied, Steel schnellstmöglich abzudrehen und seinen Filmtod vorzuziehen. Die Szene wurde geschickt geschnitten. Das Äußere der Höhlen-Zuflucht der Assiniboins lag hinter Omis, nur wenige Fahrminuten hinter dem Ausflugslokal Radmanove mlinice rechts vom Felsen. Die Szenen in der Höhle wurden im heutigen Slowenien in Postonja («Adelsberger Grotten») gefilmt.

Die kroatischen Location-Scouts haben auf die Schnelle einen eindrucksvollen Drehort gefunden, der in keinem weiteren Karl-May-Film auftaucht. Gaben die erhaltenen Produktionsunterlagen keine Auskunft über den realen Ort, waren es erst im März 2009 die Karl-May-Experten Sandro Florit und Ulrich Wirsing, die

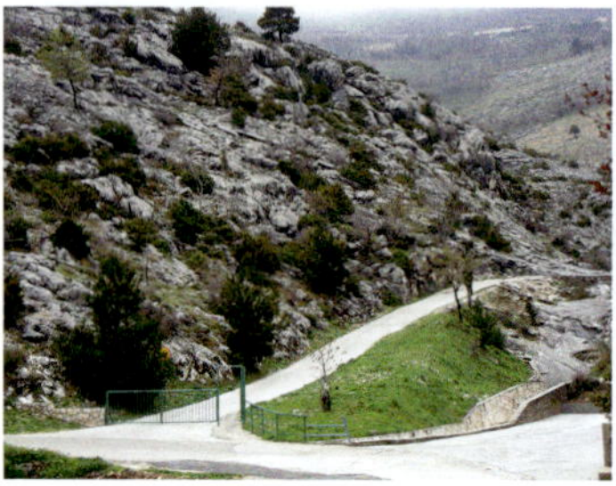

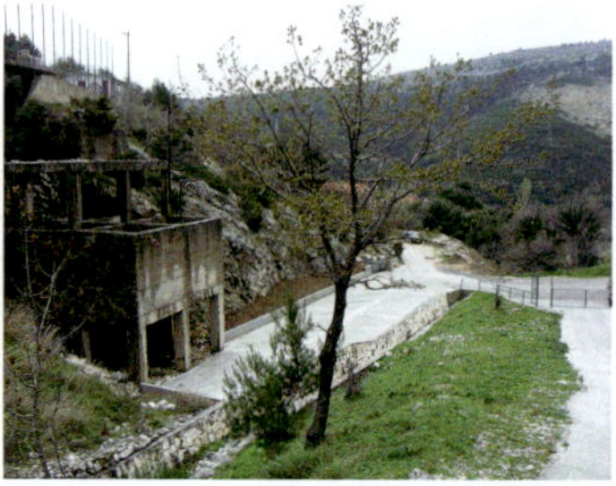

Donje Sitno: Zugang zum Drehort in WINNETOU 2 (1964). Zunächst geht es durch das grüne Tor bergauf. Das Gebäude oben links gehört zum Sportplatz. Forresters Tod wurde auf der anderen Seite gefilmt.

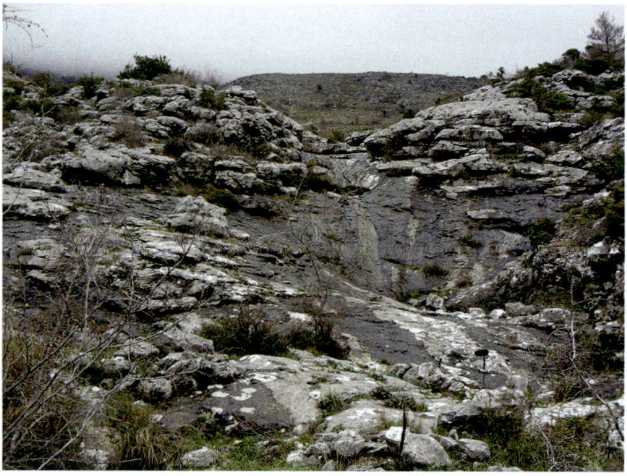

Donje Sitno. Hier fand Forrester sein Ende in WINNETOU 2.

den Drehort nach intensiver Suche ausmachten. Das Ergebnis stellten sie im August 2009 im Magazin *Karl May & Co.* vor.

Von Stobrec aus ist Donje Sitno gut acht Kilometer entfernt, von Split 16 Kilometer. Der kleine Ort hat nur wenig mehr als 300 Einwohner. Man biegt nicht nach Zrnovnika ab, sondern fährt geradeaus, bis man nach Donje Sitno abbiegt. Dort geht es früh links über eine sehr enge Brücke. In der folgenden Rechtskurve sieht man einen grünen Metallzaun, außerdem einen Betonturm unterhalb eines Sportplatzes, der auf einem Berg liegt. Hier parkt man neben dem grünen Zaun.

Der Drehort ist links unterhalb des Sportplatzes. Man geht den Weg durch den Zaun bergauf und gerade auf die Stelle zu, überquert den Bachlauf und sieht schon die markanten, vertikalen rot-braunen Steinverfärbungen. Man sollte vorsichtig sein, weil das Gestein rutschig sein kann.

Das Hinterland von Omis: Radmanove mlinice

25 Kilometer hinter Split in Richtung Dubrovnik liegt die ausgeschilderte Stadt **Omis**. Hier fließt der **Fluss Cetina** in die Adria. Autofahrer auf der Autobahn 1 nehmen die Abfahrt 27 bei Blato und folgen der Küstenstraße in südlicher Richtung. Nachdem man bei Omis die Brücke über den Fluss befahren hat, biegt man bei der ersten Möglichkeit links ab und folgt der Straße durch zwei Tunnel rechts entlang der Cetina. Nach etwa fünf Kilometern liegt links die steile und enge Abfahrt zum beliebten Ausflugslokal Radmanove mlinice. Hier kann man gut essen und auch draußen sitzen.

Wer den Kellner nach WINNETOU-Dreharbeiten fragt, kann das Glück haben, dass der dienstälteste Kollege verständigt wird. Er hat die Dreharbeiten als Junge erlebt und kennt das 500 Meter entfernte Flussufer, an dem das Kiowa-Lager stand. Mario Girotti und Letitia Roman standen in OLD SUREHAND versetzt auf der anderen Uferseite am Marterpfahl. Die Landschaft ist zwar schön, aber sie ist dicht bewachsen und hat kaum Wiedererkennungswert.

Man kann beim Ausflugslokal auch ein Boot oder Kanu mieten und an das jenseitige Ufer der Cetina übersetzen. Wegen des äußerst dichten Bewuchses und angeblich gesichteter Schlangen ist das nicht unbedingt zu empfehlen. Man passiert ein Schild mit dem Hinweis, dass hier für WINNETOU gedreht wurde. Auf die unterschiedlichen Filme geht das Schild nicht näher ein. Entlang des heute zum Teil überwucherten Fußwegs

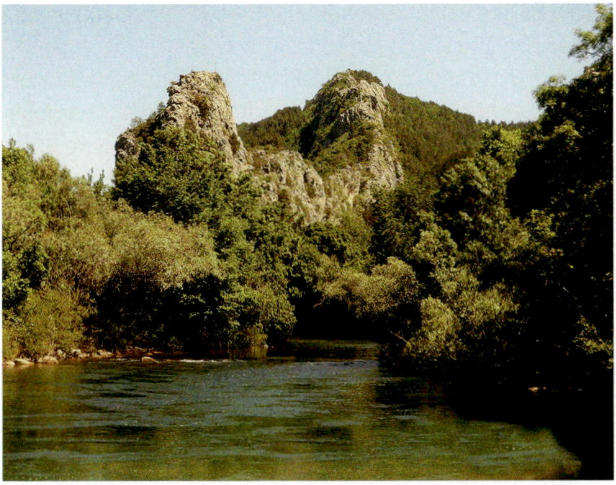

Der markante Felsen in Radmanove mlinice diente als Hintergrund in WINNETOU 2 (1964) und WINNETOU UND DAS HALBBLUT APANATSCHI (1966).

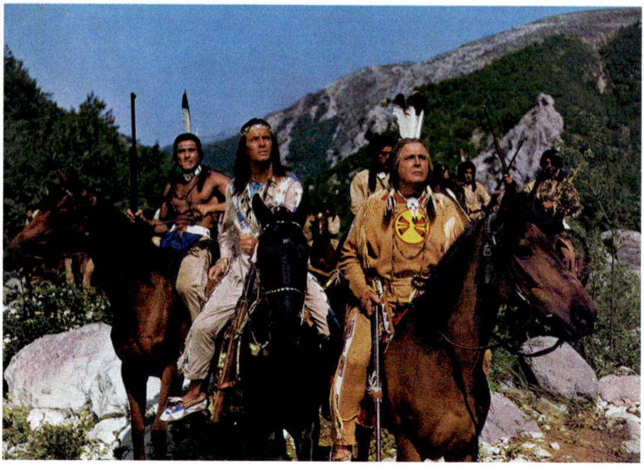

Winnetou 2 (1964)

am Ufer versteckte sich Winnetou, um die Banditen und Luke (Klaus Kinski) zu observieren.

Geht man den Pfad, der auf der linken Seite des Lokals verläuft, geradeaus weiter, gelangt man zu dem noch halbwegs erkennbaren Drehort. Im Hintergrund sieht man die beiden in der Mitte verbundenen Felsen, die an ein hoch gehaltenes, umgedrehtes Hufeisen erinnern. Für diesen Anblick muss man sehr nah ans Wasser herantreten. Die Felsen wurden sowohl als Hintergrund für Winnetou 2 als auch für das Kiowa-Dorf in Winnetou und das Halbblut Apanatschi genutzt. Es lag am Ufer der Cetina auf der anderen Seite der Brücke. Für Winnetou 2 hat Harald Reinl dort auch die Rast von Old Shatterhand und Lord Castlepool inszeniert. Eddi Arent nahm im Film ein Nickerchen und kühlte die Füße im Wasser der Cetina. In Der Ölprinz war dort das Nachtlager von Old Surehand und Old Wabble, der bei der morgendlichen Rasur von Winnetous Begrüßungspfeil erschreckt wird. In Winnetou und das Halbblut Apanatschi wurde Happy am Ufer entführt.

Die Cetina floss im Hintergrund, als die Finders-Banditen den vermeintlich schlafenden Old Surehand erschießen wollten. Zum Glück hatte dieser nur zwei leere Stiefel aus der Schlafdecke ragen lassen und alle getäuscht. Die Szene wurde im damals beliebten «Tag für Nacht»-Verfahren gedreht. Das künstlich verdunkelte Bild zeigt deshalb nicht viel von der Landschaft.

Am Ufer hinter der Cetina entstanden die Szenen mit Judith und Toby an den Marterpfählen der Komantschen in Old

SUREHAND. Stewart Granger befreite die beiden und bedrohte Makhi Moteh mit dem Messer. Der damals stimmungsvolle Drehort ist komplett zugewachsen und nicht mehr zu erkennen. Man hat nur die Chance, die obere Felsstruktur anhand eines kurzen Schwenks im Film abzugleichen.

Entfernt man sich vom Ufer, geht rechts zur Straße hinauf und folgt dieser, steht nur einen Kilometer vom Lokal entfernt und rechts der Brücke ein imposanter Felsen. Der frühere Fußweg ist zugewachsen. Man kann sowohl vor als auch hinter der Brücke parken. Im vorderen Bereich ließ der Ölprinz den Bankier Duncan verschütten und töteten dessen Assistenten Kovacz (Gerhard Frickhöffer), der zu viel vom erschlichenen Geld forderte.

Wer sich zu Fuß (anders ist es ohnehin nicht möglich) zu einem weiteren Drehort am rechten Felsen durchkämpfen will, braucht Ehrgeiz, Zeit und Nerven. Dafür gelangt man, wenn man sich durch das Gebüsch kämpft, zum Eingang des Höhlenverstecks der Assiniboins aus WINNETOU 2. Die Aufnahmen in der Höhle erfolgten in Slowenien, was zu einem folgenschweren Anschlussfehler führte: Ribanna trägt ein Kleid, als sie Winnetou die Höhle zeigt und diese betritt, während sie im Innern der Höhle eine Hose trägt. Der gebogene Eingang der Assiniboins-Höhle ist nicht mehr zu finden. Es handelte sich um eine Kulisse von Filmarchitekt Vladimir Tadej, der wie gewohnt herausragende Arbeit leistete.

Unterhalb des Eingangs befand sich das Utah-Dorf aus DER ÖLPRINZ (1965) und ein Jahr später der Ort, an dem Apanatschi und ihr Bruder Happy gejagt wurden und auf Old Shatterhand treffen.

Trogir

Für WINNETOU 3 diente das Rathaus der Küstenstadt Trogir als Gouverneurspalast von Santa Fe. Die weiße Stadt, auf die Winnetou und Old Shatterhand aus der Ferne blicken, ist allerdings Archidona in Spanien. Dort drehte Regisseur Harald Reinl DER LETZTE MOHIKANER (1965) und nahm die entsprechende Aufnahme einfach für das Finale der WINNETOU-Trilogie.

Trogir mit seiner romanisch-gotisch geprägten Altstadt liegt 25 Kilometer von Split entfernt. Am Busbahnhof führt eine Steinbrücke zur Altstadt-Insel, die auch von Autos befahren werden darf. In der Ferienzeit ist es fast unmöglich, einen Parkplatz in der Altstadt zu bekommen. Man sollte den Wagen

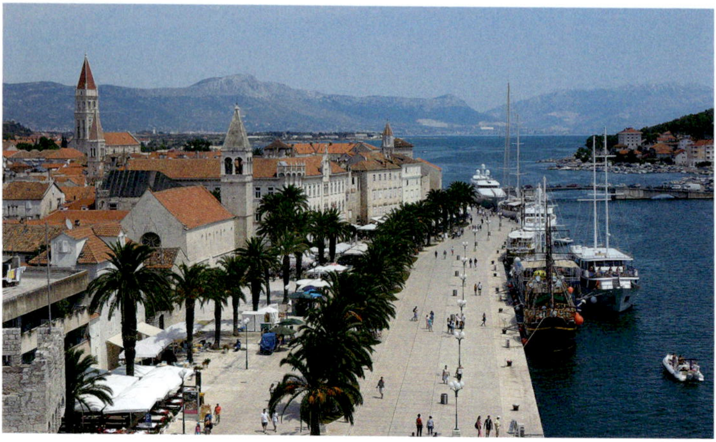

Die Hafenstadt Trogir

besser am Markt auf dem Festland gegen Gebühr abstellen und über eine Holzbrücke in die Altstadt laufen.

Von der Brücke geht man vom Markt zum Landtor nach links und findet nur wenige Meter weiter die **Straße Gradska ulica**. Für einige Jahre hieß diese prominente Gasse Ulica Kohl-Genschera. Damit sollten nach der Autonomie Kroatiens die Verdienste des damaligen deutschen Bundeskanzlers Helmut Kohl und des Außenministers Hans-Dietrich Genscher gewürdigt werden. Die Gasse führt in südlicher Richtung zum zentralen Platz Trg Ivan Pavla II. Vor der Hausnummer 10 mit dem eisernen Treppengeländer und der Sonnenuhr ging Mihail Baloh als Bandit Gomez die Treppe hinunter. Linker Hand

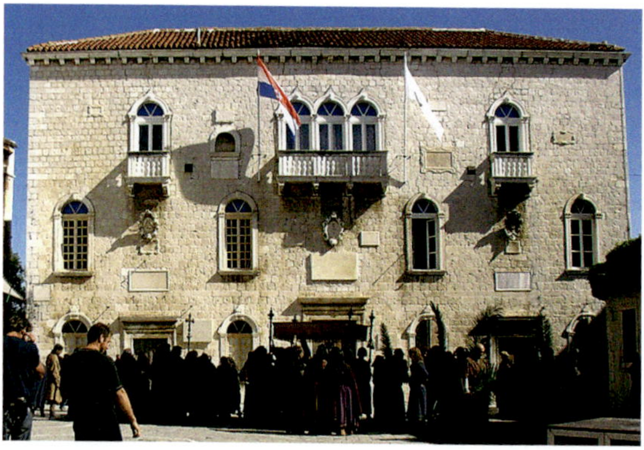

Trogirs Rathaus doubelte in WINNETOU 3 (1965) den Gouverneurspalast von Sante Fe. Dieses Foto zeigt es bei Filmaufnahmen im Jahr 2005.

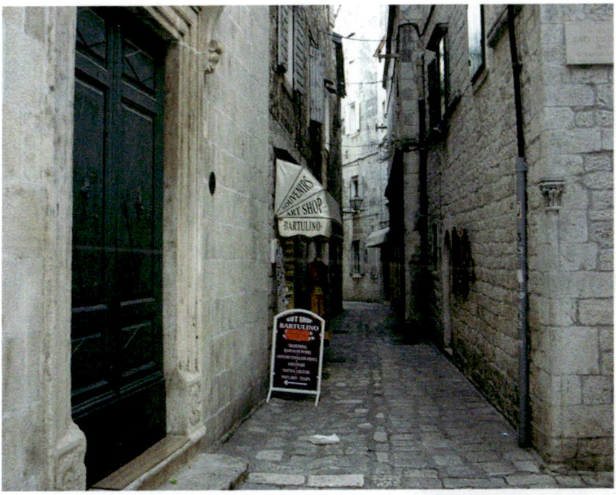

Trogir: Auch durch diese Gasse ritten Lex Barker und Pierre Brice in WINNETOU 3 (1965). Beobachtet wurden sie von einem Desperado, der von Aufnahmeleiter Wolfgang Hantke gespielt wurde.

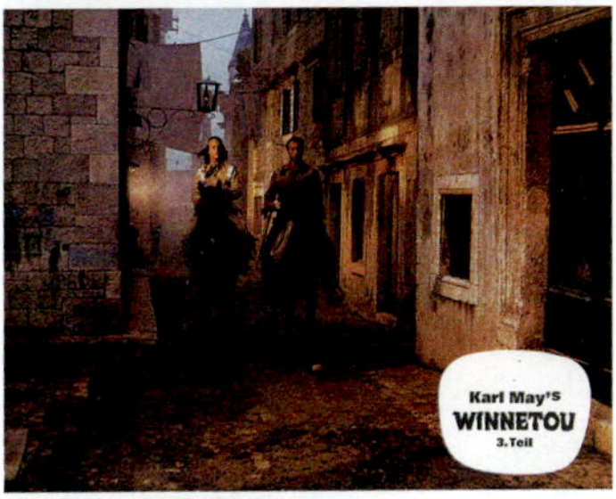

befindet sich vor der Wasserseite die **Kathedrale Sveti Lovro**. Ihr gegenüber steht die Kirche Sveti Ivan Krstitelj. In der Mitte dieses Ensembles befindet sich an der Ostseite das Rathaus aus dem 15. Jahrhundert. Einst residierte hier der venezianische Statthalter, doch in WINNETOU 3 war es der Palast des Gouverneurs. Carl Lange spielte ihn, hatte aber keine Außenaufnahmen in Kroatien.

Die Hauptdarsteller Lex Barker und Pierre Brice drehten in Trogir und wohnten in Split im Hotel Marjan. Die Szene, in der die Blutsbrüder durch eine enge Gasse reiten, um die Stadt zu verlassen, wurde im mittleren Bereich der Altstadtinsel Trogir gefilmt. Ein Aushangfoto zeigt die Szene ebenfalls. Barker und Brice reiten durch die Gasse Augustina Kazotica. Im Hintergrund erkennt man rechts oben den Turm der Dominikanerkirche Sv. Dominik.

Eine weitere Reiterszene führte von der **Straße Mornarska** in die **Ulica Cate Dujsin Ribar**. Der Desperado mit Schnurrbart, braunem Hemd, schwarzer Weste und Hut, der sich durch die Straße schleicht und die Blutsbrüder erwartet, ist Aufnahmeleiter Wolfgang Hantke.

Trogir diente 1982 auch als Kulisse für die ZDF-Weihnachtsserie JACK HOLBORN. Die **historische Altstadt** doubelte darin das englische Bristol, wobei Trogirs Hafen mit Hilfe von Matte-

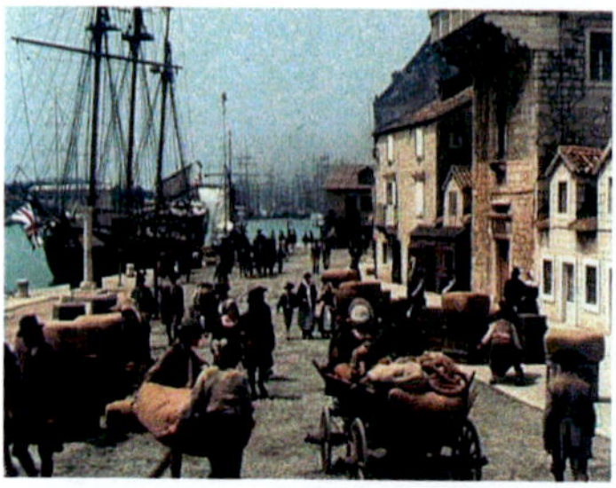

Der Hafen von Trogir mit ergänzendem Matte-Painting in JACK HOLBORN (1982)

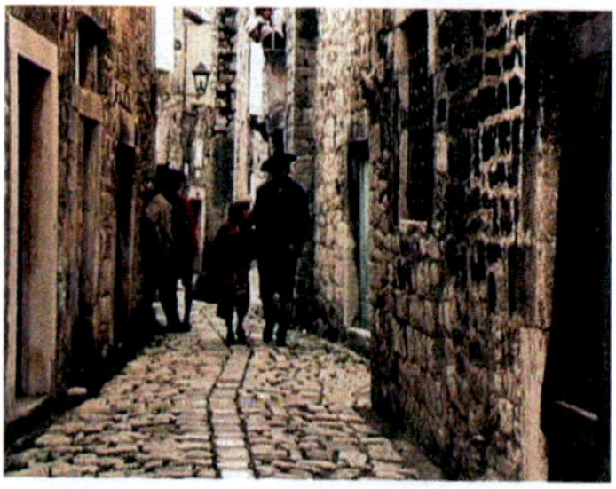

In den Gassen von Trogir wandelt Jack Holborn auf den Spuren von Winnetou und Old Shatterhand.

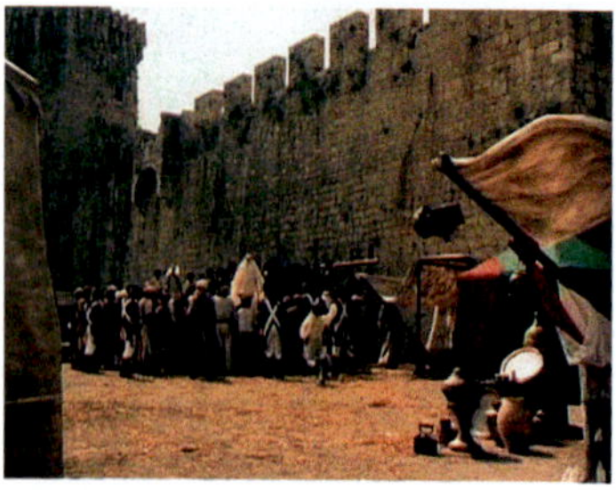

Der Sklavenmarkt in JACK HOLBORN (1982)

Painting künstlich um zahlreiche Segelschiffe des 18. Jahrhunderts erweitert wurde. Den 13-jährigen Titelhelden, der sich als blinder Passagier auf die «Charming Molly» schleicht, um die Weltmeere zu bereisen und das Schicksal seiner Eltern zu erforschen, spielte Patrick Bach. Der Hamburger Gymnasiast hatte ein Jahr zuvor schon die ebenfalls verwaiste Titelfigur in der ZDF-Weihnachtsserie SILAS gespielt. Regisseur Sigi Rothemund, der mit Justus Pfaue das Drehbuch nach dem Roman des Briten Leon Garfield verfasst hatte, entschied sich für Dreharbeiten in Trogir und Dubrovnik, wobei die exotischen Strand- und Palmenszenen später auf der Cook-Insel Rarotonga und die Studioszenen im neuseeländischen Auckland entstanden. Die **Festung Kamerlengo**, der ehemalige Sitz des venezianischen Gouverneurs in Trogir, wurde für JACK HOLBORN zum Fort Charles in Anamabo hergerichtet. In Folge fünf der jeweils 55 Minuten langen Episoden findet vor der Festung der Sklavenmarkt statt.

Der britische Regisseur Michael Winterbottom nutzte Trogir im Sommer 1996 für Szenen seines Dramas WELCOME TO SARAJEVO. Inspiriert von einer wahren Geschichte erzählt der Film von einem britischen Kriegsreporter, der 1992 ein Mädchen aus einem Waisenhaus im belagerten Sarajevo außer Landes schafft, um das Kind zu adoptieren. Die Dreharbeiten fanden nur sechs Monate nach dem Dayton-Friedensabkommen statt, die Ruinen von Trogir, Sarajevo und Skopje verleihen den Aufnahmen eine beklemmende Authentizität. Anschläge und Massaker, die für den Film inszeniert wurden, wechseln sich mit realen Archivbildern ab, die wegen ihrer Intensität nie öffentlich ausgestrahlt worden waren.

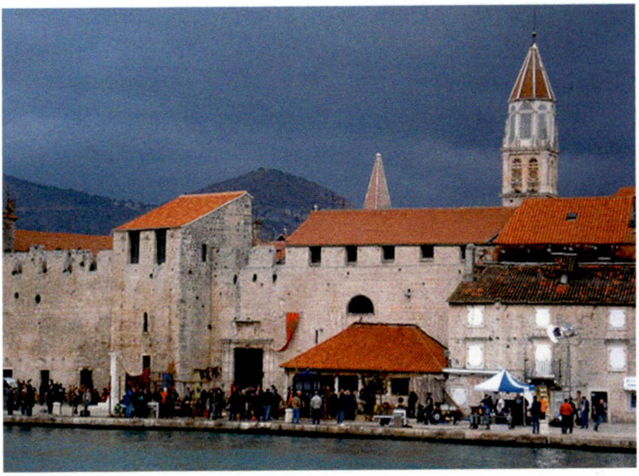

Trogir als Venedig: Dreharbeiten zu DOCTOR WHO

1997 erklärte die UNESCO die Altstadt von Trogir zum Weltkulturerbe. Der Frieden und die kroatischen Filmförderprogramme lockten in der jüngeren Vergangenheit auch wieder internationale Kamerateams in die mittelalterlichen Stadtmauern. Im Winter 2009 nutzte die britische Kultserie DOCTOR WHO Trogir als Kulisse. Für die Folge «The Vampires of Venice» wurden Teile der Stadt zum Venedig des Jahres 1580 umgebaut. Da Trogir einst von Venedig aus verwaltet und architektonisch geprägt wurde, war dies eine der leichteren Übungen. Das Problem, dass die Hafenstadt Trogir keine Wasserkanäle innerhalb der Altstadt hat, wurde digital am Computer gelöst. Hauptdarsteller Matt Smith, der in der fünften Staffel die Nachfolge von David Tennant als Doctor Who antrat, wohnte mit den anderen Hauptdarstellern im Hotel Tragos, ihre Garderoben waren während der Dreharbeiten im Hotel Fontana untergebracht. Die Arbeit in Kroatien war der längste Auslandsaufenthalt in der Geschichte der für die BBC produzierten Serie. In den zwei Wochen wurden auch Szenen für die Folge «Vincent and the Doctor» gedreht, für die Teile von Trogir als Double der südfranzösischen Stadt Arles genutzt wurden. In der US-Fernsehserie DIG (2015), in der ein FBI-Agent den Mörder einer jungen Archäologin sucht und dabei auf eine 2000 Jahre alte Verschwörung stößt, doubelte Trogir Teile von Jerusalem.

TRAUMSCHIFF-Produzent Wolfgang Rademann kam für die Kroatien-Folge seines Spin-offs KREUZFAHRT INS GLÜCK (2011) nach Trogir. Karl-May-Veteranin Dunja Rajter residierte im Gouverneurspalast, wohnte laut Drehbuch aber in Malicija.

Weitere Karl-May-Drehorte

Kroatiens Touristenhochburg **Dubrovnik** mit ihrer bezaubernden Altstadt spielte für die Karl-May-Verfilmungen eine untergeordnete Rolle. Fans können in den engen Gassen aber trotzdem auf den Spuren ihrer Stars wandeln. Das Hotel Argentina (Frana Supila 14, Dubrovnik) beherbergte in seiner langen Geschichte nicht nur Lex Barker und Stewart Granger, sondern auch Elizabeth Taylor, Richard Burton und viele andere Prominente. Lex Barker logierte bevorzugt nicht im eigentlichen Fünf-Sterne-Hotelkomplex, sondern in der benachbarten Villa Scheherazade, die zum Hotel gehört.

Weniger edel wohnten die Crewmitglieder, die während der Arbeit an Artur Brauners CCC-Produktionen OLD SHATTERHAND, DER SCHATZ DER AZTEKEN / DIE PYRAMIDE DES SONNENGOTTES sowie WINNETOU UND SHATTERHAND IM TAL DER TOTEN in Dubrovnik untergebracht waren. Konkurrent Horst Wendlandt nutzte Dubrovnik nur 1965 für DER ÖLPRINZ. Er ließ in einem Behelfsatelier drehen, wenn der Regen oder zu starker Wind keine Außenaufnahmen zuließen.

Drehorte in Dubrovnik, die nichts mit Karl May zu tun haben, allen voran die vielen Locations von GAME OF THRONES, werden ab Seite 126 thematisiert.

Produzent Artur Brauner ließ seine Karl-May-Filme vorwiegend außerhalb von Kroatien drehen, meist in Bosnien und Herzegowina, Montenegro und im Kosovo. In Bosnien, kurz hinter der Grenze zu Kroatien, stand bei Ivanica die Westernstadt aus WINNETOU UND SHATTERHAND IM TAL DER TOTEN (1968). Das von bosnischen Serben geprägte Trebinje bietet zwei wichtige Karl-May-Drehorte: In der Zupci-Ebene zwischen Trebinje und Grab stand eine Westernstadt, die für OLD SHATTERHAND (1964) und DER ÖLPRINZ (1965) genutzt wurde, aber auch für DEFA-Western mit Gojko Mitic oder für den Freddy-Quinn-Film FREDDY UND DAS LIED DER PRÄRIE (1964) sowie GRAF BOBBY, DER SCHRECKEN DES WILDEN WESTENS (1965).

Im lang gezogenen bosnischen **Popovo polje-Tal** mit einer Fläche von fast sechs Quadratkilometern wurde bei Dracevo das Fort für den Film OLD SHATTERHAND (1964) errichtet. In der Region drehte die CCC auch den Karl-May-Zweiteiler DER SCHATZ DER AZTEKEN / DIE PYRAMIDE DES SONNENGOTTES (1965), außerdem Szenen für WINNETOU UND SHATTERHAND IM TAL DER TOTEN (1968).

3 Zu Besuch beim neuen Winnetou

Der Fluch der späten Geburt erlaubte es den Autoren dieses Buches nicht, die Premieren oder gar die Dreharbeiten der alten Karl-May-Filmklassiker mitzuerleben. Als Pierre Brice und Lex Barker in den 1960er-Jahren in Kroatien dem Sonnenuntergang entgegenritten, hatten sich Dirk Brüderles und Michael Scholtens Vorfahren noch nicht einmal ansatzweise mit Familienplanung befasst. Im Sommer 2015 kündigte RTL an, die Karl-May-Romane mit zunächst drei Filmen neu zu interpretieren. Sofort war den beiden Autoren klar, dass sie die Dreharbeiten begleiten und dokumentieren wollten. Dank Produzent Christian Becker von der Rat Pack Filmproduktion und Claus Richter von der RTL-Pressestelle wurde der Wunsch rasch Wirklichkeit. Der nachfolgende Bericht basiert auf einem fünftägigen Setbesuch in Kroatien und einem Studiobesuch in Köln vom September und Dezember 2015.

Es ist zwölf Uhr mittags. Produzent Christian Becker watet durch den knöcheltiefen Matsch der Westernstadt Roswell. Er passiert den Saloon, die Schmiede, das Bürohaus der Railroad Company und eine wuchtige Eisenbahnbrücke aus naturbelassenen Baumstämmen. Gut 300 Kubikmeter Holz wurden für die Kulissen in einer Waldlichtung des kroatischen Ortes Fuzine verbaut. «Für mich stand immer fest, dass wir nach Ex-Jugoslawien gehen», sagt Becker. «Der deutsche Zuschauer glaubt, dass Karl Mays Amerika genau so aussehen muss.»

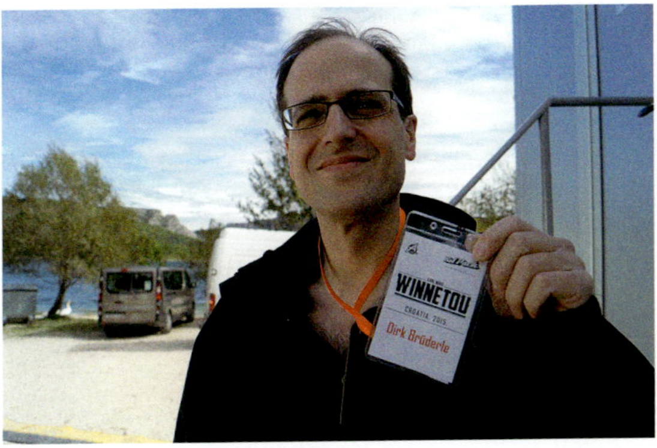

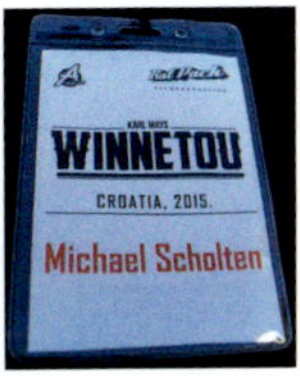

Set-Pässe von Dirk Brüderle und Michael Scholten

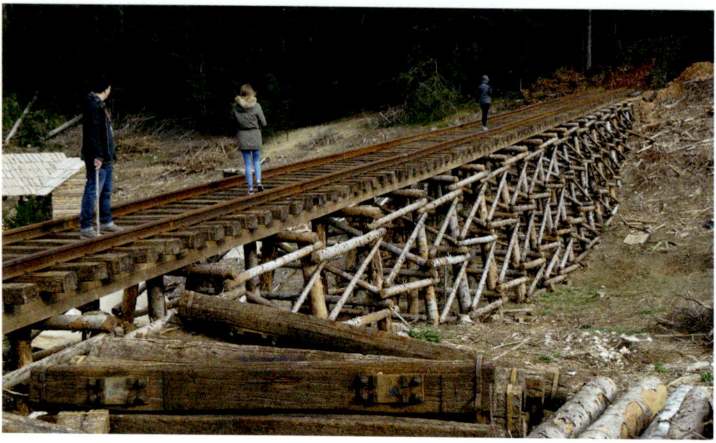

Auf der hölzernen Eisenbahnbrücke oberhalb der Filmstadt Roswell. Vorne mit Mütze Produzent Christian Becker

Mit seiner Firma Rat Pack hat Christian Becker Leinwandhits wie DIE WELLE, WICKIE UND DIE STARKEN MÄNNER oder FACK JU GÖHTE produziert. Er ist Winnetou-Fan, seit er 1978 als Sechsjähriger die Karl-May-Festspiele in Elspe besuchte und danach die Karl-May-Filme der 1960er-Jahre in ihrer ZDF-Ausstrahlung sehen durfte. Seit August 2015 produziert Becker an «Originalschauplätzen» seinen eigenen WINNETOU-Dreiteiler für RTL: «Wir machen kein Remake, wir interpretieren Karl Mays Abenteuer neu und leisten uns dabei eine gewisse künstlerische Freiheit.»

Zwar tauchen die Helden und Banditen, die Landschaften und Martin Böttchers legendäre Melodien der alten Kinoklassiker wieder auf, doch der neue wilde Westen soll sich am dreckigen Realismus der US-Westernserie DEADWOOD (2004) orientieren, die Schauspieler tragen patiniertes Leder statt steriler Kostüme und die moderne Kameraführung erinnert mehr an GAME OF THRONES als an die Lichtspiele der späten Wirtschaftswunderjahre.

Ursprünglich hatte Christian Becker einen neuen WINNETOU als Kinoadaption in leichtfüßiger FLUCH DER KARIBIK-Manier im Sinn, doch Regisseur Philipp Stölzl (DER MEDICUS, GOETHE!) empfahl einen epischen Fernsehdreiteiler. «Man muss die alten Kinofilme für sich stehen lassen und ein völlig neues Format finden», sagt Stölzl. «Wenn wir unsere Schauspieler nur in die alten Kostüme stecken und vor die bekannten weißen Berge stellen, tun wir damit weder den Klassikern noch unseren Filmen einen Gefallen. Die Amerikaner machen uns vor, wie man alle zehn Jahre einen neuen BATMAN oder SUPERMAN erschafft und die Helden dem Zeitgeist der jeweiligen Generation anpasst.»

Philipp Stölzl sieht nur das Fernsehen, das Serienhits wie HOUSE OF CARDS und GAME OF THRONES hervorbringt, dazu in der Lage, einen 300 Minuten langen Erzählbogen zu spannen, der die ungewöhnliche Freundschaft zwischen Winnetou und Old Shatterhand erklären kann. «Dabei wird auch ein Mehrwert geschaffen. Das Publikum erwartet heute eine andere Darstellung von Männerfreundschaft als dieses Landserhafte von Pierre Brice und Lex Barker», ergänzt der Regisseur. «Deutschland hat sich seit 1962 fundamental verändert. Es gelten andere Werte, andere Emotionen und neue Sehgewohnheiten. Der Eskapismus passte gut zum Deutschland der Nachkriegszeit. 17 Jahre nach Kriegsende konnten die Menschen in ihrem örtlichen Lichtspieltheater in eine andere Welt reisen, mit toller Musik, fremden Welten, schönen Frauen. Ein modernes Fernsehpublikum will aber gefordert werden und verlangt nach einer spannenden Geschichte.»

Der Aufwand, der an 66 Drehtagen in Kroatien und an 15 weiteren Tagen im Kölner Studio betrieben wird, verspricht Kino- statt Fernsehbilder: 76 Schauspieler und 4000 Komparsen-Einsätze, 500 Kostüme und 400 Perücken, 180 Mitarbeiter am Set und bis zu 50 Pferde für die Reitszenen. Letztere werden vom Karl-May-Veteranen Ivo Kristof trainiert und verwaltet. Vom Budget, das Produzent Christian Becker mit «zehn bis zwölf TATORTEN» umschreibt, trägt RTL den Löwenanteil. «Der Sender wusste innerhalb von 24 Stunden, dass er WINNETOU machen wollte», blickt Christian Becker auf die Anfänge zurück. «Bei anderen Sendern, denen ich das Projekt vorstellte, spürte ich Feuer, aber bei RTL war es ein Waldbrand.» Das letzte Viertel des Budgets zahlen die Filmstiftung NRW, der FilmFernsehFonds Bayern und der Weltvertrieb Beta Film, der auf Winnetous Anziehungskraft jenseits von Deutschland setzt. Als Co-Produzenten sind unter anderem Tabenocca und Rialto Film mit an Bord, vertreten durch Horst Wendlandts Sohn Matthias und Enkel Felix.

Würden die Schauspieler nicht auf einen Teil ihrer üblichen Gage verzichten, wäre der filmische Kindheitstraum aller Mitwirkenden vermutlich nie realisiert worden. «Ich habe alles andere abgesagt, als klar war, dass wir Karl May verfilmen», sagt Wotan Wilke Möhring. Als Kind spielte er mit seinen Brüdern Cowboy und Indianer, in Elspe stand er für ein Autogramm von Pierre Brice an. Jetzt sitzt der Schauspieler im wildledernen Fransenanzug im mobilen Basislager der Produktion am Ufer der Krka. «Old Shatterhand» steht an der Tür seines silbernen Wohntrailers geschrieben. Das luxuriöse Gefährt stammt aus Serbien, die deutsche Produktionsfirma hat vorsichtshalber die Nummernschilder überklebt, damit die Kroaten nicht unnötig an den Feind und die Bürgerkriegsgräuel der 1990er-Jahre erinnert werden.

Der WINNETOU-Dreiteiler handelt von einem viel älteren Konflikt zweier anderer Kulturen, die Probleme miteinander hatten: Im Jahr 1871 kommt der Deutsche Karl May, der später zu Old Shatterhand wird, aus Radebeul nach Amerika und ins Gebiet der Apachen. «Als Ingenieur will er mit an diesem Traum von einer neuen Welt arbeiten», sagt Wotan Wilke Möhring. «Erst durch das zerstörerische Fehlverhalten der Weißen wächst sein Respekt vor den vermeintlich primitiven Indianern, bis er schließlich mit deren Kultur und Lebensweise verschmilzt.» Das ist zugleich der rote Faden, der sich durch die drei Drehbücher der Autoren Jan Berger (DER MEDICUS), Alexander Rümelin (Teil 2) und Philipp Stölzl zieht.

In einem benachbarten Trailer wird Nik Xhelilaj für seinen nächsten Auftritt als Winnetou vorbereitet. Maskenbildner Georg Korpás, der schon für Michael Bully Herbigs DER SCHUH DES MANITU Indianer und Banditen schminkte, setzt dem Hauptdarsteller die täuschend echt wirkende Langhaarperücke auf und färbt die Haut mit etwas Schminke dunkler. «Wie wichtig Winnetou für die Deutschen ist, wurde mir erst klar, nachdem ich die Rolle bekommen hatte», sagt der zuvor in Istanbul lebende Albaner Nik Xhe-

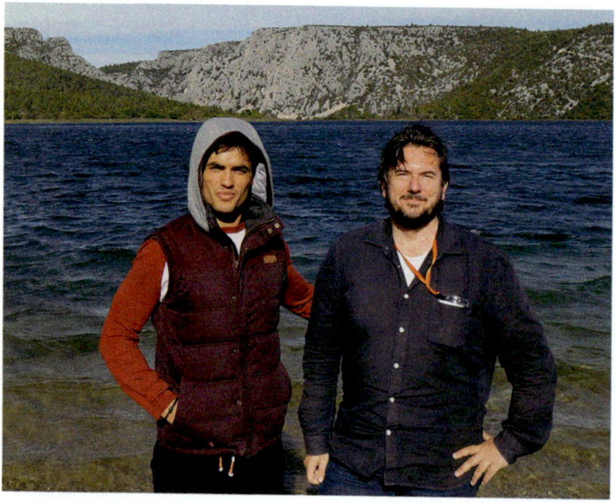

Der zivil gekleidete Winnetou-Darsteller Nik Xhelilaj mit Autor Michael Scholten in Kroatien

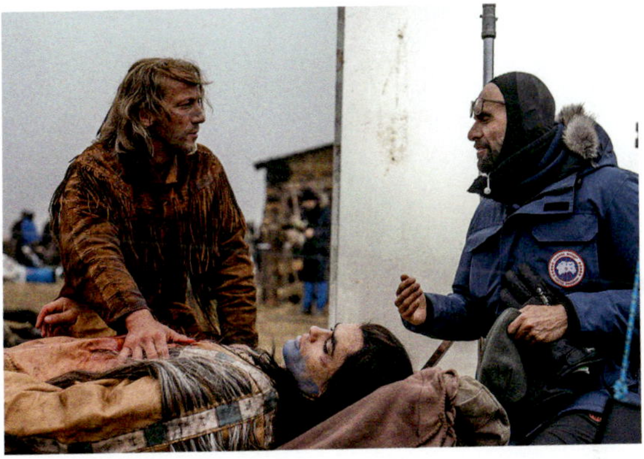

Wotan Wilke Möhring und Regisseur Philipp Stölzl diskutieren Winnetous (Nik Xhelilaj) Tod.

lilaj. In seiner Kindheit konnte er im albanischen Staatsfernsehen kaum Western sehen. Sie kamen vom westlichen Klassenfeind und waren in den kommunistischen Ländern verpönt.

Wotan Wilke Möhring hält die Ahnungslosigkeit des schauspielerischen Blutsbruders für eine ideale Voraussetzung, um in die übergroßen Mokassin-Spuren des verstorbenen Pierre Brice zu treten: «Nik versucht erst gar nicht, die alten Winnetou-Klischees zu bedienen. Er verleiht der Rolle etwas Neues, etwas Nachdenkliches und zugleich sehr Körperliches.» Viele Wochen, bevor er überhaupt die Zusage für die Titelrolle bekam, nahm Nik Xhelilaj Reitunterricht, musste seine Ernährung umstellen und ein intensives Sportprogramm absolvieren. Seine Lieblingsszenen sind aber nicht die actionreichen, sondern die emotionalen Momente. Besonders beeindruckt hat ihn die Sterbeszene von Intschu-tschuna, gespielt von Gojko Mitic, und Winnetous eigenes Ableben im dritten Teil. «Der Text ist sehr bewegend geschrieben», sagt Nik Xhelilaj.

Gefreut hat er sich, ein schauspielerisches Schwergewicht wie Mario Adorf erleben zu dürfen. Er ist in Albanien sehr bekannt, seit er in der Serie ALLEIN GEGEN DIE MAFIA mitgespielt hat. In der neuen WINNETOU-Trilogie spielt er Santer Senior, der seinen Sohn Santer Junior, dargestellt von Burgschauspieler Michael Maertens, mit negativer Energie antreibt. Weitere Bösewichte sind Jürgen Vogel als Rattler und Fahri Yardim als Mitglied einer Banditenbande.

Der ursprüngliche Wunsch des Produzenten war es, einen indigenen Schauspieler als Winnetou zu besetzen. Der Plan scheiterte aber daran, dass die Aspiranten bei lukrativen US-

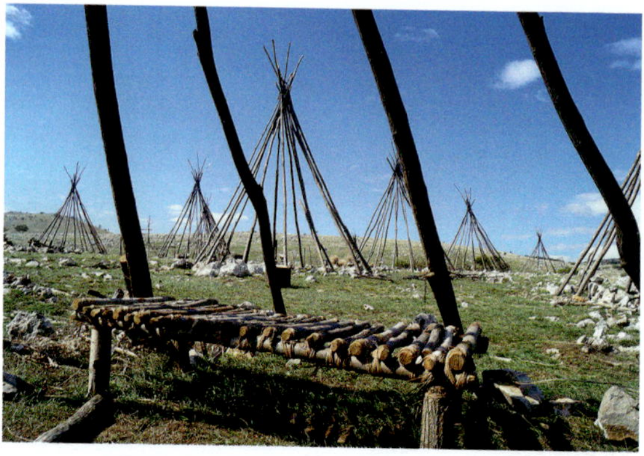

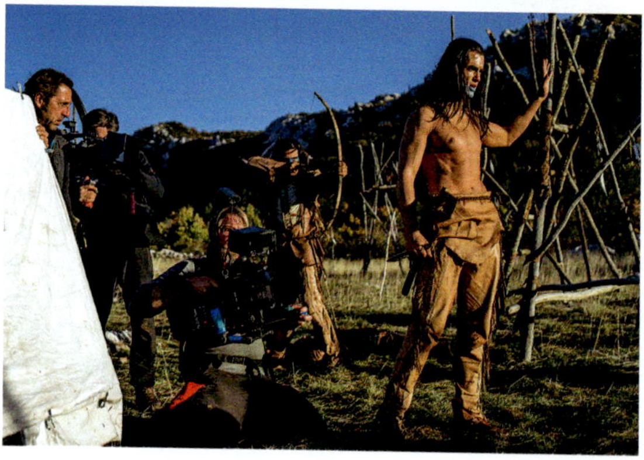

Im Apachenlager nahe Fuzine hat Nik Xhelilaj als Häuptling Winnetou das Sagen.

Produktionen unter Vertrag stehen und über viele Monate für Serien und Filme geblockt sind. Das war die große Chance für Nik Xhelilaj, als Albaner einen in Deutschland erfundenen Apachen-Häuptling zu spielen, der durch Amerika reitet, das in Wahrheit Kroatien ist. «Meine Familie findet das sehr amüsant», schmunzelt der Schauspieler, der durch das Drama DER ALBANER (2011) zum «Shootingstar» der Berlinale avancierte.

DER ALBANER wurde von Kameramann Sten Mende gefilmt. Er fängt jetzt auch die Bilder des neuen WINNETOU-Dreiteilers im epischen Cinemascope-Format ein. «Für mich als Kinomann ist das toll, weil ich dieses Format gewohnt bin und weil es die Landschaft am besten wiedergibt», sagt Regisseur Philipp Stölzl, dessen erste Winnetou-Erfahrung mit acht Jahren auf einem kleinen Schwarzweiß-Fernseher mit dicken schwarzen Balken über und

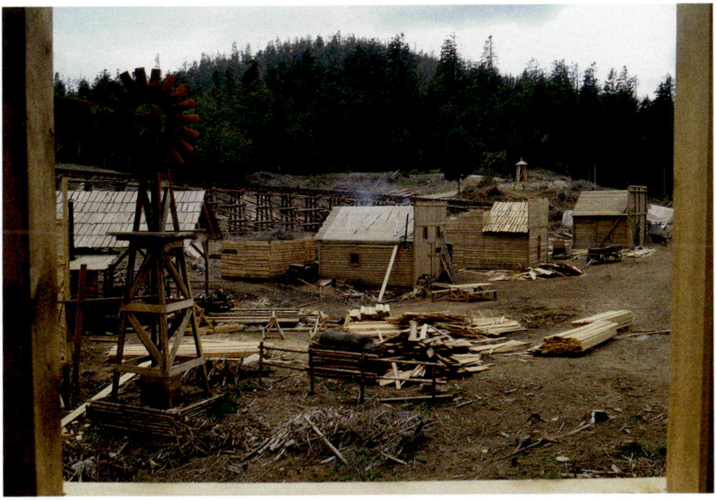

unter dem kriseligen Fernsehbild stattfand. Umso mehr freut er sich jetzt über 360-Grad-Locations auf kroatischen Hochebenen, vor imposanten Canyons und auf kristallklaren Seen. Wo die Natur allein nicht beeindruckend genug ist, hat Szenenbildner Matthias Müsse mit Indianerzelten und Westernstädten nachgeholfen.

Für Roswell wurden 300 Kubikmeter Holz verbaut.

Im Apachen-Lager nahe Fuzine stehen 19 Zelte, darunter ein großes Beratungszelt sowie ein Totem anstelle eines Marterpfahls. «Nach dem Erfolg von Michael Bully Herbigs DER SCHUH DES MANITU gibt es Dinge, die man in einem ernsten Western nicht mehr zeigen kann», sagt Produzent Christian Becker. «Würden wir Old Shatterhand an den Marterpfahl binden, käme den Zuschauern sofort das Zitat «Ich bin mit der Gesamtsituation unzufrieden» in den Sinn.» Bewusst hat sich die Produktion auch gegen das klassische Pueblo-Motiv der alten Karl-May-Filme entschieden. «Die alten Locations sind so überladen mit Bildern, die jeder im Kopf hat», sagt Matthias Müsse. «Wir haben die Zelte als Symbol für die nomadischen Apachen, die im Einklang mit der Natur leben, gewählt. Anders als die weißen Siedler hinterlassen die Indianer keine Spuren, sie roden keine Wälder und greifen nicht mit negativen Folgen in die Natur ein. Ein Pueblo, das für eine jahrelange Nutzung gebaut wird, passte nicht zu unserem Ansatz. Wir wollten ein Naturvolk darstellen und haben uns dabei die künstlerische Freiheit gegönnt, die sich auch Karl May beim Schreiben seiner fiktiven Romane gönnte.»

Die Westernstadt Roswell bildet einen Kontrast zum Zeltdorf der Apachen. «Wir zeigen den brutalen Eingriff der Weißen in die Natur», sagt Matthias Müsse. «Im ersten Teil stehen erst wenige Holzhäuser, aber viele Zelte, in denen die Siedler kurz nach ihrer Ankunft wohnen und die durch historische Fotos verbürgt sind. Im zweiten und dritten Teil stehen viel mehr Häuser und das ehemals frisch gesägte Holz hat schon Patina angesetzt.» Die drei Filme spielen im Abstand mehrerer Jahre und zu unterschiedlichen Jahreszeiten. Der erste Teil beginnt im Sommer, DER SCHATZ IM SILBERSEE wird im Herbst gehoben und WINNETOUS TOD ist im verschneiten Winter zu beklagen.

In Matthias Müsses Arbeitsbereich fiel es auch, eine historische Lokomotive aus einem Eisenbahnmuseum in Budapest anrollen zu lassen. Da Personenzüge weniger Wegzoll zahlen müssen als Güterzüge, saß ein einsamer Freiwilliger auf der ganzen Fahrt von Ungarn über Slowenien nach Kroatien in einem Waggon. «Nein», beteuert Matthias Müsse, «die Lokomotive rast bei uns nicht in den Saloon.» Damit spielt er auf die populäre Actionszene aus WINNETOU 1 (1963) an, für die ein kompletter Saloon zerlegt wurde.

Der Pyrotechniker hieß damals Erwin Lange, knapp 50 Jahre später lässt es nun sein Enkel Dirk in Kroatien krachen.

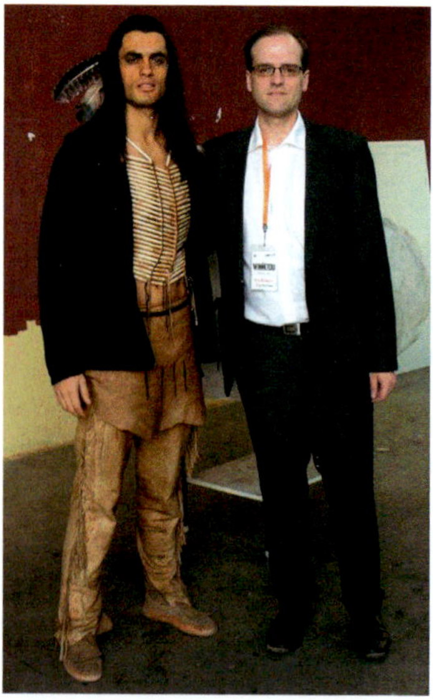

Dirk Brüderle mit Nik Xhelilaj beim Besuch der Studios in Köln

Neben Winnetous Silberbüchse und Old Shatterhands Henrystutzen verwaltet Dirk Lange 200 weitere Gewehre, Pistolen, Tomahawks und Speere, mit denen sich die Indianer und Bleichgesichter bekriegen. Dass sein Großvater für WINNETOU 1 einen Saloon samt Eisenbahn sprengte, fordert Dirk Lange noch immer Respekt ab. «Das würde man heute aus Kostengründen mit visuellen Effekten lösen. Mein Opa möge es mir verzeihen, aber in der Pyrotechnik hat sich in den letzten 50 Jahren viel getan», sagt Lange und schaltet alle Systeme auf Stand-by. «Wir zünden nicht mehr mit Nagelbrett und Autobatterie, sondern mit einer ferngesteuerten Zündanlage, die 40.000 Euro kostet und eine TÜV-Plakette hat.»

Allein 40 Winchester-Gewehre kommen bei den Dreharbeiten zum Einsatz.

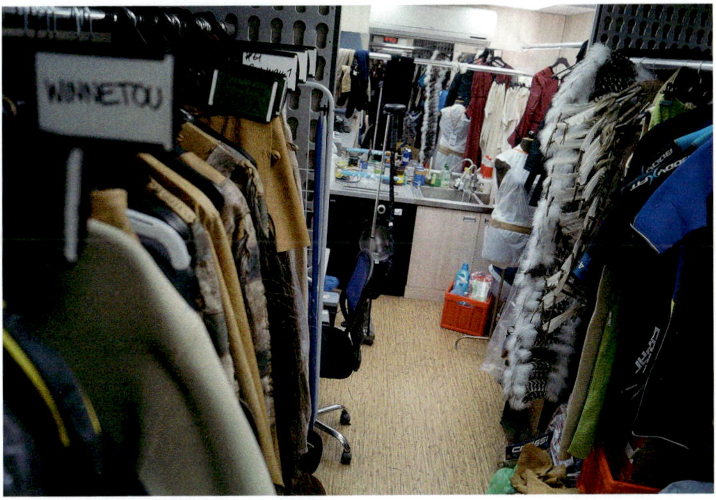

Blick in Anke Wincklers Kostüm-Trailer

Zum Teil mussten sie durch Büchsenmacher umgearbeitet werden, damit die etwas kürzeren Platzpatronen besser zugeführt werden. Old Shatterhands Henrystutzen wiegt stolze fünf Kilogramm. Um Wotan Wilke Möhring zu ermöglichen, mit dieser Waffe überhaupt in steinigem Gelände aufs Pferd zu springen, ließ Dirk Lange eine 600 Gramm leichte Replik anfertigen.

In einem weiteren Trailer im Basislager ist das Reich der Kostümbildnerin Anke Winckler. Mehr als 500 Kostüme kommen im Dreiteiler zum Einsatz, darunter 160 handgefertigte für die Indianer verschiedener Stämme. «Wir haben lange recherchiert, um uns dann aber speziell bei den Apachen von historischen Vorbildern zu lösen», sagt Anke Winckler. «Sie waren schon recht westlich angezogen. Der Anblick von Hemden entspricht aber natürlich nicht der Fantasie des Karl-May-Fans. Wir haben daher Elemente mehrerer Stämme kombiniert und auch Kostümideen der alten Filme einfließen lassen. Doch unsere Kostüme haben mehr Patina. Das helle Leder, das Pierre Brice damals trug, würde heute so wirken, als wolle sich der Held nicht schmutzig machen.»

40 Kilogramm Federn wurden für den Kopfschmuck aller Filmindianer verwendet – allerdings keine Stirnbänder. Das war eine Vorgabe des Regisseurs.«Stirnbänder benutzt man, wenn die Perücken schlecht sind und man den Haaransatz verstecken will», meint Philipp Stölzl. «Wir haben großartige Perücken und lassen die Haare im gewollten und ungewollten Wind wehen.»

Im Kostümordner ist jedes Detail für Sam Hawkens (Milan Peschel) verzeichnet.

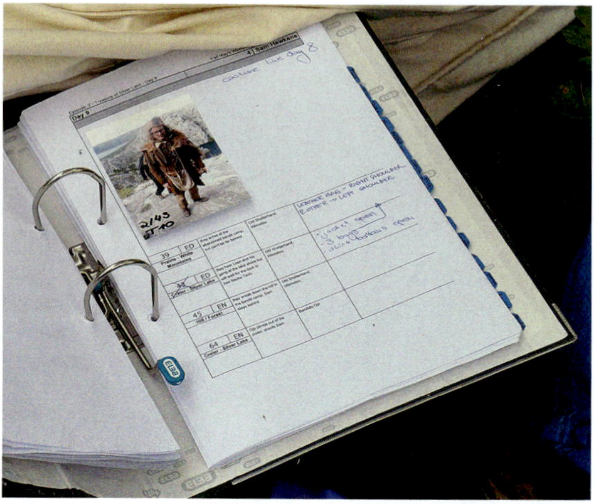

Das Schlangenleder-Stirnband, das Pierre Brice in den Kinoklassikern trug, sei historisch nicht korrekt, das rote Stoffstirnband, das er in der Fernsehserie MEIN FREUND WINNETOU (1979) trug, habe wie im Film GERONIMO – EINE LEGENDE (1993) ausgesehen. «Einige Fans der alten Filme werfen uns vor, unser Winnetou sähe nicht authentisch aus», greift Philipp Stölzl die Kritik aus dem Internet auf. «Aber auch Pierre Brice sah in den Karl-May-Filmen nicht wie ein echter Apache aus.» Das Bild, das der Dreiteiler zeigt, sei wie ein «Best of» mehrerer Indianerkulturen.

Manche Drehorte in Kroatien, durch die einst Pierre Brice und Lex Barker ritten, sind heute von Straßen durchschnit-

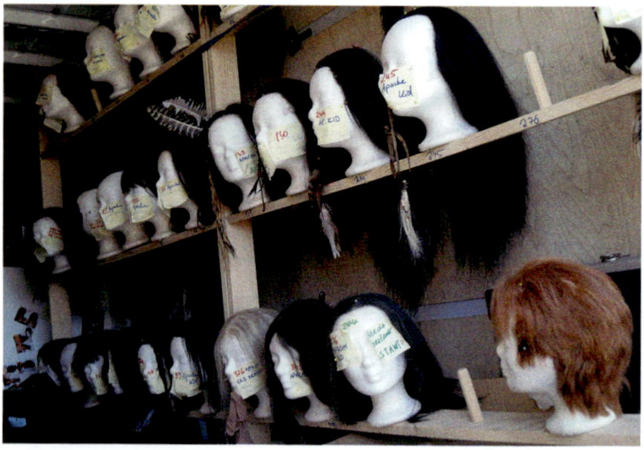

Die Perücken der Indianer

ten, andere sind durch Strommasten und Windräder getrübt, wieder andere durch große Gruppen von Pauschaltouristen. Doch bei einer Motivtour im Oktober 2014 fanden Philipp Stölzl und sein Team reichlich Alternativen. Der Silbersee liegt diesmal nicht bei Plitvice, sondern außerhalb des Krka-Nationalparks bei Malenica, Bristane Donje. «Den Nationalpark Plitvice mit seinen vielen Besuchern eine Woche lang sperren zu lassen, ist nicht mehr realisierbar oder finanzierbar», sagt Herstellungsleiterin Uli Fauth. Ihr Produktionsbüro für die zweite Hälfte der kroatischen Dreharbeiten ist im Teamhotel Bluesun Alan in Starigrad-Paklenica eingerichtet. An den Wänden hängen Drehpläne, Motivlisten und viele Produktionsskizzen von Matthias Müsse. Einige sollen dem kleinen Winnetou-Museum geschenkt werden, das neben dem Hotel regelmäßig für Besucher öffnet.

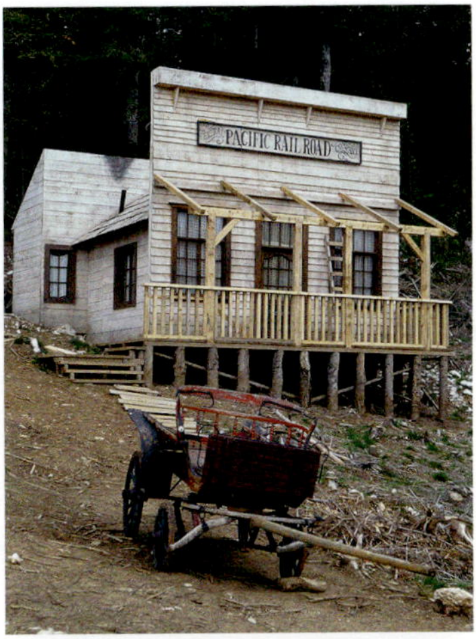

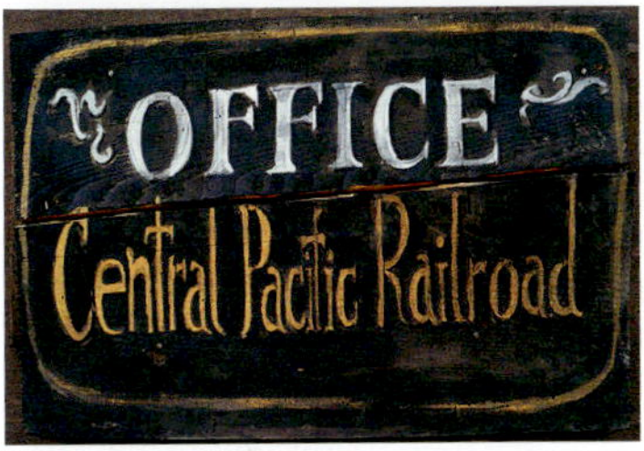

Die Eisenbahngesellschaft in Roswell

Gerade ist Milan Peschel eingetroffen. Er spielt den quirligen Sam Hawkens. Jürgen Vogel hat seinen Part als Indianermordender Rattler bereits abgedreht. Auch Marie Versini hat Kroatien bereits verlassen. Versinis frühere Rolle als Winnetous Schwester Nscho-tschi übernimmt im RTL-Dreiteiler die Mexikanerin Iazua Larios. Die Schauspielerin, die 2006 in Mel Gibsons Maya-Drama APOCALYPTO grausam sterben musste, mischt sich in den frühen Morgenstunden mit Mann und Baby unter die internationalen Touristen im All-inclusive-Frühstückssaal des Hotels. «Nscho-tschi ist die Schamanin des Apachen-Stammes und nicht nur die kleine Schwester, die gehorchen soll und gut kochen muss», sagt sie auf Englisch mit spanischem Akzent.

Regisseur Philipp Stölzl sitzt bei der mexikanischen Familie am Frühstückstisch und ergänzt: «Wenn man heute ein weibliches Publikum erreichen will, braucht man eine starke Frauenfigur. In WINNETOU 1 musste Nscho-tschi nur den weißen Mann anhimmeln und gesund pflegen, sollte dann die Haushaltsschule in Santa Fe besuchen, wurde aber vorher erschossen,

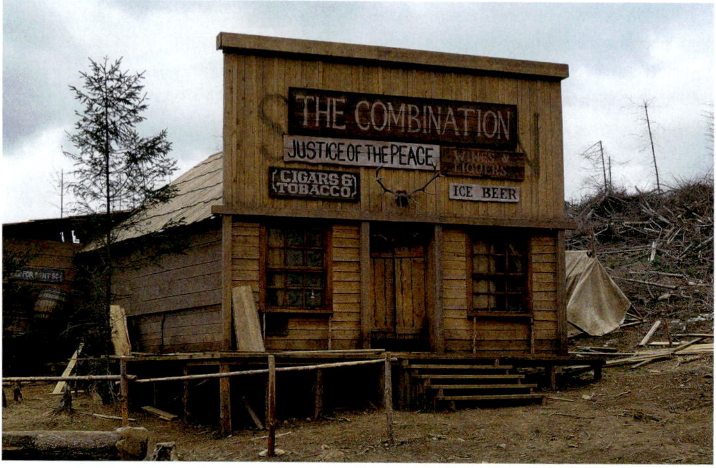

Bierausschank beim Friedensrichter: der Saloon in der Filmstadt Roswell

damit sie der großen Männerfreundschaft nicht im Weg steht.» In der Neuinterpretation des Stoffes darf sie, so viel ist schon in der Drehphase öffentlich durchgesickert, Old Shatterhand heiraten und mit ihm alt werden. «Ihre Garderobe und Frisur werden westlicher, während sich Old Shatterhand optisch immer mehr den Indianern anpasst», sagt Iazua Larios. Philipp Stölzl lobt die magische Ausstrahlung, die seine Hauptdarstellerin bei allen Kameratests bewiesen hat: «Sie ist eine jener Frauen, mit denen Männer Zeit oder ein ganzes Leben verbringen wollen. Sie ist aber nicht so sexy, dass die Männer gleich tot umfallen.» Hätte er Wotan Wilke Möhring ein rassiges Fotomodell an die Seite gestellt, so ist sich Stölzl sicher, hätte die Liebe zwischen beiden Figuren wie eine Seifenoper gewirkt.

Während der Dreiteiler Old Shatterhands Gefühlswelt sorgfältig seziert, findet Winnetous große Liebe nur in einer Rückblende statt. «Wir hatten schlicht und einfach keinen Platz dafür», gesteht Philipp Stölzl. «Wenn wir aber weitere Filme drehen, werden wir das nachholen. Denn unser Winnetou ist männlicher und sexueller als der jesushafte, androgyne und in sich gekehrte Häuptling, den Pierre Brice verkörpert hat. Bei ihm hatte der Zuschauer gar nicht das Gefühl, dass er eine Frau braucht. Bei unserem Winnetou kann man sich das aber gut vorstellen.»

Rund um das Hotel Bluesun Alan tobt die Bora, der tückische Fallwind an der kroatischen Küste. Seit Tagen wirbelt er den ohnehin eng gesteckten Drehplan durcheinander. Mal ist es zu stürmisch und zu gefährlich für die Dreharbeiten auf dem Hochplateau, mal ist es zu kalt für Unterwasserszenen, bei denen die Helden nach dem legendären Schatz im Silbersee tauchen sollen. Produzent Horst Wendlandt konnte vor 50 Jahren bei schlechtem Wetter ins kroatische Behelfsatelier ausweichen. Doch damals gab es auch noch nicht den «NRW-Effekt». Der führt dazu, dass Produzent Christian Becker die Studiodrehs zum Schluss auf die RTL-Heimat Köln konzentriert, weil das Geld der Filmstiftung NRW im Bundesland Nordrhein-Westfalen ausgegeben werden muss.

Im Dezember 2015 ist es soweit: Die Rat Pack Filmproduktion belegt drei Hallen der MMC Studios im Kölner Stadtteil Ossendorf. Wo sonst große Unterhaltungsshows entstehen oder der Deutsche Comedypreis verliehen wird, hat Produktionsdesigner Matthias Müsse mit seiner Truppe 15 Kulissen erbaut, darunter das Innenleben der Indianerzelte, des Saloons, die Büros der Eisenbahngesellschaft und des Sheriffs sowie eine Druckerei, ein Telegrafenamt und einen Drugstore. Die Liebe zum Detail ist bemerkenswert, auch wenn später kein Zuschauer Notiz von kleinen Insider-Gags nehmen wird: «Becker's Wild West Show», die auf Postern an den Saloon-Wänden beworben wird, ist eine Würdigung des Produzenten Christian Becker, Matthias Müsse selbst wurde zum Inhaber einer Konservendosenfabrik. Sein Name findet sich auf den Etiketten vieler Blechbüchsen in den Regalen des Drugstores wieder.

Mit 70 Quadratmetern ist das Innenleben des Kölner Saloons etwas größer, als es die Außenwände in der Roswell-Kulisse bei Fuzine eigentlich erlauben würden. Das macht die

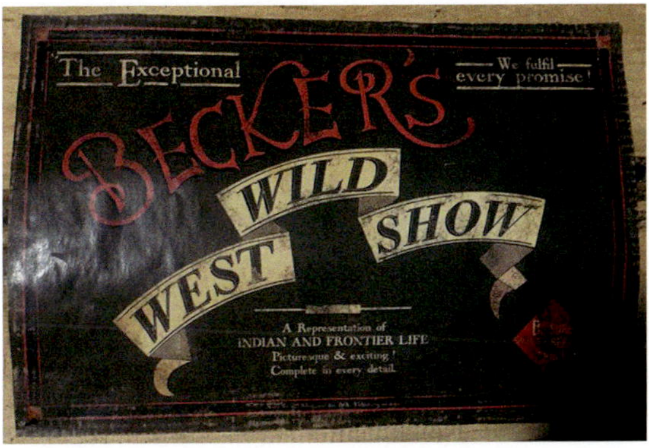

Insider-Scherz: «Becker's Wild West Show» würdigt den Produzenten Christian Becker.

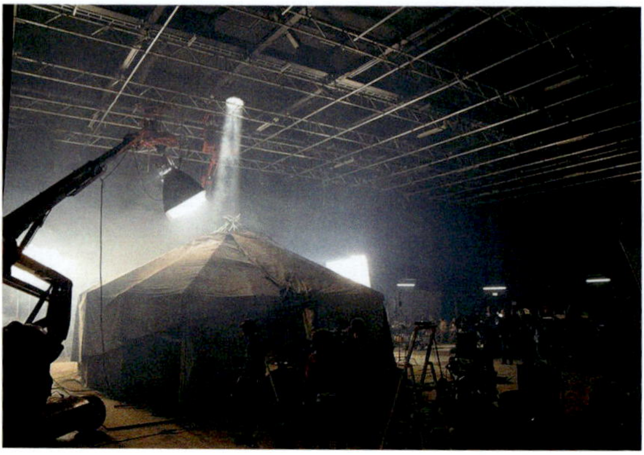

Das Versammlungszelt der Apachen im Kölner Studio

Dreharbeiten fürs Filmteam einfacher, auch wenn die vielen Statisten, die als Banditen, Bahnarbeiter, Raufbolde und leichte Mädchen gecastet wurden, die letzten Quadratmeter Platz wegnehmen. Die Kulisse besteht aus Kiefer und Fichte. Das ist das billigste Holz, aber es war in Deutschland immer noch deutlich teurer als in Kroatien, wo das Team im Herzen der dortigen Holzindustrie drehte. «In vielen Western kommt mir der Saloon zu sauber und zu ordentlich vor», sagt Matthias Müsse. «Wir wollen lieber den Schmutz, die Armut und die Zerstörung zeigen, die damals zum Alltag der ersten Siedler gehörte.»

Bei den Apachen sieht es aufgeräumter und natürlicher aus: In drei Zelten, die aus Kunstleder und Baumwollstoff bestehen und aus Kroatien mit nach Köln gebracht wurden, entstehen abwechselnd Innenaufnahmen. Für eine gute Kameraperspektive oder optimale Lichtbedingungen werden auch schon mal Löcher in die Außenwände geschnitten. «Da wir die Zelte selbst genäht haben, dürfen wir sie auch zerschneiden», sagt Matthias Müsse. In der Nachbarhalle hat er ein Höhlensystem aus mehreren Segmenten geschaffen. Die Helden durchqueren die Tunnel auf ihrem Weg zum Schatz im Silbersee. Die Wände bestehen aus Styropor und wurden mit Spritzbeton verhärtet. Dem können auch die offenen Flammen der Fackeln nichts anhaben, mit denen die Schauspieler durch die Kulissen kriechen.

Als in Köln am 81. Drehtag die letzte Klappe fällt, erhalten die Mitglieder der Crew ein ganz besonderes Souvenir: Das Fahndungsplakat mit vereinfachten Porträts von Winnetou und Old Shatterhand. Die Poster spielen im Film eine wichtige Rolle und werden in einer Szene mit Hilfe einer antiquarischen

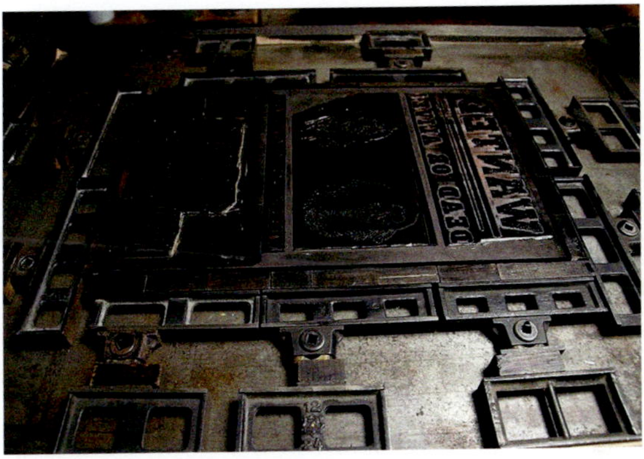

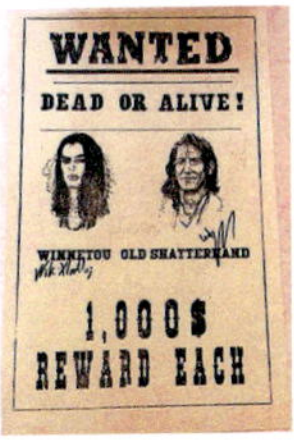

Die Druckplatte für das Fahndungsplakat produzierte begehrte Souvenirs.

Druckerpresse hergestellt. Ihr Besitzer hat im Auftrag von Produzent Christian Becker deutlich mehr Papier und Druckerschwärze mitgebracht, als es die Dreharbeiten verlangt hätten. Doch er wollte die massenhafte Verteilung des beliebten Souvenirs an die Crew garantieren.

Knapp ein Jahr nach Drehschluss läuft der Winnetou-Dreiteiler im Dezember 2016 im RTL-Programm. Nach fast 50 Jahren reiten die Blutsbrüder Winnetou und Old Shatterhand auf ihren treuen Pferden Iltschi und Hatatitla wieder Richtung Sonnenuntergang. Dazu erklingt die legendäre Melodie von Martin Böttcher. Der Komponist gab schon sehr früh sein Einverständnis, das sein Kollege Heiko Maile (Die Welle, Türkisch für Anfänger) die Filmmusik neu arrangieren durfte. Christian Becker hatte im Münchner Restaurant Käfer ein Überraschungsdinner zwischen Martin Böttcher und Joachim Fuchsberger eingefädelt.

«Blacky» Fuchsberger, Held vieler Edgar-Wallace-Filme und Gaststar in Christian Beckers Komödie Neues vom Wixxer (2007), starb im September 2014. Pierre Brice folgte ihm im Juni 2015. Doch kurz vor seinem Tod erteilte der Ur-Winnetou dem neuen Dreiteiler seinen Segen. «Wir hatten ihm einen handgeschriebenen Brief auf Deutsch, Französisch und Englisch geschickt und um seine Mitwirkung im Dreiteiler gebeten», sagt Christian Becker. «In seinem Antwortschreiben haderte er zunächst mit sich, ob es eine gute Idee sei, die Geschichten neu zu erzählen – doch am Ende wünscht er uns alles Gute für unser Vorhaben, ein jüngeres Publikum an Karl Mays große Abenteuer heranzuführen.»

Die Drehorte des neuen WINNETOU-Dreiteilers

«Für den deutschen Zuschauer sieht der wilde Westen so aus wie Kroatien», meint Wotan Wilke Möhring, der für den neuen WINNETOU-Dreiteiler die Rolle des Old Shatterhand übernahm. Knapp 90 Drehtage wandelte er in Kroatien auf Lex Barkers Spuren und ritt durch Landschaften, die auch schon in den alten Karl-May-Filmen zu sehen waren. Denn Produzent Christian Becker und Regisseur Philipp Stölzl bauten bewusst so manche Hommage an die großen Kinoklassiker ein, indem auch sie am Zramanja-Canyon, am Tulove Greve oder an den Schleier-Fällen bei Roski drehten. Doch das Filmteam fand auch ganz neue Drehorte, die optisch an die berühmten Locations aus den 1960er-Jahren erinnern. Wer zum Beispiel das neue Apachen-Dorf bei Breze im Hinterland von Rijeka besucht, schaltet sofort in den «Winnetou-Modus» um. Der Panoramablick auf diese Landschaft hätte auch perfekt in einen klassischen Karl-May-Film mit Pierre Brice und Lex Barker gepasst. Die Wildpferde, die in dieser Gegend grasen, runden die Cowboy-und-Indianer-Atmosphäre hervorragend ab. Wer bei seiner Reise nach Kroatien auch die Drehorte des neuen Dreiteilers besuchen möchte, findet nachfolgend Wegbeschreibungen und Hintergrundinformationen zur Karl-May-Verfilmung für die nächste Generation.

Die Hotels

Während der Dreharbeiten in Rijeka und im Hinterland wohnte das Team im Hotel Omorika (Milovana Muževića Bb, 51260, Crikvenica, Kroatien). Die deutschen Schauspieler waren überwiegend im Apartment-Haus des Novi Spa Hotel & Resort (Hrastic 15, 51250 Novi Vinodolski / Kroatien) untergebracht. Die Anlage liegt in der Kvarner Bucht, sieben Kilometer von Crikvenica entfernt am westlichen Stadtrand von Novi Vinodolski. Der Flughafen Rijeka ist mit dem Auto in 30 Minuten erreichbar. Von beiden Hotels aus fuhr das Team regelmäßig die Drehorte in Rijeka, das Apachendorf und die Westernstadt Roswell an.

Für die Außenaufnahmen um Starigrad-Paklenica, Obrovac und in der Krka-Region logierte das Team vorwiegend im Hotel Alan in Starigrad-Paklenica (Dr. Franje Tudmana 14, 23244, Starigrad, Kroatien) und zum Teil im Hotel Vicko (Jose Dokoze 20, 23244, Starigrad, Kroatien).

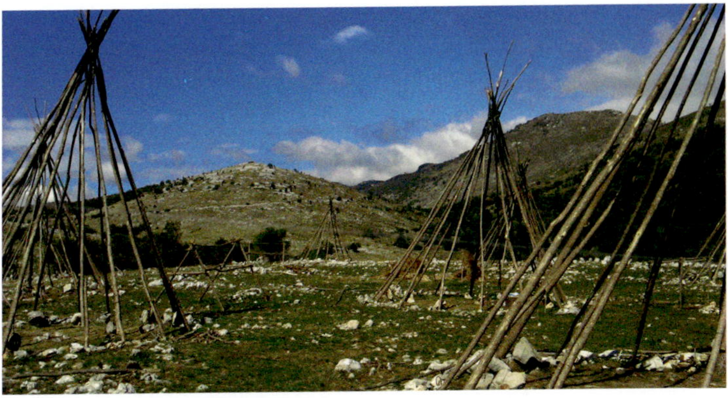

Das Dorf der Apachen bei Novi-Breze

Indianerdorf in beeindruckender Landschaft bei Novi-Breze

Für das Dorf der Apachen im neuen Dreiteiler fand die Produktion eine landschaftlich prächtige Location bei Novi-Breze nahe einer unbenannten Straße. Die GPS-Daten lauten: Breitengrad: N 45 10.001, Längengrad: E 1451.617.

Das Produktionshotel in Novi Vinodolski ist 15 Kilometer entfernt. Von der Ulica Kralja Tomislava geht es in Novi Vinodolski nach links auf die Straße Ogulinska Cesta in Richtung Breze. Man folgt der Hauptstraße in süd-östlicher Richtung

Nik Xhelilaj hatte im Apachenlager seinen ersten Drehtag als Winnetou.

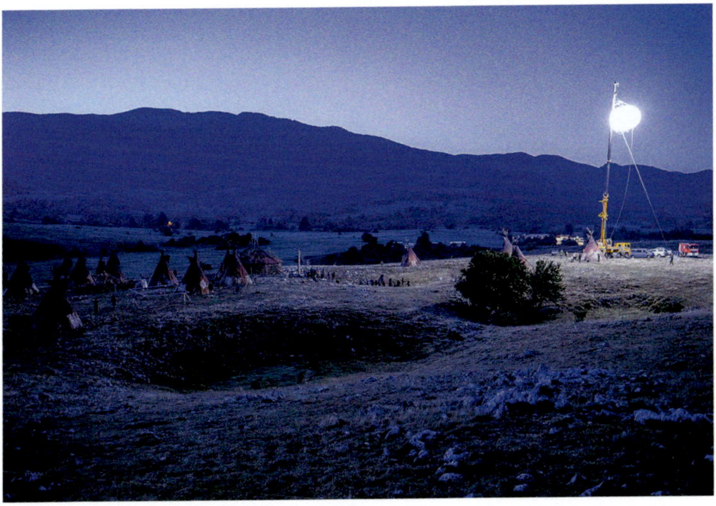

durch Novi Vinodolski, dann in nördlicher Richtung vorbei an Donje Zagon. Der letzte Ort vor der Location ist Bater. Wichtig ist, nach Bater nicht dem Schild nach Fuzine/Lic/Lukovo nach links zu folgen, sondern sich weiter geradeaus zu halten und bei nächster Gelegenheit, zwei Kilometer hinter Bater, nach dem Schild Richtung Fuzine nach links in die Hügel- und Wiesenlandschaft zum Drehort zu fahren. Hier bietet sich zu allen Seiten eine friedfertig-erhabene Aussicht.

Setdesigner Matthias Müsse hat dort für den Film 19 Zelte errichten lassen. Sie wurden nach dem Ende der Dreharbeiten abgebaut und zum Teil mit nach Köln genommen, wo die Dreharbeiten im Studio fortgesetzt wurden.

Die Westernstadt Roswell bei Fuzine (Spicunak polje)

Inmitten einer Waldschneise wurde das neue Roswell gebaut, das im Laufe der Dreharbeiten immer weiter wuchs. Zu Beginn des Dreiteilers ist Roswell ein schmutziges und aus Holz errichtetes Städtchen mit viel Morast und provisorischen Zelten. Bis zum dritten Teil, der einige Jahre später spielt, wurde Roswell immer größer. Idyllisch sauber wie die Karl-May-Westernorte der 1960er-Jahre sollte der Ort aber nicht wirken. Die Stadt ähnelt eher dem Vorbild aus zeitgenössischen US-Serien wie DEADWOOD.

Die GPS-Koordinaten von Roswell, das bei Redaktionsschluss dieses Buches noch stand und rund um die Uhr bewacht wurde, lauten: Breitengrad: N 45 20.729, Längengrad: E 14 42.351. Die Fahrt führt vom Produktionshotel Resort Novi

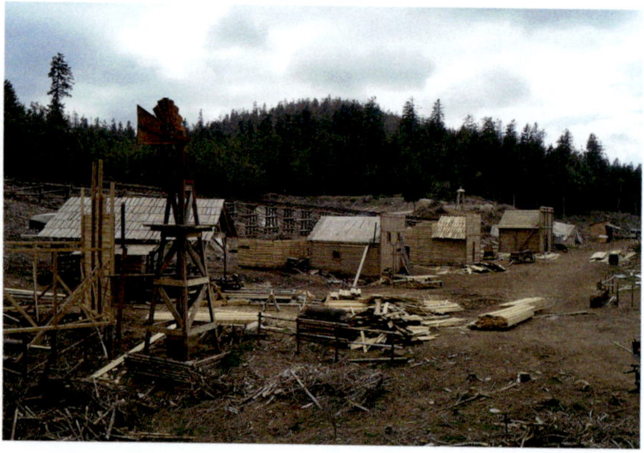

Drehortbesuch der Autoren in Roswell nahe Fuzine

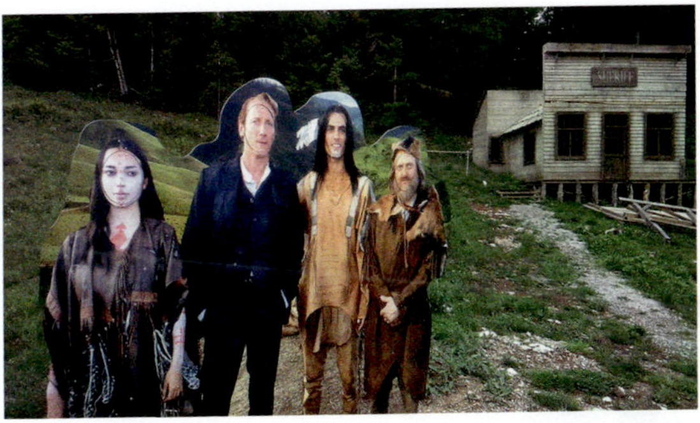

In der frei zugänglichen Filmstadt begrüßen Aufsteller die Besucher

46 km lang zum Set, erst auf der Küstenstraße E65 in Richtung Rijeka, dann weiter auf der Umgehungsstraße A7 und bis zur Ausfahrt Hreljin. In Gornje Jelenje geht es rechts ab in Richtung Zagreb, Delnice. Das Schild nach Fuzine passiert man rechtsseitig und folgt der Hauptstraße bis zu einem rechts in den Wald abgehenden Weg. In der Wegbeschreibung der Filmcrew war diese als «White Road» bezeichnet, mit Abzweig vor dem «Cow»-Werbeschild. Ursprünglich wies ein Winnetou-Schild auf den Drehort hin, doch weil das allzu großes Interesse von Besuchern nach sich zog, wurde die Beschilderung geändert. Man folgt dem Weg in den Wald, bis sich zur linken Seite die Waldschneise mit der Lichtung und der Westernstadt zeigt. Das Catering für die Filmcrew und der Produktionsparkplatz lagen seitlich versetzt vor dem Beginn der Straße nach Roswell.

Die Dreharbeiten wurden hier 2015 für den Jahreszeitenwechsel zwischen Teil 1 und 3 und das Wachsen der Westernstadt unterbrochen und zunächst an anderweitigen Locations gearbeitet. Auch nach Fertigstellung der Produktion wurde die Filmstadt nicht abgebaut. Sie ist seither frei für Besucher zugänglich und man kann auf eigene Gefahr durch die Kulissen und Gebäude gehen. Aufsteller von den Hauptdarstellern empfangen die Fans.

Schatzhöhle Spilja Vrelo in WINNETOU – DAS GEHEIMNIS VOM SILBERSEE (2016)

Die in den 1950er-Jahren entdeckte Tropfsteinhöhle Vrelo in der Region Kvarner Bucht liegt 3 km von Fuzine entfernt. Die Westernstadt Roswell aus den Winnetou-Neuverfilmungen ist mit dem Auto in 15 Minuten erreichbar; von der Höhle bis nach

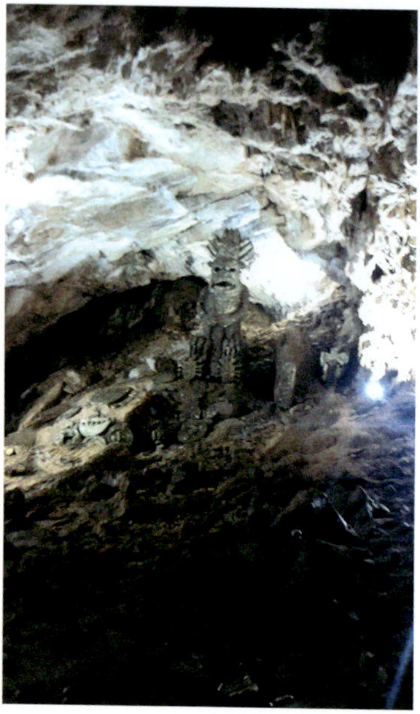

Spilja Vrelo 2018. In welcher Höhle findet man sonst noch einen Schatz?

Grobnik polje benötigt man gute 35 Minuten. Die Spilja Vrelo ist geschätzte 3,5 bis 4 Millionen Jahre alt und auf ca. 250 m zugänglich. Damit ist sie deutlich kleiner als die slowenischen Höhlen von Postonja (Drehort der Zufluchtsstätte der Assiniboins in WINNETOU 2 von 1964, Harald Reinls DIE NIBELUNGEN, TEIL 1 – SIEGFRIED (1966) oder der TV-Serie RINALDO RINALDINI (1968)), aber ebenfalls seit 1998 touristisch erschlossen. Über die wechselnden Öffnungszeiten sollte man sich vorab erkundigen, etwa bei der Tourismuszentrale Fuzine (info@tz-fuzine.hr, Tel.: 00385-51-835163). Wir haben die Menschen als sehr hilfsbereit erlebt und wurden sogar außerhalb der regulären Öffnungszeit mit einer gebuchten Schulgruppe in die Höhle gelassen. Warme Kleidung ist bei ganzjährigen 8 Grad Celsius wichtig. Die Höhle ist ohne Stufen. Sie hat als Schatzhöhle am Silbersee den Auftritt in Teil 2 von Christian Beckers Winnetou-Neuverfilmung. Ein besonderer Clou ist, dass ein Filmrequisit noch zu bewundern ist: Es handelt sich um die Totem-Schatzfigur eines alten Häuptlings. Der Blickfang steht hinter dem eigentlichen Drehort, damit er nicht durch das Wasser beschädigt wird.

Die Höhle ist gut ausgeschildert (Spilja Vrelo) und liegt, von Fuzine kommend, an der abschüssigen Hauptstraße Z5062 linksseitig vor einer Rechtskurve. Parkplätze sind vorhanden.

Vranja-Steinbruch und Vela draga-Schlucht im Ucka-Naturpark

Die Eisenbahnbaustelle für den WINNETOU-Dreiteiler wurde mehr als 50 Jahre zuvor auch schon als Anschluss-Drehort zum Tal des Todes aus UNTER GEIERN (1964) genutzt. Im Vranja-Steinbruch beim Ucka-Naturpark drehte Regisseur Philipp Stölzl einige Szenen, in denen der Tunnel gebaut wird. Unterhalb der für eine kurze Einstellung aus UNTER GEIERN genutzten Location errichtete Produktionsdesigner Matthias Müsse eine Dynamit-Hütte. Die Innenaufnahmen erfolgten später in den MMC-Studios in Köln.

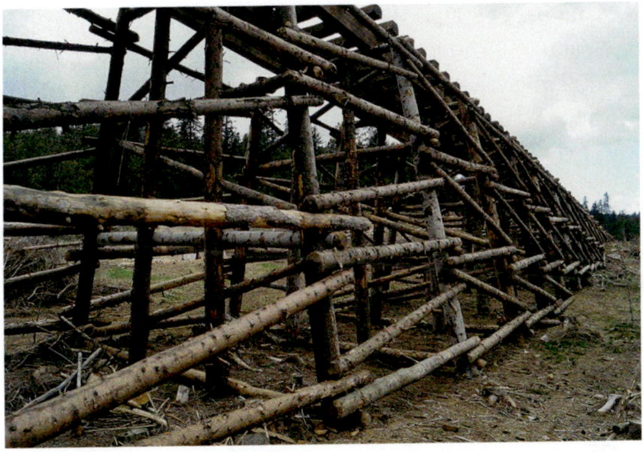

Die Filmproduktion kaufte lokal große Mengen Holz, neben der Westernstadt auch für die Attrappe einer Eisenbahnbrücke

In UNTER GEIERN (1964) wurde der kroatische Ort nur für eine kurze Anschluss-Szene eingesetzt. Die Geier-Schurken ritten dort aus dem Tal des Todes, das vorwiegend in der Großen Paklenica-Schlucht bei Starigrad-Paklenica gedreht wurde. Die Banditen galoppierten in der Vela Draga-Schlucht bei Ucka unterhalb des in den Bergen auffallenden «Zeigefinger»-Felsens, vor dem die Indianer mit Speeren standen.

Für die neuen Filme wurde zwischen zwei Tunneln die Attrappe einer Eisenbahnbrücke errichtet. Diese wurde später digital erweitert. Sportliche Wanderer können über die Felsen zu der «Zeigefinger»-Felsnase gelangen. Das Filmteam nutzte aber einen kleinen Service-Zug vom alten Steinbruch, um durch den Tunnel zum Drehort zu gelangen. Man kann den langen Tunnel und die ansonsten unbenutzte Strecke auch vorsichtig durchlaufen, benötigt dabei aber eine Taschenlampe.

Der Steinbruch von Vranja liegt 71 Kilometer südwestlich des Produktionshotels Novi Spa Hotels & Resort. Die GPS-Koordinaten des Drehortes sind: Breitengrad: N 45 19.054, Längengrad: E 14 09.628.

Das Team fuhr von Novi Vinodolski parallel zur Küste in Richtung Rijeka. Auf der Hauptstraße E65 geht es (zunächst) rechts ab in Richtung Zagreb. Auf der Umgehungsstraße folgt man geradeaus dem blauen Autobahnschild in Richtung Ljubljana / Tirest / Pula / Rijeka Zapad, also nicht nach rechts auf die Straße Richtung Zagreb/Split.

Man verlässt die Straße an der Ausfahrt Richtung Pula/Pazin/Opatija. Dann geht es durch den Ucka-Tunnel (gegen recht happige Maut), danach zuerst rechts ab. Nach der Maut-Station auf der D 500 an einer T-Kreuzung mit Stopp-Schild links abbiegen in Richtung Labin / Otok Cres. Auf der Hauptstraße D 500 hinter zwei Schildern leicht links abfahren in Richtung Steinbruch. Dem Straßenverlauf dort in einer 180-Grad-Linkskurve abwärts zum Steinbruch folgen. Nach weiteren 600 Metern gelangt man zum Drehort.

Das Filmteam-Basislager war in nord-westlicher Richtung, 700 Meter vom Set entfernt (Otpremnistvo Ucka, GPS-Koordinaten des Basislagers: Breitengrad: N 45 19.054, Längengrad: E 14 09.628). Die Rat Pack drehte dort vom 10. bis 18. September 2015. Zwei Monate später erfolgten noch Detailaufnahmen durch die Second Unit.

Im Steinbruch nordwestlich der Straße stand die Brückenattrappe. Östlich der Straße spielten die Schienenszenen am Bahnhof Roswell. Hinter einem Tunnel folgten die Drehorte Dynamit-Hütte (links) und Brückenbaustelle, gefolgt von Tunnel 2 mit der Felswand und Tunneleinstellung.

Ab dem 10. September 2015, dem 20. Drehtag in Kroatien, wurde ab 8.30 Uhr am Motiv gefilmt. Der Shuttleservice-Zug, der auch für den Zubehör-Transport im Einsatz war, fuhr ab 7 Uhr. Die aus Ungarn stammende Eisenbahn war für die gleiche Zeit eingeteilt. Infolge des Steilhanges galt eine erhöhte Sicherheitsanforderung. Vor Ort waren die Schauspieler Wotan Wilke Möhring (Old Shatterhand), Oliver Masucci (Ugly Joe), Jürgen Vogel (Rattler), Slavko Sobin (als dessen Revolvermann) sowie Yu Fang (Chinese), Blaz Setnikar (Arbeiter) und Statisten als 35 Eisenbahnarbeiter (davon drei Stuntmänner), weitere acht Revolvermänner und zwei Zugführer.

Gedreht wurden die Szenen, in denen Old Shatterhand nach Rattler fragt und ihn dabei beobachtet, wie dieser die Arbeiter zur Eile anhält. Auch das Zünden des Dynamits stand auf dem Drehplan.

Besondere Vorsicht galt bei den Aufnahmen mit dem fahrenden Zug, für den Stuntmänner eingesetzt wurden. An diesem 10. September 2015 kam Schauspieler Rainer Bock (Bancroft) am Flughafen Rijeka an. Nik Xhelilaj (Winnetou) flog hingegen von Zagreb in seine damalige Wahlheimat Istanbul. Am Folgetag, 11. September 2015, musste Wotan Wilke Möhring vom Set zum Flughafen Rijeka, um nach Deutschland zu fliegen. Leider fiel an diesem Tag die ungarische Lokomotive durch einen technischen Defekt aus. Da ein notwendiges Ersatzteil fehlte, mussten die geplanten Szenen verschoben werden.

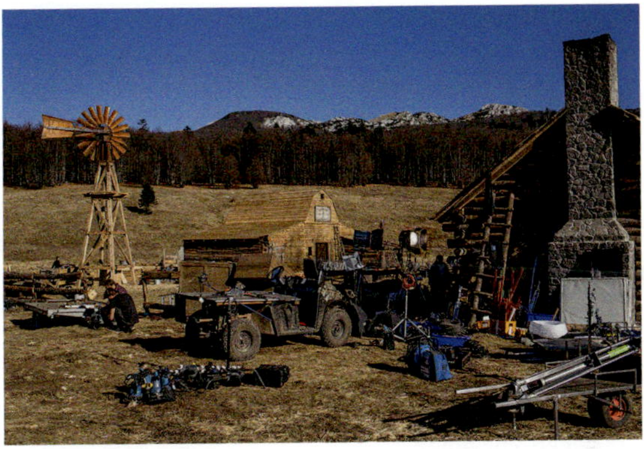

Old Shatterhands Farm bei Platak. In WINNETOU 2 stand auf der Wiese das Dorf der Assiniboins.

Old Shatterhands Farm

Im Hinterland von Rijeka im Grobnik polje stand schon in den 1960er-Jahren Butlers Farm (DER SCHATZ IM SILBERSEE), das Fort aus WINNETOU 2 und Baumans Ranch (UNTER GEIERN). Auch Reiterszenen aus der Eingangssequenz von DER SCHATZ IM SILBERSEE und aus WINNETOU 1 sowie WINNETOU 2 wurden dort gedreht, wie auch die malerischen Indianerdörfer in der oberhalb des Grobnik Tales gelegenen, früheren Skiregion Platak. Oberhalb des Assiniboins-Dorfes, in dem unter anderem Terence Hill am Marterpfahl schmachtete und sich in Karin Dor verliebte, steht ein Hotelgebäude.

Im Herbst, aber auch im Frühjahr, ist es in den Bergen Plataks oft neblig. Das erlebte auch das Team der Produktionsfirma RatPack. Es musste im Herbst 2015 auf starke Regenfälle und die dadurch verursachte Unterspülung des für Old Shatterhands Farm vorgesehenen Gebietes reagieren. Die Dreharbeiten wurden an jene Stelle verlegt, an der mehr als 50 Jahre zuvor das Assiniboins-Dorf in WINNETOU 2 (1964) stand.

Die Farm, auf der Old Shatterhand (Wotan Wilke Möhring) sich mit Nscho-tschi (Iazua Larios) niederlässt, sollte ursprünglich auf einem Feld bei Fuzine nahe der Westernstadt Roswell gedreht werden. Das Holzhaus für die Farm war bereits am ursprünglich geplanten Drehort errichtet worden.

Hier fand auch der Endkampf des dritten Teils der RTL-Neuverfilmung statt. Santer Jr. will sich das Öl auf Shatterhands Land aneignen und bezichtigt daher den Helden. Es kommt zum blutigen Finale. Der Ski-Lift, der sich auf der linken Seite befindet, musste bei den Dreharbeiten aus dem Bild gehalten werden.

Wer im Auto ein Navi hat, kann sich am Great Mountain Bed & Breakfast-Hotel Platak mit der Anschrift Platak 5, 51219 Platak/Kroatien, orientieren.

Nach wenigen Kilometern gelangt man in Platak zu den weiteren alten Indianerdörfer-Drehorten der Poncas (WINNETOU 2), der besonders idyllischen Schoschonen-Ansiedlung (UNTER GEIERN) und zum Lager der Kiowas aus WINNETOU 1. Hier befreite Lex Barker Pierre Brice vom Marterpfahl.

Apachen-Friedhof in Rujno oberhalb von Starigrad-Paklenica

Für den WINNETOU-Dreiteiler fanden die Filmemacher 2015 einen weiteren Höhepunkt. Die Crewmitglieder schwärmen von Rujno, einer Berglandschaft oberhalb der Ortschaft Starigrad-Paklenica. Eine Kapelle (Veliko Rujno), hoch im Velebit-Gebirge gelegen, ist an religiösen Feiertagen das Ziel der gläubigen Bevölkerung.

Es geht auf der Küstenstraße durch Starigrad-Paklenica in Richtung Rijeka. Mitten im Ort, wo links vor der Adria das Restaurant Marin steht, geht es direkt gegenüber rechts bergauf in Richtung Veliko Rujno. Auf der gegenüberliegenden Seite des Abzweiges beginnen sodann die Souvenir-Verkaufsstände an der Adria.

Filmcrew-Mitglied Andreas Schumann markierte die Drehorte in Rujno

Der Autofahrer muss auf dem steil nach oben führenden Weg aufpassen, damit ihm nicht die Reifen platzen. Den Filmemachern ist das passiert. Der Schotterweg mit Schlaglöchern und Steinen ist noch schlechter als der zum Tulove Grede. Doch

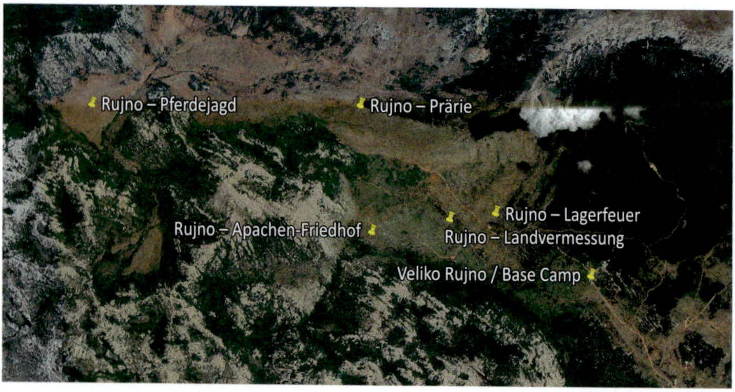

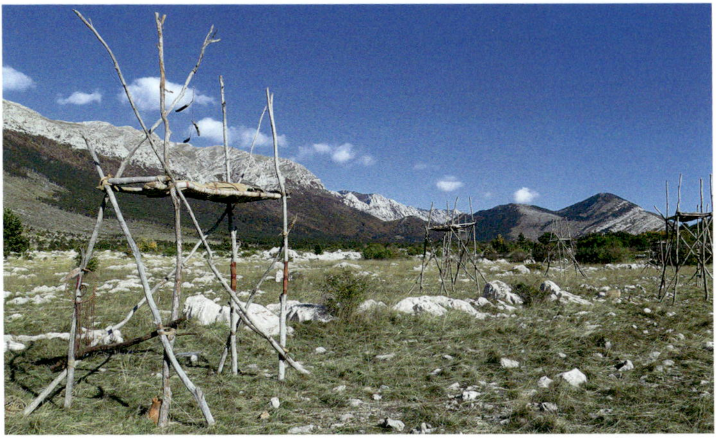

der Blick auf die Täler und Gebirgsformationen entschädigt für die Mühen. Auf dem Weg bergauf gibt es malerische Halteplätze mit Blick auf Starigrad, bizarre Felsformationen und die Adria. Die-Szenen auf dem Apachen-Friedhof, die in der RTL-Ausstrahlung zu sehen sind, werden sicher dafür sorgen, dass so mancher Filmfan künftig den Weg auf sich nehmen wird.

Gegenüber der Kapelle stand 2015 das Basislager der Filmcrew. Mit dem Allrad-Jeep ging es hinab ins Tal, das gegenüber

Der Apachen-Friedhof aus Beckers Winnetou-Trilogie

Winnetou-Dreharbeiten am 17.10.2015, Motiv: ‹Mexikanische Grenze›, Drehort: Zrmanja-Plateau

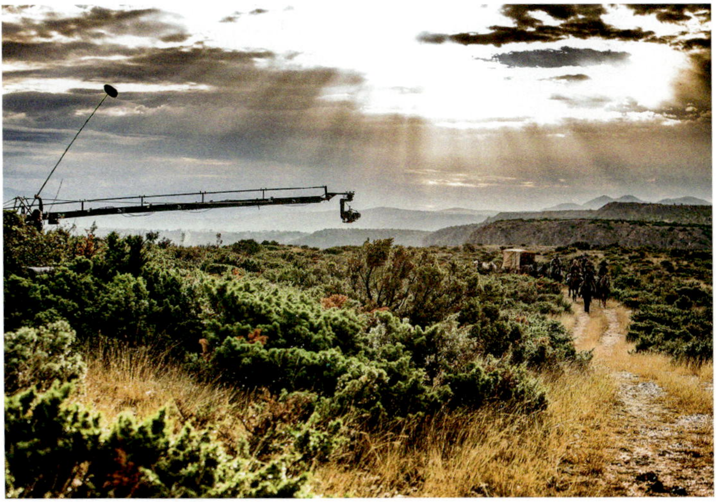

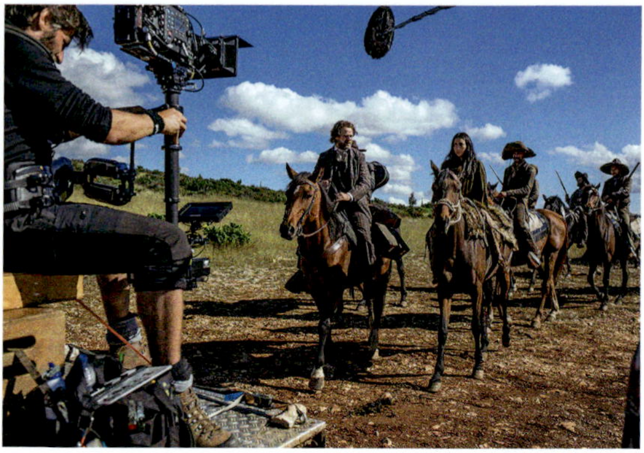

Dreharbeiten für Winnetou 2016 mit lazua Larios als Nscho-tschi (vorne rechts)

der Kapelle über eine Wiese zugänglich ist. Im mittigen Talbereich wurden Landvermesser-Szenen gedreht. Weiter links lag der Apachen-Friedhof. Mit etwas Glück sind dort noch heute Farben an den Steinen auszumachen. Zur rechten Seite des Tales drehte das Team Szenen am Lagerfeuer. In kurzer Entfernung wurden Prärie- und Reitszenen eingefangen, ganz am Ende des Tales wurden bildstark die Wildpferde gefangen.

Die Schleier-Fälle im Nationalpark Krka

Das Gebiet um die Schleier-Fälle war seit WINNETOU 1 ein wichtiger Drehort und wurde auch mehr als 50 Jahre später für die neuen Filme genutzt. Ursprünglich waren sie nicht als Drehort vorgesehen. Während der Arbeiten für den zweiten Teil, in dem es um die Suche nach dem Schatz im Silbersee geht, machte das schlechte Wetter dem eigentlichen Drehplan einen Strich durch die Rechnung. Der 24. September 2015 fiel durch Regen komplett ins Wasser. Für die folgende Woche waren Dreharbeiten am Zrmanja-Canyon und am Tulove Grede geplant. Eine von RTL vorgesehene Pressereise wurde infolge der schlechten Witterung verlegt. So wurden am eigentlich drehfreien Samstag, dem 26. September 2016, Einstellungen an den Schleier-Fällen gefilmt. Am Samstagabend feierte das Team dann in einer Konoba neben dem Hotel Alan ein «Bergfest» anlässlich der erfolgreich absolvierten ersten Hälfte der Dreharbeiten.

In WINNETOU – EINE NEUE WELT (RTL-Erstausstrahlung: Heiligabend 2016) probiert Nscho-tschi (Lazua Larius) die von Old

Shatterhand aus der Heimat mitgebrachte Schokolade («Leipzig gut») an den Schleierfällen.

Von Starigrad-Paklenica aus beträgt die Distanz zu den Schleier-Fällen circa 100 Kilometer, was einer Fahrzeit von knapp 70 Minuten entspricht. Die Filmemacher kehrten 2015 dorthin zurück, wo ab 1963 für WINNETOU 1, UNTER GEIERN (1964) sowie WINNETOU UND SHATTERHAND IM TAL DER TOTEN (1968) gefilmt worden war.

Bandidos-Camp in Mitrovici

Am 30. September 2015 fand von 15 Uhr bis spät in den Abend hinein ein sogenannter «Nachtdreh» im Camp der Bandidos statt. Das Set war in Zelengrad-Mitrovici, zwölf Kilometer hinter Obrovac, aufgebaut worden. Die Blutsbrüder treffen dort auf Sam Hawkens. Winnetou überwältigt einen Wächter. Vor der Kamera standen Nik Xhelilaj, Wotan Wilke Möhring, Milan Peschel, Iazua Larios, Emilio S. Moutaoukkil und sieben Apachen-Statisten. Auch Fahri Yardim, der im zweiten Teil der neuen Trilogie den Bösewicht El Mas Loco verkörpert, war am Set und führte sein Filmpferd entlang der markanten Felsen der Straße durch die Waldlichtung zum Set.

Von Starigrad-Paklenica war das Basislager 43 Kilometer und 50 Minuten Fahrzeit entfernt. Um es zu erreichen, fährt man wieder in Richtung Zadar / Autobahnauffahrt Maslenica. Nach Rovanjska biegt man unmittelbar vor dem Zugang zur Maut-Stelle nach links in Richtung Obrovac/Gracac ab. Nach weniger als zwei Kilometern geht es erneut nach links ab (Route wie

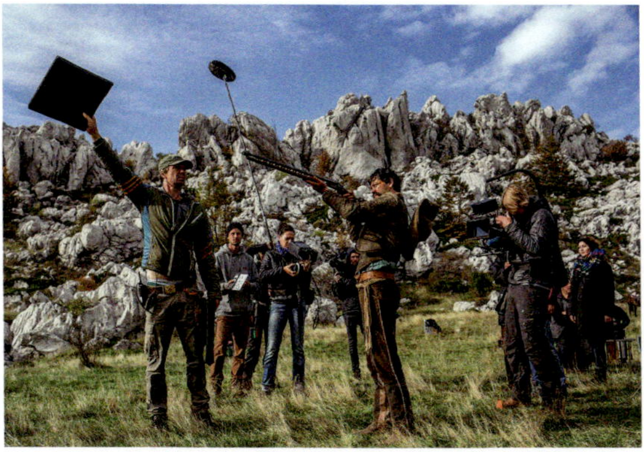

Nach über 50 Jahren wurde 2015 auch am Mali Alan für WINNETOU gedreht. 1963 nannte die WINNETOU 1-Filmcrew das Massiv «Mount Shatterhand»

zum Zrmanja-Canyon oder Tulove Grede). Man folgt der Hauptstraße 54 für elf Kilometer, biegt dann nach rechts in Richtung Obrovac ab, folgt der Straße bergab und biegt in Obrovac nach rechts über die Brücke in Richtung Zadar/Knin/Centar ab.

Hinter der Brücke geht es direkt auf der D27 links ab Richtung Sibenik/Knin/Zadar/Benkovac. Auf der rechten Seite steht ein Hotel.

Auf der D27 geht es drei Kilometer geradeaus. An der abknickenden Vorfahrt nach links in Fahrtrichtung Knin/Bruska/Medvida abbiegen. 300 Meter später geht es nach rechts ab. Dann zehn Kilometer weiter auf der Hauptstraße und links dem Schild «Mitrovici» folgend abbiegen. Die Straße verläuft im Ort abschüssig und auf beiden Seiten der Straße befinden sich eine Vielzahl sehr markanter Bodenfelsen, die der «Mondlandschaft» in der Region um Vrlika ähneln. Mitten im Ort standen während der Dreharbeiten die Produktionslastwagen und das Basislager am Straßenrand.

Auf dem Wanderweg (Obilazak) geht es nach rechts in die Waldlichtung. Nach einem Stück querfeldein (hier stand der Wagen der Firma Götterspeisen und servierte dem Filmteam die besten Steaks) geht es weiter auf einem Trampelpfad nach links. Etwa 200 Meter hinter dem damaligen Basislager an der Straße gelangt man zum Drehort. Schauplatz für die Aufnahmen war ein Talkessel, in dem Winnetou und Old Shatterhand auf Sam Hawkens treffen. Letzterer muss die Idee, selbst einen Teil des Schatzes im Silbersee für sich zu sichern, auf Ermahnung der Blutsbrüder aufgeben.

Oberhalb der Felswand befand sich starke Beleuchtung durch Scheinwerfer. Regisseur Philipp Stölzl, der für das Kino, Theater und die Oper sowie internationale Musikvideos (u.a. Madonnas «American Pie») inszeniert, erreichte während der Aufnahmen die Nachricht, dass er in der Kritikerumfrage der Fachzeitschrift *Opernwelt* als bester Bühnenbildner des Jahres 2015 für seine Opernarbeit «Cavalleria rustican / Pagliacci» an den Osterfestspielen Salzburg ausgezeichnet worden war.

Weitere Drehorte des Winnetou-Dreiteilers

Der neue Silbersee: Lake Visovac

Etwa 36 Kilometer flussabwärts der Krka-Quelle gelegen, stürzt sich die Krka in den Visovacer See. Dieser wurde für die WINNETOU-Neuverfilmung zum Silbersee und löste damit die Plitvicer

Seen aus DER SCHATZ IM SILBERSEE (1962) ab. Bekannt ist der See vor allem für das von Franziskanern gebaute Kloster auf der Insel Visovac. Dieses kann mit dem Boot vom Nationalpark Krka aus angefahren werden. Die Boote liegen am Steg nahe der Hauptfälle Skradinski buk.

Plateau im Umland des Krka-Nationalparks bei Malenice, Bristane Donje

Am 28. September 2015 drehte Regisseur Philipp Stölzl ab 9 Uhr auf einem Plateau oberhalb des Silbersees. In den Einstellungen wandern Winnetou, Old Shatterhand, Sam Hawkens und Nscho-tschi sowie Neke Bah mit einigen Apachen einen Felsenweg oberhalb des Sees hinauf und beobachten die Banditen. Sie hören dort einen Schuss. Die Desperados erreichen den Rand des Kraters und ihr Camp.

Neben Wotan Wilke Möhring (Old Shatterhand), Nik Xhelilaj (Winnetou) und Milan Peschel (Sam Hawkens) waren an diesem Drehort Iazua Larios (Nscho-tschi), Emilio S. Moutaoukkil (Neke Bah), Professor Spengler (Matthias Matschke und sein Stuntman), Fahri Yardim (El Mas Loco) sowie Carlo Ljubek (Bandit Ojo) im Einsatz.

Ab 8.30 Uhr wurden die Schauspieler vom Film-Basislager am Krka-Ufer (43°51'51.6"N 15 °57,40.7"E) zum Drehort gefahren.

Für die Anfahrt passiert man die Schleier-Fälle. Dort war für die Dreharbeiten eine Absperrung eingerichtet, sodass nur akkreditierte Personen Zugang erhielten. Die GPS-Koordinaten des Drehortes sind: Breitengrad: N43 52.821, Längengrad: E 15 58.749. Nach dem Passieren der Schleier-Fälle (Roski slap) ging es zum 35 Fahrminuten entfernten Basislager.

An einer T-Kreuzung mit Ausschilderung nach links Richtung Zadar und rechts nach Drnis / Roski Slap biegt man links ab in Richtung Zadar. Jetzt folgt man der Hauptstraße elf Kilometer und biegt in Richtung Visovac ab. Drei Kilometer später geht es in den Kreisverkehr. Diesen verlässt man mit der ersten Ausfahrt nach rechts. Nach weiteren zwei Kilometern erreicht man den Ortseingang Bristane Donje. Bei einer kleinen Steinmauer mit Parkmöglichkeit standen die Fahrzeuge. Zu Fuß geht es dann Richtung Wasser und von oben an den Krater der Krka.

Mrzla Vodica

Nordöstlich von Rijeka wurden in Mrzla Vodica an einer Uferstelle die Szenen im Land der Crow-Indianer und eine Kanufahrt inszeniert.

Alte Zuckerfabrik in Rijeka

Die ehemalige Zuckerfabrik Rikard Bencic in Rijeka wurde für den neuen Dreiteiler zum Gefängnis umgebaut. Im dritten Teil besucht Santer Senior (Mario Adorf) seinen dort einsitzenden Sohn Santer Junior. Die Filmcrew war beeindruckt von Mario Adorf, der schon 52 Jahre zuvor im damaligen Jugoslawien für WINNETOU 1 gearbeitet hatte. Adorf sang für das Team Lieder, die ihn an die guten Zeiten im Jahr 1963 erinnerten.

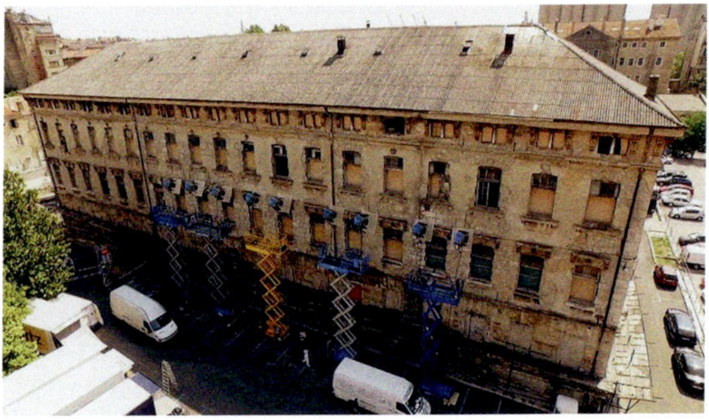

Die alte Zuckerfabrik in Rijeka während der Dreharbeiten.

Zum Auftakt des Dreiteilers steht Karl May im Immigration Office von Ellis Island. Auch diese Szene wurde in dem alten Fabrikgebäude gefilmt, ebenso eine Szene im Bahnbüro.

Im Schifffahrts- und Historischen Museum von Rijeka (Muzejski Trg 1, Rijeka 51000), dem ehemaligen Gouverneurspalast, entstand die Szene, in der Old Shatterhand im Haus der Eheleute Henry zu Abend isst. Die Gastgeber halten ihn für einen Gefangenen der Apachen und zeigen kein Verständnis für dessen Sympathien für die Indianer. Als diese hinzukommen und Old Shatterhand über Nscho-tschis Entführung berichten, macht er aus seiner Wandlung und der Zugehörigkeit zu den Apachen keinen Hehl mehr.

Zrmanja-Canyon

Der Zrmanja-Canyon war im Oktober 2015 ebenfalls Drehort. Die Sandbefestigung, die am Rande des Canyons zu sehen ist, stammt aber nicht aus dieser Verfilmung. Sie geht noch auf die

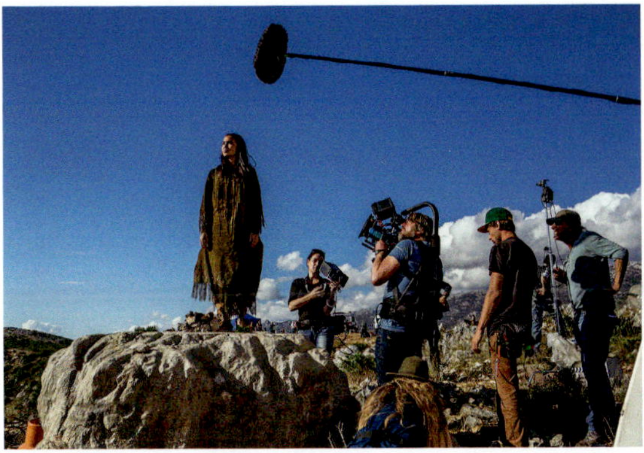

Zrmanja-Plateau. Iazua Larios (Nscho-tschi) auf einem Kunstfelsen in der Szene «Geisterbeschwörung» in Teil 2 von WINNETOU 2016. Gedreht wurde am 17.10.2015. Einst saßen dort in WINNETOU 1 (1963) Lex Barker und Pierre Brice am Lagerfeuer und Marie Versini brachte das Brennholz.

Marterpfahlszene aus der ARD-Komödie WINNETOUS WEIBER (2014) zurück. Mit diesem Film teilte der neue WINNETOU-Dreiteiler auch an den Drehort am Mali Alan /Tulove Grede zurück, der aus den alten Karl-May-Klassikern bekannt ist. Dort sitzt Nscho-tschi auf einem natürlichen Felsen. Durch eine rückseitige Leiter, die bis zur Felsenanhöhe reichte, wurde der erhöhte Punkt für die Dreharbeiten zugänglich gemacht.

Am 14.12.2016 erlebte Teil 1 der Trilogie eine feierliche Premiere im Berliner Delphi Filmpalast am Zoo

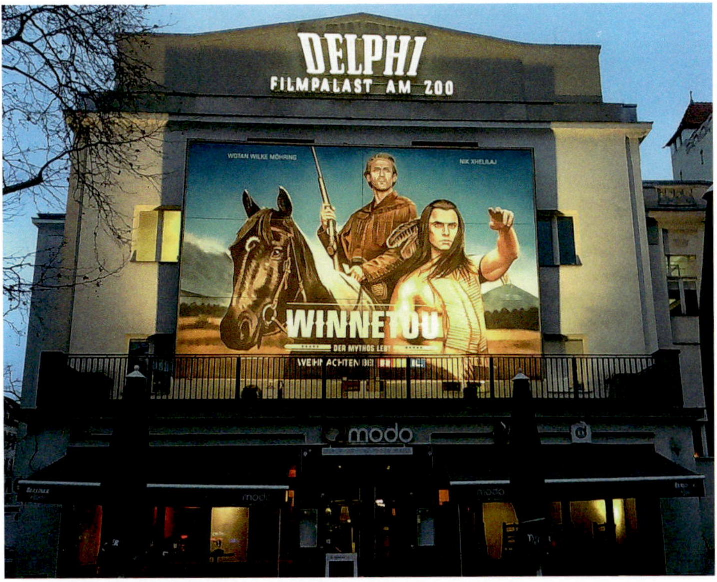

4 Dubrovnik: GAME OF THRONES

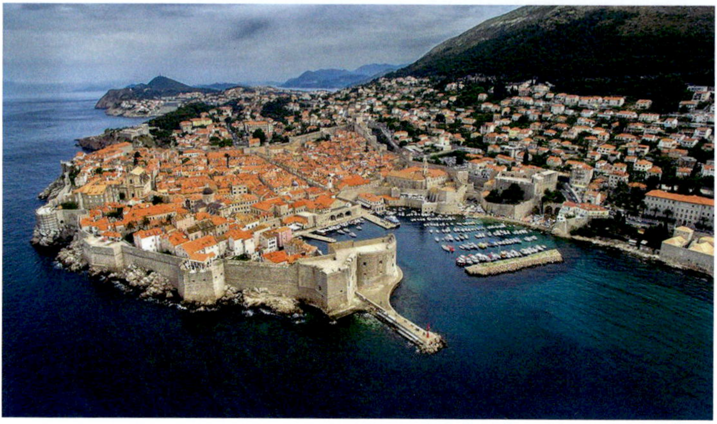

Stadtansicht von Dubrovnik

Deutsche Filmemacher haben Dubrovnik schon früh für sich entdeckt. So spielten Fred Bertelmann, Karin Dor und Chris Howland 1959 in der Musikkomödie DAS BLAUE MEER UND DU an der kroatischen Adria-Küste. Die ZDF-Weihnachtsserie JACK HOLBORN nutzte 1982 Dubrovnik und Trogir als Kulisse. Doch keine andere Produktion verhalf Dubrovnik zu so viel internationaler Aufmerksamkeit wie GAME OF THRONES. Die US-amerikanische Fantasyserie basiert auf George R. R. Martins Romanzyklus «Das Lied von Eis und Feuer». Sie erzählt vom Kampf mächtiger Adelshäuser um den Eisernen Thron von Westeros und von einer dunklen Gefahr, die jenseits der Mauer im eisigen Norden lauert und die Existenz der Sieben Königreiche bedroht.

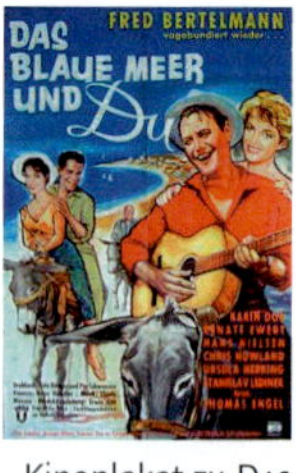

Kinoplakat zu DAS BLAUE MEER UND DU (1959)

Entstand die erste Staffel noch auf Malta, so richtete die Produktion ab 2011 die Hauptstadt Königsmund und die Wüstenstadt Qarth in den Festungsanlagen der Altstadt von Dubrovnik ein. Sie gilt als eine der schönsten im Mittelmeerraum und trägt im Volksmund den Beinamen «kroatisches Athen». Über Jahrhunderte war Dubrovnik eine unabhängige Stadtrepublik, die Handel mit großen Teilen Südosteuropas und den Mittelmeerstaaten betrieb. Die Stadtmauer ist fast zwei Kilometer lang und umfasst viele Wehrtürme und Festungen. Die UNESCO ernannte den historischen Stadtkern im Jahr 1979 zum Weltkulturerbe.

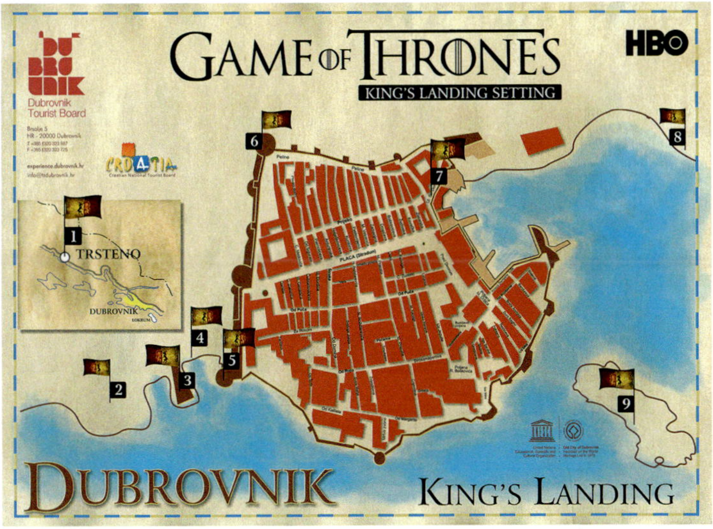

Das Dubrovnik Tourist Board erstellte für GAME OF THRONES-Fans diesen Plan.

Bürgermeister Andro Vlahusic, ein gelernter Arzt und ehemaliger Gesundheitsminister, bewies ein glückliches Händchen, als er die weltweit gefeierte Fernsehserie dauerhaft nach Dubrovnik lockte. Die treue Fangemeinde besucht die GAME OF THRONES-Stadt seither in Scharen, vergleichbar mit den HERR DER RINGE- und HOBBIT-Fans, die dank Peter Jacksons Trilogien in Scharen nach Neuseeland reisen. Manche Kritiker bemängeln, die Strategie des Bürgermeisters sei inzwischen zu erfolgreich. In Spitzenzeiten hat es die überschaubare Altstadt von Dubrovnik schwer, alle Besucher zu beherbergen und zu verpflegen.

Spezielle GAME OF THRONES-Touren, die in mindestens 1,5 Stunden zu den Drehorten in Dubrovnik und auf der Insel Lokrum führen, sind unter www.dubrovnik-tourist-guides.com oder www.viator.com buchbar. Doch die markanten Drehorte in der Altstadt und näheren Umgebung lassen sich auch bequem auf eigene Faust erkunden, zum Beispiel mit einem Stadtplan, den das Dubrovnik Tourist Board in englischer Sprache herausgegeben hat. Nachfolgend sind die wichtigsten Locations aufgeführt.

Die **Festung Lovrijenac**, vom 14. bis 16. Jahrhundert direkt an der Adriaküste erbaut, dient in GAME OF THRONES als Roter Bergfried, die Residenz des Königs. Die dreieckige Befestigungsanlage steht am westlichen Ende der Altstadt auf einem

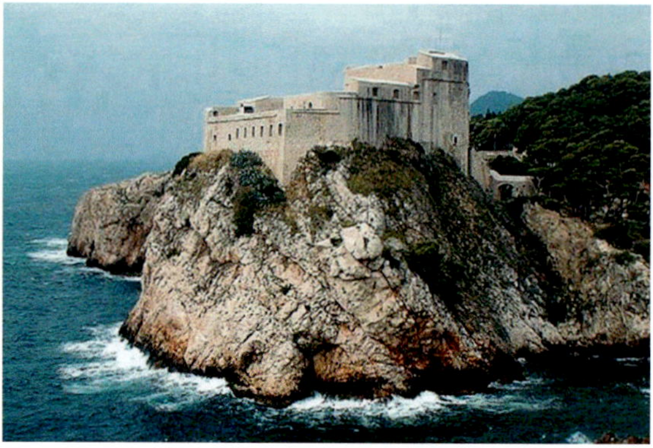

Die Festung Lovrijenac

37 Meter hohen Felsen und trägt den Beinamen «Gibraltar von Dubrovnik». Um angreifende Schiffe abzuwehren, wurden die Wände bis zu zwölf Meter dick gebaut. Zur Altstadt hin sind die Wände nur 60 Zentimeter dick. Auf dem Torbogen des Haupteingangs steht der Wahlspruch der Stadt Dubrovnik: «Non Bene Pro Toto Libertas Venditur Auro» («Für kein Geld der Welt verkaufen wir unsere Freiheit»).

Gegenüber der Festung Lovrijenac, nur 200 Meter entfernt, liegt der **Gradac-Park** mit malerischen Brunnenanlagen. Eine alte Steintreppe führt zur höchsten Stelle des Parks. Von dort aus bietet sich dem Betrachter ein traumhafter Blick auf die Adria und die roten Dächer der Altstadt. Die Hochzeitszeremonie von König Joffrey Baratheon (Jack Gleeson) und seiner Braut Lady Margaery Tyrell (Natalie Dormer) wurde zwar zu großen Teilen in der nordirischen Hauptstadt Belfast gedreht, doch einige Aufnahmen entstanden auch im Gradac-Park.

Das **Pile-Tor**, benannt nach dem früher wirtschaftlich wichtigen Stadtteil Pile, ist einer der Haupteingänge zur Altstadt

Szenen aus Jack Holborn (1982)

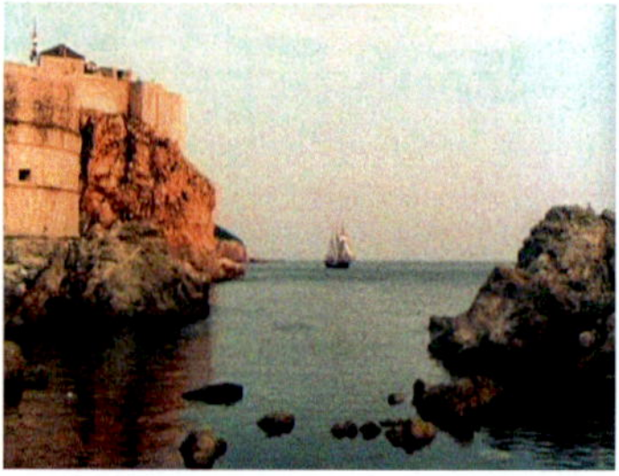

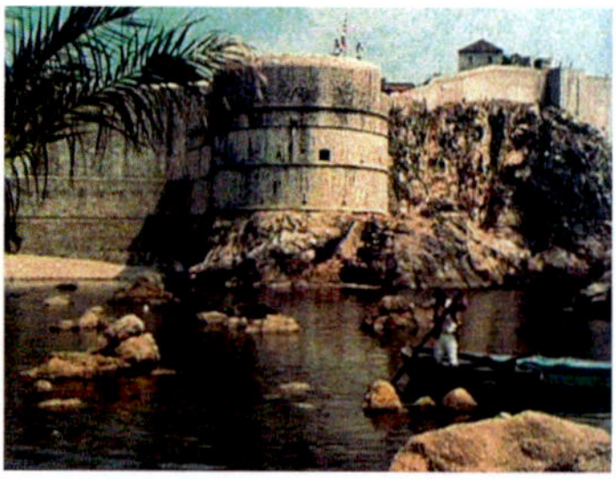

und befindet sich an deren westlicher Seite. Es besteht aus einem inneren und einem äußeren Tor. Der festungsähnliche Halbkreisturm diente als Kulisse für den Aufstand des hungernden Volkes gegen seinen König. Durch dasselbe Tor schritt auch Jaime Lannister (Nikolaj Coster-Waldau) bei seiner Rückkehr nach Königsmund. Drei Jahrzehnte früher wurden am Pile-Tor Szenen für die ZDF-Weihnachtsserie JACK HOLBORN (1982) mit Patrick Bach in der Titelrolle gedreht. Vom Pile-Tor gelangen Besucher durch einen kleinen Park zu einer **Bucht** vor den Toren der Altstadt. Dort verabschiedete sich in GAME OF THRONES die Königsfamilie Baratheon von Prinzessin Myrcella (Aimee Richardson), die

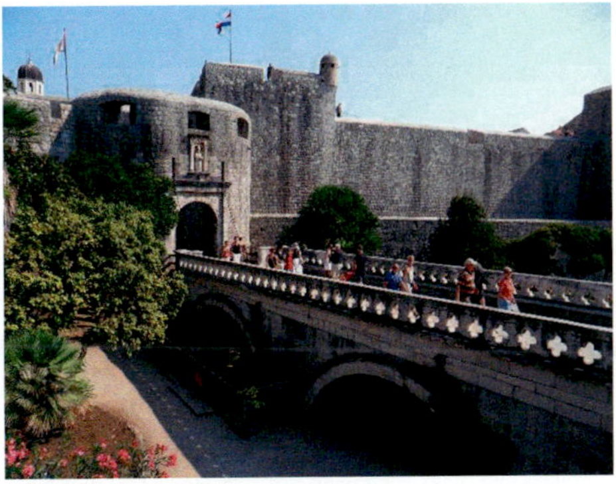

Das Pile-Tor

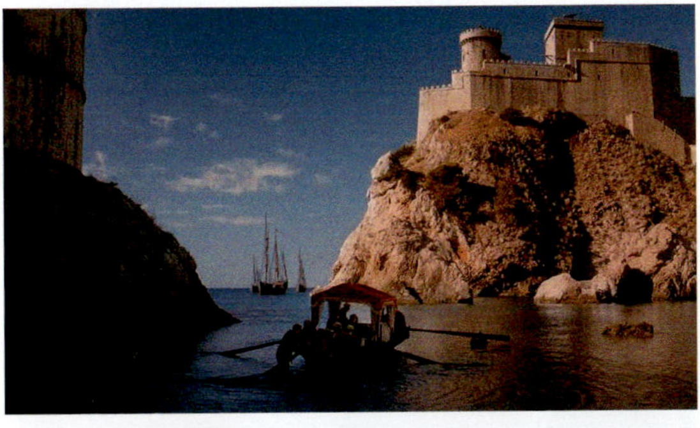

Die kleine Bucht in GAME OF THRONES

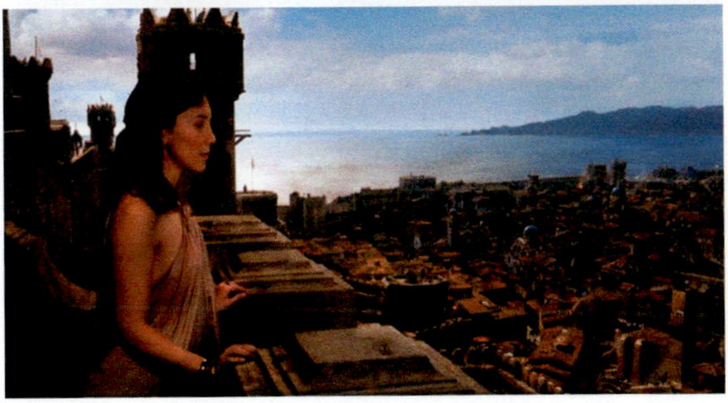

Die Stadtmauer (mit Sibel Kekilli als Shae) in GAME OF THRONES

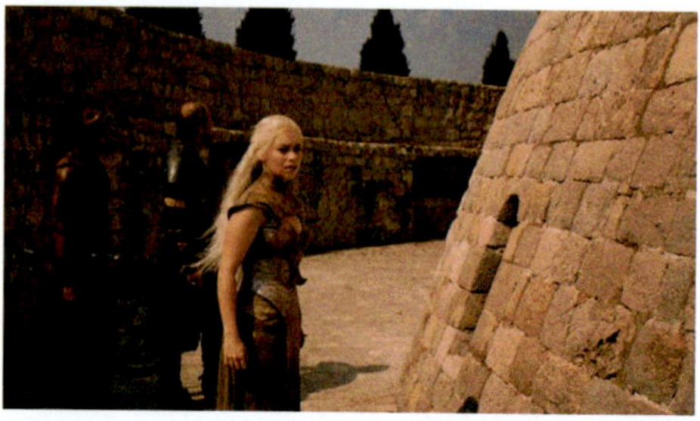

Der Minceta-Turm mit Daenerys Targaryen (Emilia Clarke) in Game of Thrones

zwecks Heirat in die Region Dorne gebracht wird.

Die 1940 Meter lange **Stadtmauer**, eines der besterhaltenen mittelalterlichen Befestigungssysteme Europas, bietet den Besuchern einen grandiosen Blick auf die Altstadt von Dubrovnik. Den Game of Thrones-Produzenten war die Realität offenbar nicht spektakulär genug. Als die Prostituierte Shae (Sibel Kekilli) von dieser Mauer auf die Hauptstadt Königsmund schaut, sieht der Zuschauer ein digital erweitertes Dubrovnik mit zusätzlichen Türmen und Häusern. Der **Minceta-Turm** ist der höchste Punkt der Stadtmauer. Der Rundturm mit seinen bis zu sechs Meter dicken Mauern diente in Game of Thrones als Haus der Unsterblichen. Daenerys Targaryen (Emilia Clarke), die «Mutter der Drachen», umrundete ihn am Ende der zweiten Staffel auf der Suche nach dem Eingang, um ihre Drachen aus den Händen der Hexenmeister von Qarth zu befreien. Auch die Festung Bokar, die im 15. Jahrhundert zur Verteidigung des Pile-Tores gebaut wurde, doubelte in der Serie einen Teil von Königsmund.

Der **Rektorenpalast**, in dem einst der Gouverneur von Dubrovnik im Zentrum der Altstadt residierte, diente in Game of Thrones als Haus des reichen Gewürzkönigs von Qarth. Eine der berühmtesten Szenen der Serie, in der Cersei Lannister (Lena Headey) nackt den «Gang der Schande» antreten muss, entstand auf der **Barocktreppe** vor der Jesuitenkirche St. Ignatius in Dubrovnik. Bevor die

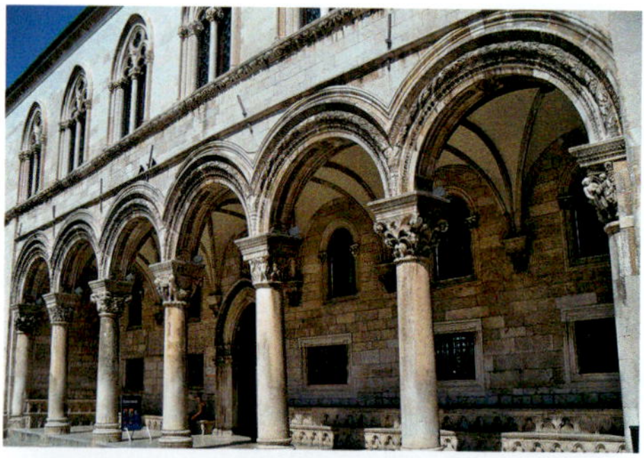

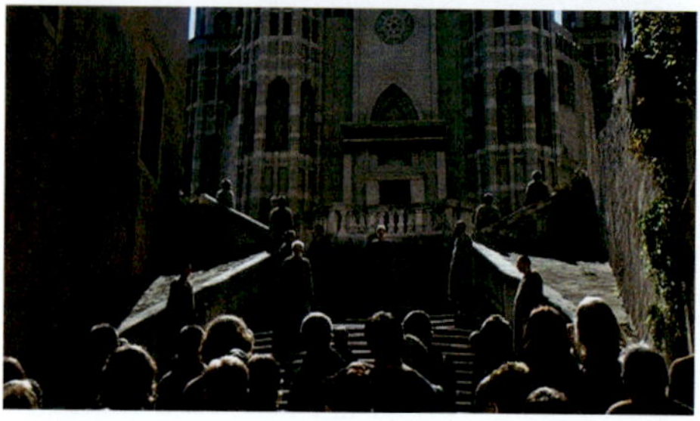

Der Rektorenpalast (oben), die Barocktreppe der Jesuitenkirche St. Ignatius (unten) in Game of Thrones

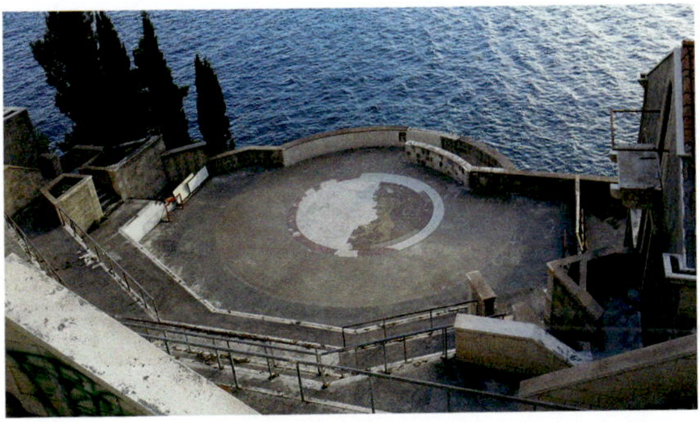

Open-Air-Bühne des zerfallenen Hotels Belvedere

Kameras liefen, waren viele Verhandlungen nötig, weil Kirchenvertreter gegen die freizügigen Bilder mobil gemacht hatten.

Ein halbstündiger Fußmarsch führt von der Altstadt hinaus zur Ruine des **Hotels Belvedere**, das an einem Hang an der Küste liegt. Das ehemalige Fünf-Sterne-Haus war erst wenige Monate alt, als es 1991 bei einem Angriff zerstört wurde. Heute gehört die Ruine dem russischen Multimilliardär Viktor Vekselberg, der sie restaurieren und in altem Glanz wiedereröffnen will. Zur heruntergekommenen Hotelanlage gehört eine kreisrunde Open-Air-Bühne vor der blauen Naturkulisse der Adria. In der vierten Staffel von GAME OF THRONES wurde die Bühne zur Arena für den Zweikampf zwischen Prinz Oberyn Martell (Pedro Pascal), genannt die Rote Viper, und Ritter Gregor Clegane (Ian Whyte), genannt Der Berg.

Auf der **Insel Lokrum**, die von Dubrovnik in 15 Minuten per Boot erreichbar ist, locken Drehorte wie der Botanische Garten und das ehemalige Benediktinerkloster. Gleich nach der An-

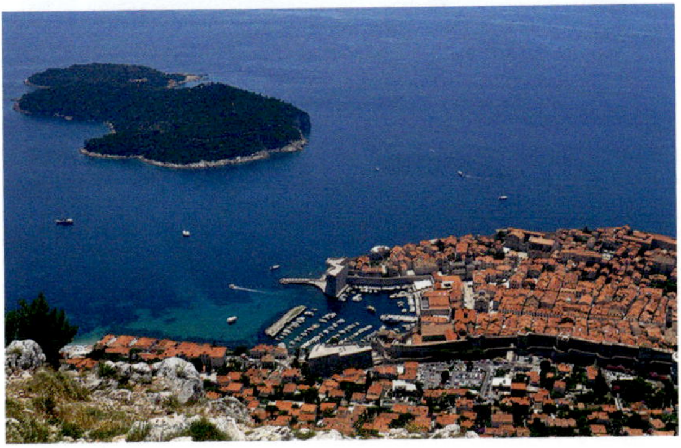

Die Insel Lokrum liegt 630 Meter vor Dubrovnik

kunft erhalten Besucher einen Inselplan in englischer Sprache, der auch zu den Orten führt, die in der Serie als Wüstenstadt Qarth genutzt wurden. Im Juli 2015 wurde im Botanischen Garten ein kleines Museum eröffnet, das den Serienfans einen Eisernen Thron bietet. Die Insel Lokrum ist nur 630 Meter von Dubrovniks altem Hafen entfernt, weshalb viele Kroaten die kurze Distanz schwimmend überwinden. Touristen sollten lieber auf Boote setzen, die zwischen April und Oktober im Halbstundentakt das Festland mit der Insel verbinden.

Die Szenen in den opulenten Gärten des Roten Bergfrieds wurden im Arboretum von **Trsteno** gedreht, einer der ältesten von Menschenhand gepflanzten Baumsammlungen der Welt. Da Trsteno 18 Kilometer nordwestlich von Dubrovnik liegt, ist der Drehort vieler GAME OF THRONES-Szenen nur mit dem Auto oder Bus erreichbar. Der Park, dessen Wurzeln bis 1492 zurückreichen, bietet auf 28 Hektar mehr als 400 verschiedene Pflanzenarten, darunter viele exotische und einheimische Bäume.

Wer sich von Dubrovnik auf den Weg nach Split macht, um die dortigen Drehorte von GAME OF THRONES zu besichtigen, kann einen Halt in der Kleinstadt **Ston** einplanen. Dort steht eine dreieinhalb Kilometer lange Steinmauer aus dem 14. Jahrhundert. Sie gilt als die längste Festungsmauer Europas und diente ebenfalls als Kulisse für Königsmund. Ein Besuch dieser Mauer lässt sich mit einem Abstecher zu den Salzgärten der Region verbinden. Sie wurden von den Römern angelegt und werden bis heute genutzt. Das Salz war zeitweise eine der wichtigsten Einnahmequellen für die Region um Dubrovnik.

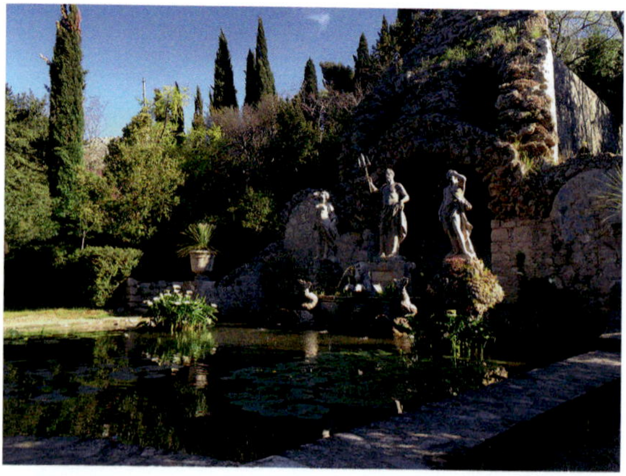

Trsteno

Von den guten Erfahrungen der GAME OF THRONES-Produzenten in Dubrovnik ließ sich auch Tom Fontana inspirieren. Das Mastermind hinter der französisch-deutsch-italienisch-tschechischen Fernsehreihe DIE BORGIAS ging für die Außenaufnahmen der dritten Staffel unter anderem nach Dubrovnik. «In Tschechien sind uns langsam die Schlösser und Festungen ausgegangen», sagte Fontana im Januar 2014 in einem Interview am Set. Die Innenaufnahmen waren zuvor erneut in den Prager Filmstudios Barrandov entstanden.

Rund um die Festung Lovrijenac, den Rektorenpalast und das Pile-Tor wurden die neuen Sex-und-Gewalt-Geschichten des spanischen Borgia-Clans aus dem 15. Jahrhundert gedreht. Auch die Insel Lokrum und das Arboretum von Trsteno, beide bekannt aus GAME OF THRONES, dienten als Kulissen. Von Dubrovnik aus zog das Filmteam nach Pula und Pazin weiter, außerdem wurde am Eingangstor des Kastells Morosini-Grimani im Dorf Svetvinčenat in Istrien und auf der Insel Pag in Norddalmatien gedreht. BORGIAS-Produzent Rick McCallum hatte zuvor schon gute Erfahrungen in Kroatien gemacht, als er das von George Lucas produzierte Weltkriegsdrama RED TAILS (2012) über eine schwarze Piloteneinheit betreute. Die Luftkämpfe wurden unter anderem in Istrien inszeniert.

Selbst Bollywood wurde auf Dubrovnik aufmerksam. Als erste indisch-kroatische Co-Produktion nutzte der Thriller FAN (2016) mit Indiens Superstar Shah Rukh Khan in der Hauptrolle die Altstadt als Kulisse für eine Verfolgungsjagd. Sie führte per Motorrad durch den alten Hafen und zu Fuß über die roten Ziegeldächer. Erzählt wird die Geschichte des Psychopathen Gaurav Chadana (Shah Rukh Khan), der als Imitator seines Bollywood-

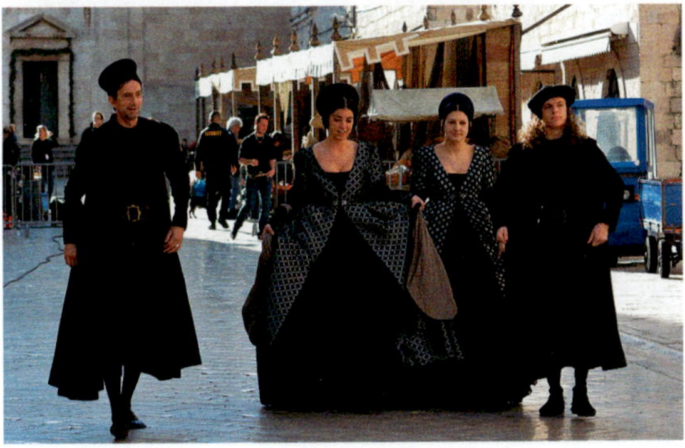

Dreharbeiten zu DIE BORGIAS

Idols Aryan Khanna (ebenfalls Shah Rukh Khan) immer mehr in dessen Rolle schlüpft, bis er schließlich die Karriere und das Leben des Superstars zu zerstören droht. Dubrovnik diente ausnahmsweise nicht als Kulisse für einen historischen Ort aus vergangenen Zeiten, sondern war als Jetset-Urlaubsziel der Gegenwart zu sehen. Die Dreharbeiten fanden im März 2015 statt und dauerten neun Tage. Das Filmteam wohnte im Hotel Valamar. Im April 2016 startete FAN in 3500 indischen Kinos. Schon im darauffolgenden Sommer stieg die Zahl indischer Touristen merklich an.

Im März 2016 wurden Teile der Altstadt von Dubrovnik für ein Filmprojekt mit dem Arbeitstitel «Space Bear» gesperrt. Schnell sickerte durch, dass es sich dabei um den Decknamen für STAR WARS – EPISODE VIII: DIE LETZTEN JEDI handelte, diesmal unter der Regie von Rian Johnson. Trotz der hohen Sicherheitsmaßnahmen gelangten viele Setfotos und Videos ins Internet. Zu den Hauptdrehorten zählte die 300 Meter lange Flaniermeile Dubrovniks, der **Stradun**. Die Fassaden der Geschäfte, Cafés und Restaurants auf beiden Straßenseiten wurden mit

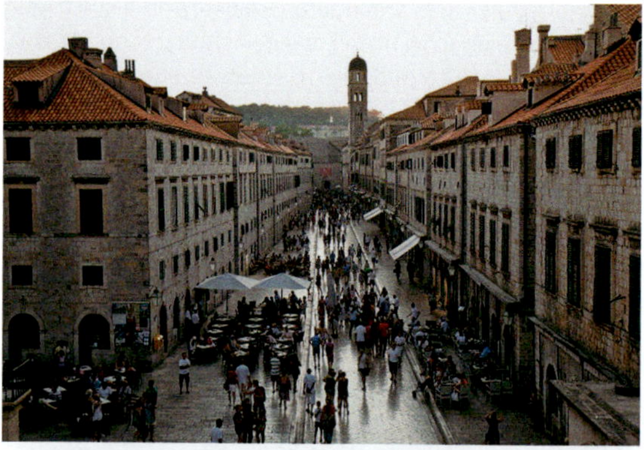

Dubrovniks Flaniermeile Stradun

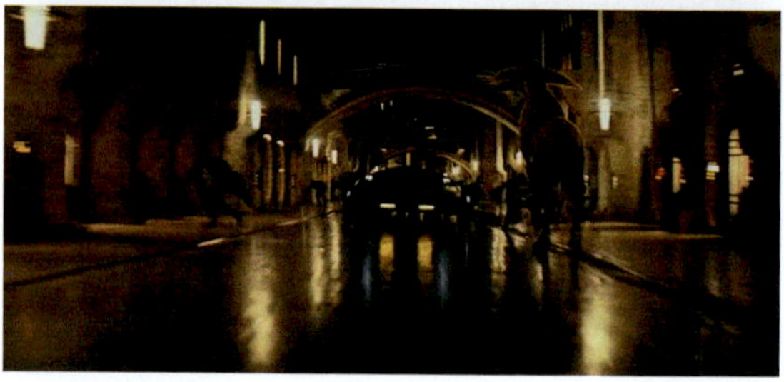

Stradun in STAR WARS – EPISODE VIII: DIE LETZTEN JEDI

hervorstehenden, abgerundeten Fensterrahmen und futuristischen Requisiten versehen. Beim Filmstart im Dezember 2017 wurde dann deutlich, dass Dubrovnik für eine Nebenhandlung zur berüchtigten Spielstadt Canto Bight auf dem Wüstenplaneten Cantonica umgerüstet worden war. Finn (John Boyega), Rose (Kelly Marie Tran) und der Droid BB8 werden nach einer Verfolgungsjagd verhaftet und treffen im Gefängnis auf den Codeknacker«DC» (Benicio del Toro).

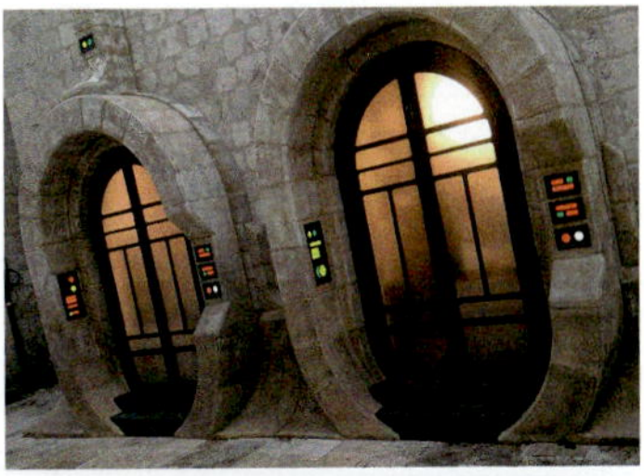

Kulissen für STAR WARS – EPISODE VIII: DIE LETZTEN JEDI

Im Juni 2016 fanden rund um die Festung Lovrijenac Dreharbeiten für die zehnteilige Fernsehserie KNIGHTFALL statt. Auftraggeber war der US-Sender History Channel, der nach dem Erfolg seiner Serie VIKINGS ein neues historisches Thema umsetzte. Zu den Produzenten gehört der Schauspieler Jeremy Renner, der auch eine Gastrolle übernahm. Die Hauptrolle des Sir Landry, Anführer der Tempelritter, die im Jahr 1307 den Heiligen Gral suchen, spielt Tom Cullen. Ein Großteil der Dreharbeiten fand zuvor in den Barrandov Studios in Prag statt, aber für die Außenaufnahmen wurden die historischen Mauern von Dubrovnik verwendet. Unterstützt von historischen Segelschiffen wurde der Angriff der Tempelritter auf die Inselfestung Aruad an der syrischen Küste nachgestellt.

Anfang 2017 drehte Regisseur Otto Bathurst in Dubrovnik Szenen für seine actionreiche Interpretation der ROBIN HOOD-Geschichte. Taron Egerton spielt darin den jungen Robin, Jamie Foxx dessen Lehrmeister Yahya und Eve Hewson, die Tochter von U2-Sänger Bono, ist als Maid Marian zu sehen.

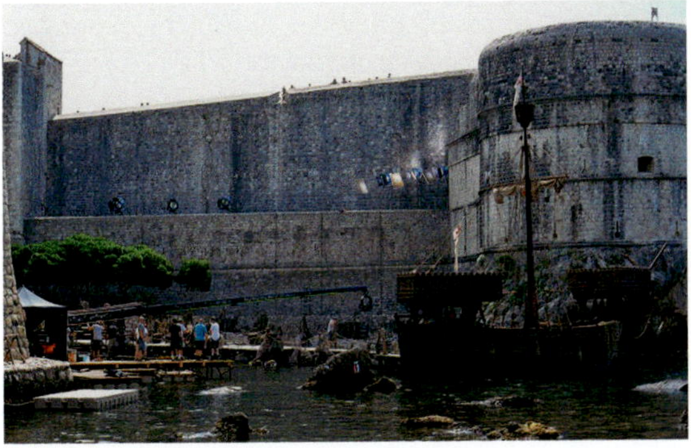

Für KNIGHTFALL wurde Dubrovnik zur Inselfestung Aruad an der syrischen Küste. Mit ihr fiel einst der letzte Außenposten der Kreuzfahrer an die muslimischen Mamelucken.

5 Senj: Die rote Zora

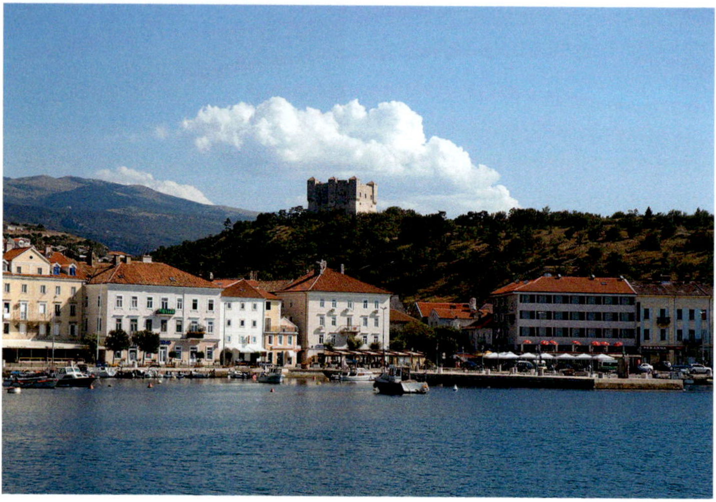

Stadtansicht von Senj mit der Burg Nehaj

Zwischen Rijeka und Zadar liegt die kleine Hafenstadt Senj. Das deutsche Publikum kennt den 7200-Einwohner-Ort an der Adria-Küste durch die Jugendserie Die rote Zora und ihre Bande (1979), basierend auf dem gleichnamigen Roman von Kurt Held (1897–1959). Der deutsche Schriftsteller, der im Schweizer Exil lebte, bereiste im Sommer 1940 Jugoslawien. Nur weil er krank wurde, verlängerte er den Aufenthalt im unscheinbaren Senj. Dort beobachtete er obdachlose Waisenkinder, die sich zu einer Bande zusammengeschlossen hatten. Angeführt von einem rothaarigen Mädchen, stahlen und erbettelten sie Lebensmittel, die sie in ihrem Versteck oberhalb von Senj, in der Burgruine Nehaj, untereinander aufteilten. Die Bürger der Stadt behandelten die Kinder wie Aussätzige, doch Kurt Held war von ihnen beeindruckt. Der Autor, der bürgerlich Kurt Kläber hieß und überzeugter Kommunist war, siedelte die Handlung seines Romans in Senj an und setzte den Waisenkindern ein literarisches Denkmal.

Der zwölfjährige Branko wird durch den Tod seiner Mutter zur Vollwaise und soll bei seiner Großmutter, der Hexe Kata, leben. Sie jagt ihn aber fort und befiehlt ihm, sich allein durchs Leben zu schlagen. Nach einem vermeintlichen Diebstahl auf dem Fisch-

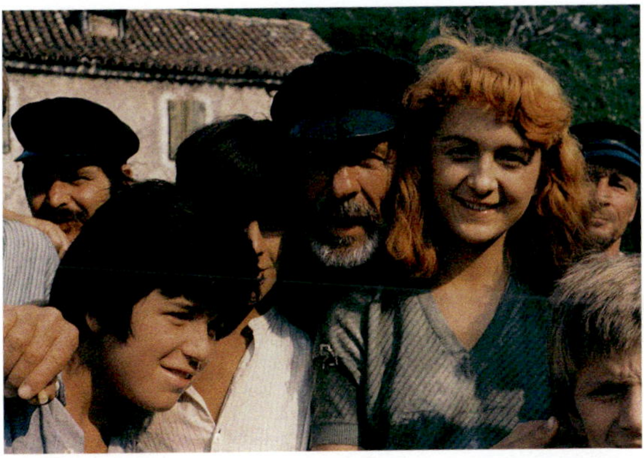

DIE ROTE ZORA UND IHRE BANDE (1979)

markt muss Branko ins Gefängnis. Doch die rote Zora und ihre Bande helfen ihm bei der Flucht. Branko schließt sich Zora, Nikola, Duro und Pavle an. Als einziger Beschützer der Waisenkinder erweist sich der alte Fischer Gorian, dem die Bande im Gegenzug beim Kampf gegen die großen Fischgesellschaften hilft.

Der Roman wurde im Kriegsjahr 1941 erstmals in der Schweiz verlegt und erzielte Rekordauflagen – auch wenn Pädagogen warnten, das Buch sei subversiv und verherrliche kommunistisches Gedankengut. 1979 verfilmte Regisseur und Autor Fritz Umgelter den Roman als 13-teilige Serie. Die deutsch-schweizerisch-jugoslawische Co-Produktion wurde weitgehend in Senj gedreht. Das ZDF strahlte DIE ROTE ZORA UND IHRE BANDE 1980 aus und fesselte eine ganze Generation von jungen Zuschauern: Vor allem die Mutprobe, bei der jedes neue Bandenmitglied ein Messer in schneller Abfolge zwischen die gespreizten Finger stechen muss, wurde auf Schulhöfen in ganz Deutschland nachgespielt.

Besucher von Senj erhalten im örtlichen Tourismusbüro oder auf der Burg Nehaj einen Prospekt, der in kroatischer, englischer und deutscher Sprache zu den wichtigsten Drehorten der Serie führt.

Die zentrale **Burg** wurde im Jahr 1558 im Auftrag des Kapitäns Ivan Lenkovic auf dem **Berg Nehaj** errichtet. Er ließ Kirchen, Klöster und weitere Gebäude außerhalb der Stadtmauern abreißen, um Baumaterial für die Festung zu erhalten. Sie war Hauptsitz der Uskoken, einer militärischen Gemeinschaft von mehrheitlich katholischen Kroaten, die durch die Osmanen aus ihren angestammten Gebieten vertrieben worden waren.

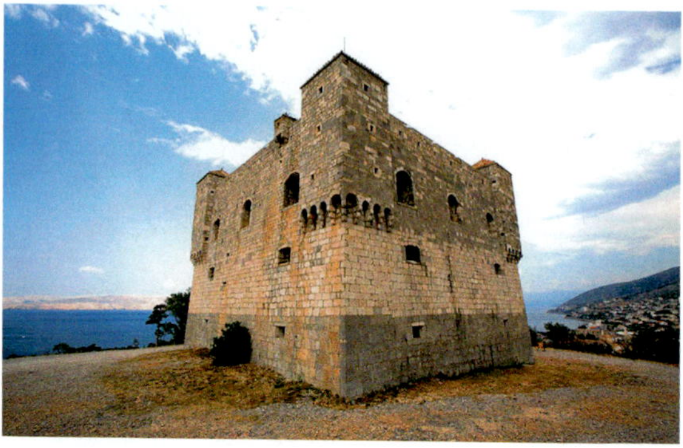

Die Burg Nehaj

Der Legende nach überfielen die Uskoken osmanische und venezianische Handelsschiffe und teilten die Beute mit dem ärmeren Teil des Volkes. Die Bande der roten Zora nannte sich ebenfalls Uskoken, als Verneigung vor dem Mut und dem Zusammenhalt der historischen Seefahrer.

Die **Burg Nehaj** ist heute in staatlichem Besitz und wurde umfassend restauriert. Sie gehört zum Museum von Senj und dokumentiert auf drei Etagen die Geschichte der Uskoken. Die rote Zora wird mit keinem Wort erwähnt. Denn weder das Jugendbuch noch die Serie sind in Kroatien allzu bekannt. Zwar lief die Serie im jugoslawischen Fernsehen, doch da sie auf Serbisch synchronisiert war, stieß sie in Senj und im Rest Kroatiens auf wenig Interesse. Deutsche Fans der Serie dürfte der Brunnen im schmalen Burghof interessieren. Die Kinder schliefen neben ihm, bis sie später in den Westturm zogen.

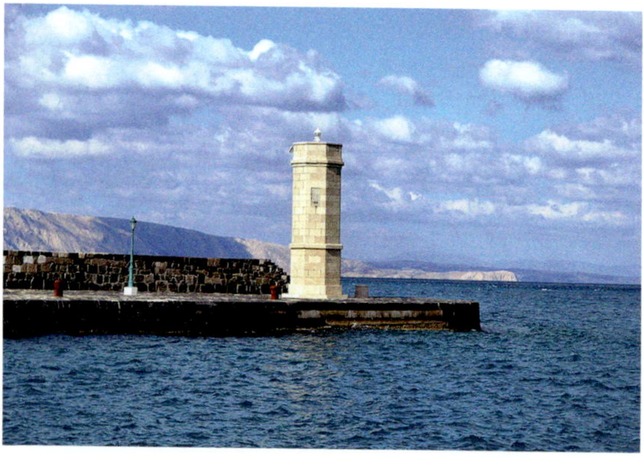

Senjs Hafen mit Leuchtturm

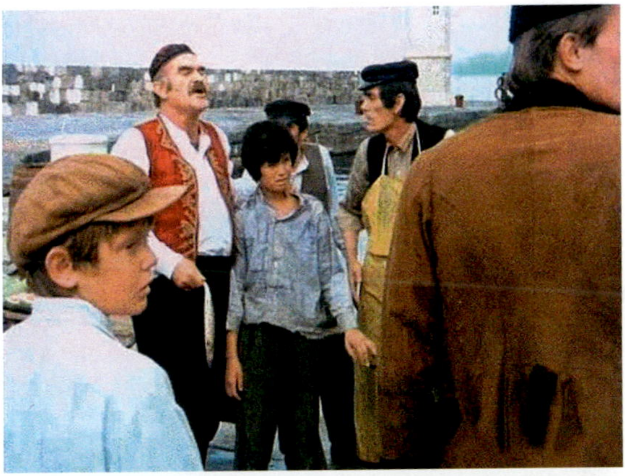

Die rote Zora und ihre Bande (1979): der Hafen mit Leuchtturm …

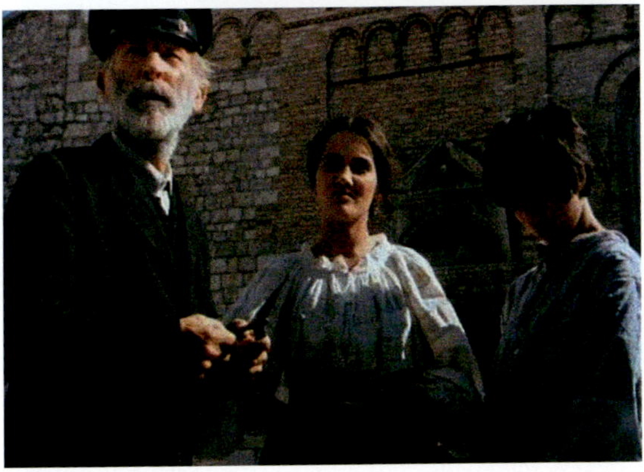

… und die Fassade der Kathedrale

Der Rundgang durch Senj beginnt am **Hafen, mit dem markanten Leuchtturm** im Hintergrund. Hier stand in der Serie der Markt, auf dem Branko zu Unrecht des Diebstahls beschuldigt wurde. Das Gefängnis, in das er gebracht wurde, war in der Gendarmerie in der heutigen Uskokenstraße (Uskocka ulica), ganz in der Nähe der ehemaligen Kirche des heiligen Franziskus. Nur ihr Glockenturm hat die Bomben im Kriegsjahr 1943 überstanden. Erhalten blieb dagegen die **Kathedrale** von Senj. In der Serie erfährt Branko hier vom Tod seiner Mutter.

Der zentrale Platz von Senj, der Cilnica-Platz, war eines der Hauptmotive der Serie. Der klassizistische Stadtbrunnen, in dem sich Zora und ihre Bande wuschen, ist heute schlecht zu fotografieren, da er von vielen Autos zugeparkt wird. Das ehemalige Hotel Zagreb, in dem Branko die Musikanten nach dem Verbleib seines Vaters fragt, ist heute ein Restaurant in direkter Nähe zum Hafen. Auch auf dem Dvorac-Platz drehte Fritz Umgelter viele Szenen. Hier stand die Backstube des Bäckers Curcin, der den Waisenkindern die nicht verkauften Waren vom Vortag schenkte.

Im Stadtpark von Senj lieferte sich die Bande eine Schlägerei mit den überkandidelten Gymnasiasten. Der Faustkampf dehnte sich bis zum alten Stadttor aus. Es stammt aus dem Jahr 1779 und markiert den letzten Punkt der «Josephinen-Straße». Neben der Aufschrift «Josephinae finis» ist dort auch die Entfernung nach Karlovac, Zagreb und Wien in germanischen Meilen angegeben.

Obwohl die rote Zora Gefallen an Branko findet, hat der Junge nur Augen für die blonde Tochter des Bürgermeisters. Mit Zlata schwimmt er im Senjer Stadtbad Banja, das inzwischen einem modernen Badeplatz gewichen ist. Auf halbem Weg zwischen Banja und Hafen befindet sich der Eingang zum Stadtgraben, der bis heute zur Entwässerung dient. Zoras Bande entkam durch diesen Graben den Gendarmen Begovic und Dordevic. Branko und Zlata schwammen auch bis zur vorgelagerten Insel Lisac.

Die Schönheit der Natur zeigt sich in der Bucht Duboka, in der Regisseur Fritz Umgelter den Kampf mit der Riesenkrake in Szene setzte, aber auch den gutmütigen Gorian beim Thunfischfang zeigte. Die Bucht befindet sich fünf Kilometer südlich von Sveti Juraj. Die Überreste von Gorians Haus und einer alten Mühle sind noch heute in der Bucht zu sehen.

Lidija Kovačević, die mit 16 Jahren die rote Zora spielte, ist heute Direktorin eines privaten Gymnasiums in Serbiens Hauptstadt Belgrad. Mit etwas Glück treffen Fans der Serie aber noch Statisten und Nebendarsteller in Senj. So spielte zum Beispiel Damir Vukelic, der einen Friseursalon am Pavlinskiplatz betreibt, den jüngeren Bruder der schönen Zlata. Weil Vukelic sportlich war, sprang er in gefährlichen Szenen auch als Stuntdouble für die rote Zora ein. Die Serie hat er in den 1980er-Jahren gesehen, als deutschsprachige VHS-Kassetten in Senj kursierten. Den deutschen Kinofilm DIE ROTE ZORA (2008) boykottiert er aber schon allein deshalb, weil Regisseur Peter Kahane ihn in Montenegro drehte. Das heutige Senj erschien den Produzenten zu modern, daher wichen sie mit der roten Zora (Linn Reusse) und dem Fischer Gorian (Mario Adorf) auf den Küstenort Perast in Montenegro aus.

6 Zagreb: Kroatiens Hollywood

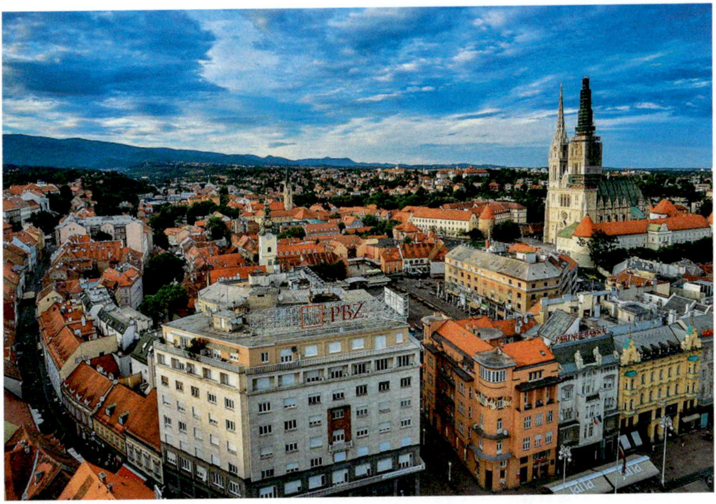

Stadtansicht von Zagreb

Am 25. Juni 1991 rief das kroatische Parlament die Unabhängigkeit Kroatiens aus und erklärte Zagreb zur Hauptstadt. Dreieinhalb Monate später griff die Jugoslawische Volksarmee die Stadt an. Beim Abwurf von Streubomben wurde die Innenstadt im Mai 1995 stark beschädigt, sieben Menschen starben, weitere 214 wurden verletzt. Der Krieg lähmte auch die Arbeit in den Jadran-Filmstudios von Zagreb.

Bis zum Ausbruch des Krieges gehörten die 1946 gegründeten Jadran-Filmstudios zu Jugoslawiens führenden Studios. Zwischen 1960 und 1990 war das Unternehmen an 124 einheimischen Produktionen und 145 internationalen Co-Produktionen beteiligt. Horst Wendlandts Rialto-Film kooperierte in den 1960er-Jahren mit Jadran-Film, um die Karl-May-Abenteuer zu verfilmen. Artur Brauners CCC Filmkunst arbeitete für die Konkurrenz-Filme mit Avala-Film in Belgrad zusammen.

Die ersten internationalen Co-Produktionen mit Jadran-Film waren italienische Billigfilme mit biblischen Themen. DAVID UND GOLIATH (1960) bot einen prominenten Gastauftritt von Orson Welles in der Rolle des Königs Saul. Die Italiener brachten Geld und Fachwissen nach Zagreb. Immer mehr

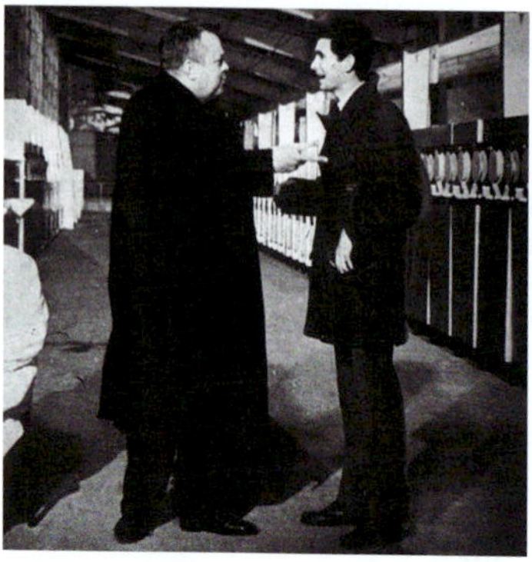

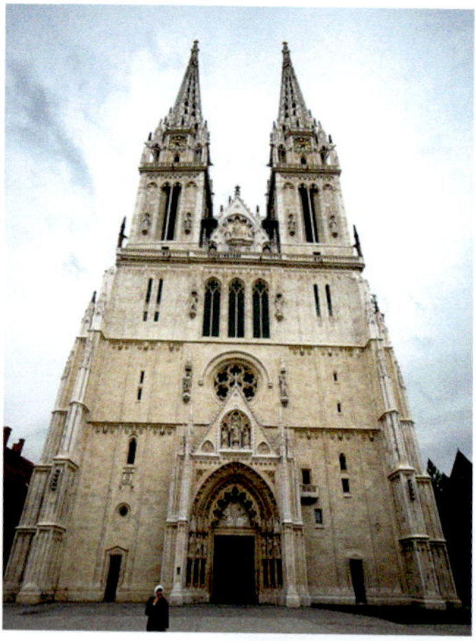

Kroaten verdienten ihr Geld als Stuntmänner, Masken- oder Szenenbildner. Pferde, Reiter und Statisten waren günstiger zu haben als in anderen europäischen Ländern, auch die niedrigen Hotelpreise in Zagreb und Umgebung waren ein verlockender Grund. So wurden die Filmstudios der Jadran-Film zu beliebten Drehorten für Römer-, Wikinger- und Bibelfilme mit imposanten Massenszenen.

Auch die Straßenzüge von Zagreb wurden gern als Kulissen genutzt. Die Architektur ähnelte derjenigen, die das Kinopublikum aus Wien oder Prag kannte. Dreharbeiten in Österreich wären aber teurer gewesen, die Tschechoslowakei verbarg sich hinter dem Eisernen Vorhang und duldete westliche Filmteams nur mit strengen Auflagen oder gar nicht. Orson Welles nutzte Zagreb als Kulisse für sein Drama DER PROZESS (1962), obgleich Franz Kafkas gleichnamiger Roman in Prag spielt. Welles zeigte seinen tragischen Helden Josef K. (Anthony Perkins), der verleumdet, verhaftet und durch Behördenwillkür zum Tode verurteilt wird, vor der Fassade der **Kathedrale von Zagreb**. Gedreht

Oben: Orson Welles (links) und Anthony Perkins bei den Dreharbeiten zu DER PROZESS (1962)

Mitte: Kathedrale von Zagreb

Unten: Die Kathedrale von Zagreb in DER PROZESS

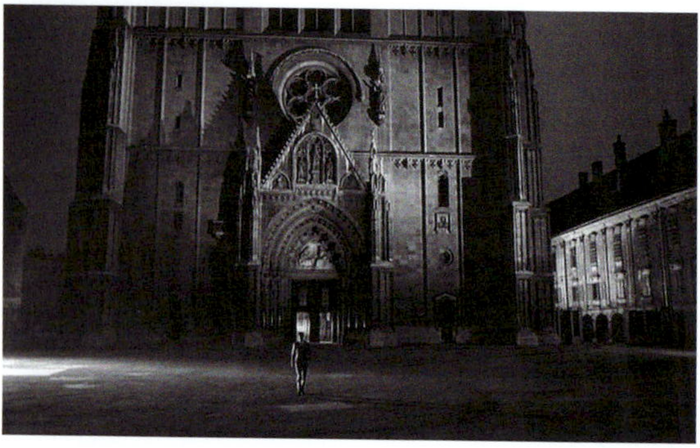

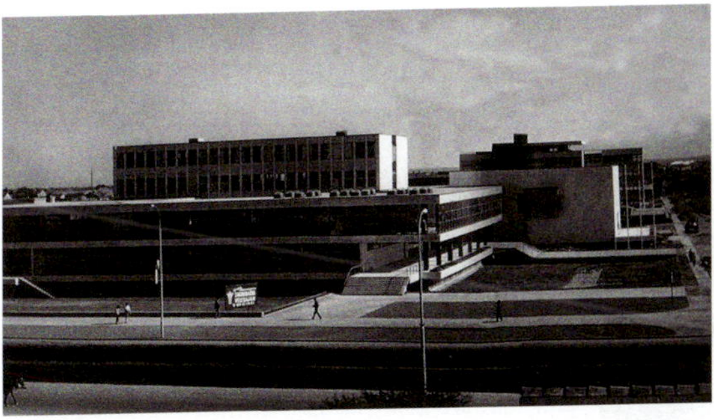

Die Universität von Zagreb

wurde außerdem in der Straße Grada Vukovara, an der auch die **Universität (POUZ)** als Außenkulisse genutzt wurde. Das surreale Großraumbüro, in dem Josef K. arbeitet, entstand in einer Halle der **Messe Zagreb**. 850 Statisten saßen an 850 Schreibtischen und tippten auf 850 Schreibmaschinen.

Orson Welles, der auch das Drehbuch schrieb, spielte den Rechtsanwalt Hastler und besetzte die Frauenrollen prominent mit Jeanne Moreau und Romy Schneider. DER PROZESS, den Orson Welles rückblickend als besten Film seiner Karriere wertete, wurde auch in Rom, Mailand und Paris gedreht, doch vor allem die Arbeit in Zagreb beeinflusste das Leben des Regisseurs nachhaltig. Er lernte dort die 25 Jahre jüngere kroatische Schauspielerin Olga Palinkaš alias Oja Kodar kennen und lebte bis zu seinem Tod im Jahr 1985 mit ihr zusammen. Kroatien wurde zur zweiten Heimat des Amerikaners. Er zog mit Oja Kodar in ein Ferienhaus in Primošten und tauchte immer wieder gern in jugoslawischen Co-Produktionen auf. Dazu zählte IM

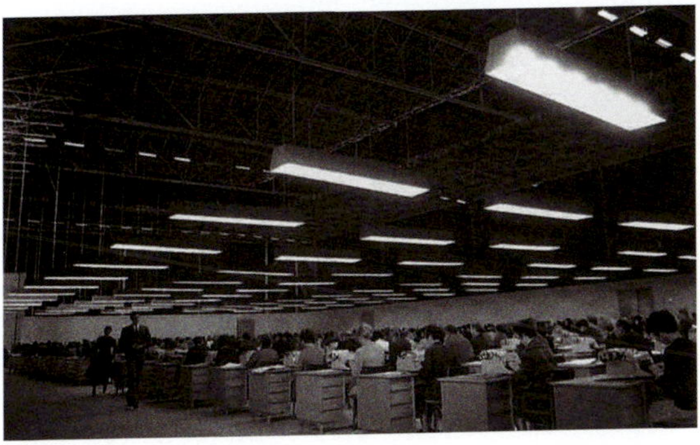

Die Messe Zagreb als Großraumbüro in DER PROZESS

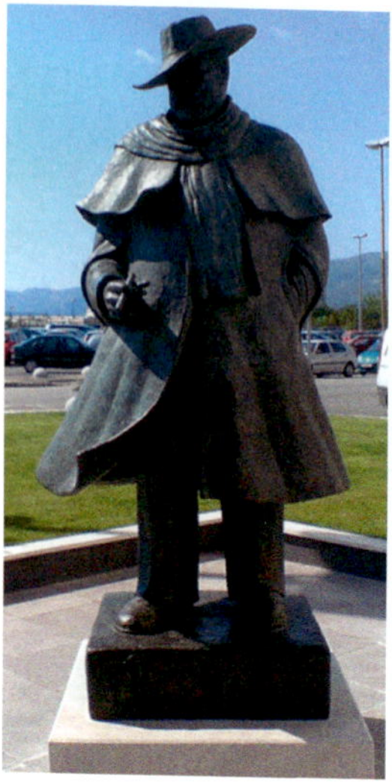

Orson-Welles-Statue am Joker Shopping Center in Split

Reich des Kublai Khan (1965), in dem Welles den Lehrmeister des Weltenseglers Marco Polo (Horst Buchholz) spielte, oder der Partisanenfilm Die Schlacht an der Neretva (1968).

Oja Kodar verwaltet noch heute Orson Welles' Nachlass und arbeitet als Bildhauerin. Eine ihrer **Skulpturen** zeigt **Welles** mit Mantel, Hut und Schal. Die Bronzefigur steht vor dem Joker Shopping Center in Split. Der Geschäftsmann und frühere Bürgermeister Zeljko Kerum gab sie 2007 bei Oja Kodar in Auftrag, um dem Multiplex-Kino im Joker Shopping Center internationalen Glanz zu verleihen.

1957 setzte James-Bond-Autor Ian Fleming seinen Agenten in den Orient-Express und ließ ihn im Roman «Liebesgrüße aus Moskau» Station in Zagreb machen. Im Buch beobachtet James Bond in **Zagrebs Hauptbahnhof (Glavni kolodvor)** eine Flotte deutscher Eisenbahnen der «Berliner Maschinenbau GmbH», die im Zweiten Weltkrieg von Partisanen erbeutet wurden und nun auf unkrautbewachsenen Abstellgleisen verrosten. Auch in der Romanverfilmung Liebesgrüsse aus Moskau (1963) taucht ein Bahnhof mit großem «Zagreb»-Schild auf. Regisseur Terence Young drehte aber nicht in Zagreb, sondern nutzte den Bahnhof Istanbul Sirkeci. Während der mehrwöchigen Dreharbeiten in der Türkei doubelte Sirkeci, aus einer anderen Kamerapespektive gefilmt, auch den Hauptbahnhof von Belgrad.

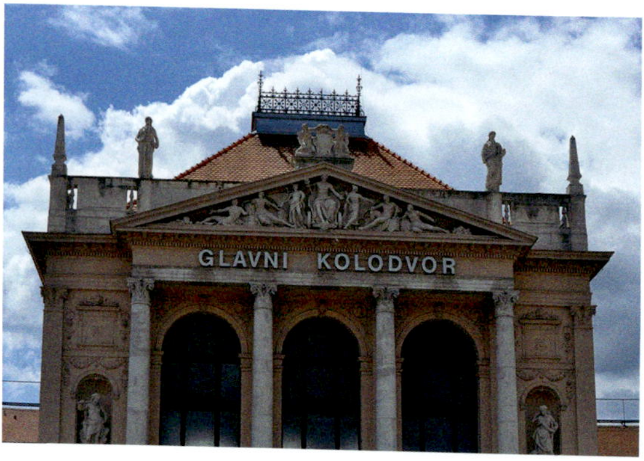

Zagrebs Hauptbahnhof

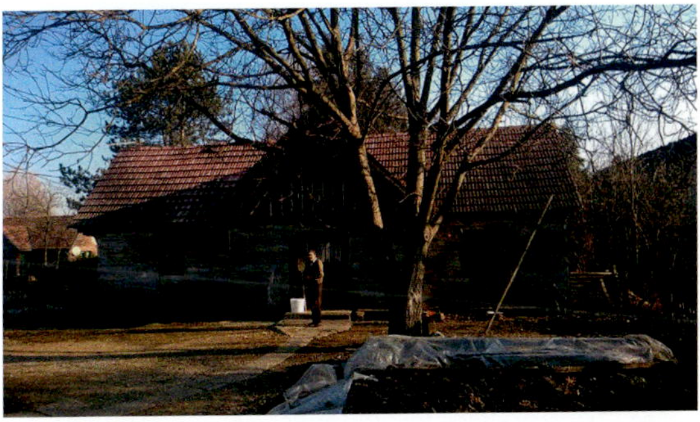

Ein Holzhaus aus ANATEVKA (1971) im Ort Lekenik

In der Musical-Verfilmung ANATEVKA (1971) steht das gleichnamige Dorf in der Ukraine, in Wahrheit drehte Regisseur Norman Jewison im ländlich geprägten Umfeld von Zagreb. Der Ort **Lekenik** und seine gut erhaltenen hölzernen Bauernhäuser boten eine malerische Kulisse für den jüdischen Milchmann Tevye, der seine liebe Mühe mit den fünf Töchtern Tzeitel, Hodel, Chava, Shprintze und Bielke hat. Der kroatische Produzent Branko Lustig, der in der späteren Phase seiner Karriere zwei Oscars für SCHINDLERS LISTE (1993) und GLADIATOR (2000) gewann, schlug den Filmemachern 1970 den Ort Lekenik vor, der dann von Produktionsdesigner Robert Boyle um zusätzliche Holzhäuser und eine Synagoge erweitert wurde.

Auf die Bewohner des kommunistischen Dorfes muss der Besuch aus Hollywood wie eine Invasion von einem anderen Stern gewirkt haben: Mit Flugzeugen, die auf dem 20 Fahrminuten entfernten Flughafen von Zagreb landeten, wurden neben der Filmausrüstung auch die ersten Bananen und Südfrüchte nach Lekenik geschafft, die kein Dorfbewohner zuvor gesehen hatte. Eines der im Film genutzten Holzhäuser wurde zu einem Besucherzentrum ausgebaut und dokumentiert die Geschichte des verfilmten Musicals sowie die Biografien der Filmemacher, insbesondere die von Branko Lustig. Bereits 1961 entstand u.a. in der Messe Zagreb mit Branko Lustig als Onbaschi die leider sehr langatmige TV-Serie MIT KARL MAY IM ORIENT. Hinter der Produktion stand Arthur Cohn, dessen Filme sechsmal einen Oscar erhielten.

Volker Schlöndorff reiste 1979 nach Zagreb, um letzte Szenen für DIE BLECHTROMMEL zu drehen. Die Verfilmung von Günter Grass' Roman entstand vorwiegend in Deutschland und der Normandie, mit einigen Straßenszenen in Danzig. Weil die sowjetisch-polnischen Machthaber aber nur wenige Drehtage für die Verfilmung des im Ostblock verbotenen Romans «Die Blechtrommel» genehmigt hatten, wich Schlöndorff auf Kroatien aus. So entstand unter anderem die Szene, in der das polnische Postamt in Danzig belagert und beschossen wird, in Zagreb. Schlöndorff orientierte sich dabei an historischen Aufnahmen aus der UFA-TONWOCHE, einem Vorläufer der DEUTSCHEN WOCHENSCHAU. DIE BLECHTROMMEL mit ihrem kleinwüchsigen Helden Oskar Matzerath (David Bennent) gewann als erste deutsche Produktion einen Oscar für den besten fremdsprachigen Film.

Einen Oscar erhielt auch Meryl Streep für ihre Rolle der Holocaust-Überlebenden Sophie in Alan J. Pakulas Drama SOPHIES ENTSCHEIDUNG (1982) nach dem Roman von William Styron. Die Rahmenhandlung mit Meryl Streep und Kevin Kline spielt in New York und wurde auch dort gedreht. Doch die Rückblenden auf Sophies Schicksal im Konzentrationslager entstanden in Zagreb und Umgebung. Die Filmemacher hatten zuvor Krakau, Katowice, Warschau und Auschwitz besichtigt. Doch der Plan, in Polen zu drehen, konnte wegen politischer Unruhen im Land nicht realisiert werden. Auch die Tschechoslowakei kam wegen ihrer Nähe zu Polen nicht in Betracht. So ließ Alan J. Pakula vom Co-Produzenten Jadran Film einige Straßenzüge in Zagreb herrichten und ein Konzentrationslager bauen, um zweieinhalb Wochen lang Sophies Deportation und ihre titelgebende Entscheidung zu inszenieren: Ein sadistischer KZ-Aufseher stellt sie vor die Wahl, ob sie ihren Sohn oder ihre Tochter behalten will. «Nehmen Sie mein kleines Mädchen», sagt Sophie unter Tränen. Die Tochter wird ihr daraufhin entrissen und weggebracht. Zur Vorbereitung auf ihre Rolle lernte Meryl Streep vier Monate lang täglich Deutsch und Polnisch und nahm für die Szenen im Konzentrationslager deutlich ab. Zur Belohnung gab es neben dem Oscar auch einen Golden Globe und weitere Preise für die beste Hauptdarstellerin.

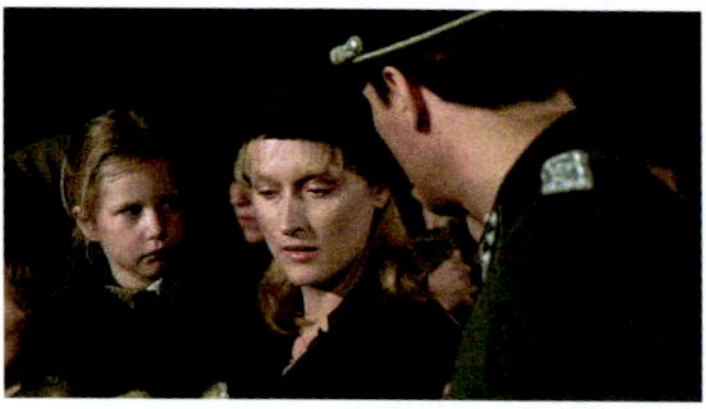

Meryl Streep (Mitte) in SOPHIES ENTSCHEIDUNG

Durchweg negative Kritiken erntete dagegen die Horrorkomödie TRANSYLVANIA 6-5000, die Rudy De Luca 1985 in der westlich von Zagreb gelegenen Kleinstadt **Samobor** drehte. Zwei Reporter, dargestellt von Jeff Goldblum und Ed Begley, Jr.,

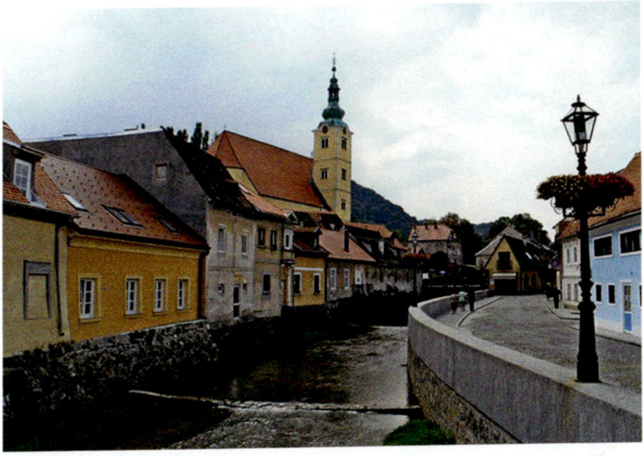

Die Kleinstadt Samobor diente als Kulisse für TRANSYLVANIA 6-5000 (1985)

werden ins heutige Transsilvanien geschickt, um angeblichen Frankenstein-Sichtungen nachzugehen. Kaum angekommen, begegnen sie auch einem Werwolf, einer Mumie, einem Vampir und anderen Monstern. Origineller als die Handlung ist die Hintergrundgeschichte: Der Film wurde von der jugoslawischen Filiale des US-amerikanischen Konzerns Dow Chemical finanziert, weil er per Gesetz seine Profite nicht aus Jugoslawien ausführen durfte. Billig mit einheimischen Schauspielern und Statisten heruntergekurbelt, spielte der Film allein in den USA 7,5 Millionen Dollar ein, die in die US-Kassen des Konzerns flossen. Auch für Hauptdarsteller Jeff Goldblum war der Film ein Gewinn: Er lernte bei den Dreharbeiten die ebenfalls eingeflogene US-Schauspielerin Geena Davis kennen und heiratete sie zwei Jahre nach Drehschluss. Die Ehe hielt nur bis 1990, doch in TRANSYLVANIA 6-5000 sieht man die Frischverliebten gemeinsam vor Samobors gotischer Kirche des heiligen Michael stehen. Der zentrale Platz, umgeben von Gasthäusern aus dem späten 19. Jahrhundert, ist ein beliebtes Ausflugsziel der Stadtbewohner von Zagreb.

Etwas oberhalb der Stadt steht die Ruine von **Burg Samobor** auf dem Hügel Tepec. Jackie Chan und sein Co-Regisseur Eric Tsang drehten hier die Anfangsszene des Actionfilms DER RECHTE ARM DER GÖTTER (1986). Als eine Art Hongkong-Indiana-Jones mischt Jackie Chan das Ritual einer Gruppe maskierter Wilder auf und entkommt ihnen nur dank akrobatischer Übungen und Kleinflugzeug. Bei den Dreharbeiten für diese Szene verletzte sich Jackie Chan schwer. Beim Sprung auf einen Baum brach der Ast und ließ den Schauspieler fünf Meter in die Tiefe

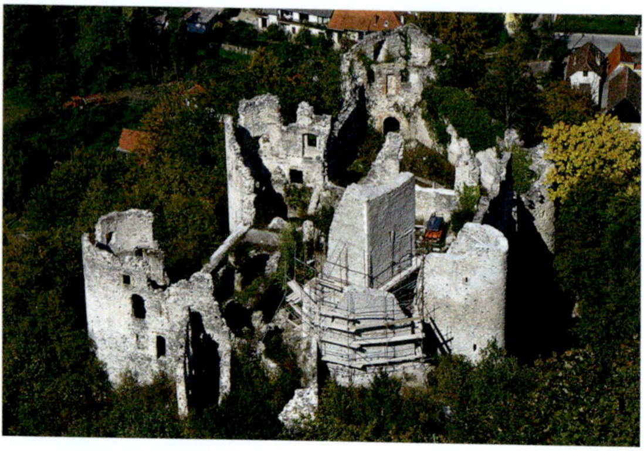

Die Burgruine von Samobor (rechts) und in Der rechte Arm der Götter (1986) (unten)

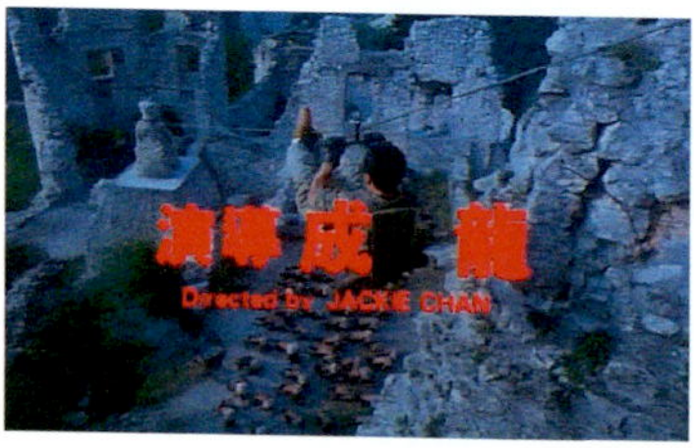

stürzen, wo er mit dem Hinterkopf auf einen Felsen aufschlug. Dabei bohrte sich ein Knochenstück des Schädels in sein Gehirn. Per Hubschrauber wurde Chan in die Klinik geflogen, in einer Not-Operation musste das Loch mit Plastik gefüllt werden. Der missglückte Stunt ist im Abspann des Films zu sehen, ebenso die Erste-Hilfe-Maßnahmen am Set.

In Der rechte Arm der Götter muss Jackie Chan nach Jugoslawien reisen, um seine Ex-Freundin mit dem schönen Namen Lorelei aus der Gewalt einer kaltblütigen Sekte zu befreien. Diese fordert ein archäologisches Fundstück, die Rüstung Gottes, als Lösegeld. In der Zagreber Alstadt kommt es

Der Dolaz Markt in Zagreb

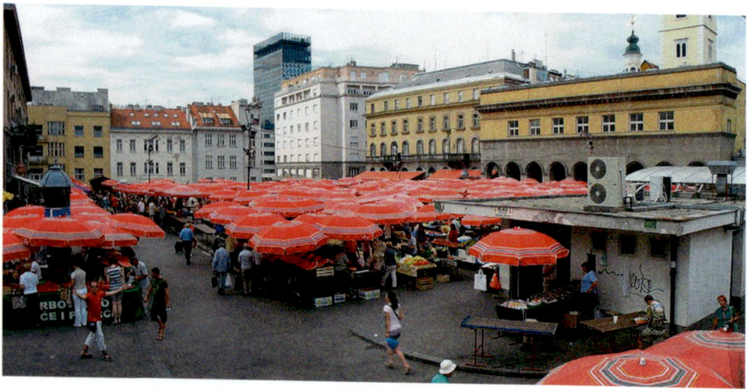

zu einer Verfolgungsjagd zwischen Jakkie Chan in einem maßgeschneiderten Mitsubishi Colt und mehreren Motorrädern und Geländewagen. Das verlustreiche Rennen führt von der Oberstadt über viele steile Treppen bis zum **Dolaz Markt**. Ein Geländewagen stürzt spektakulär die vielen Treppenstufen herab, die zum Platz Ban Jelacic führen, der 1986 noch Trg Republike hieß. Der Turbo-Sprung des Mitsubishi Colt über zwei parallel verlaufende Brücken wurde im Stadtteil Trnje gedreht. Im Hintergrund ist deutlich das damals noch im Bau befindliche Sendezentrum der öffentlich-rechtlichen **Rundfunkanstalt Hrvatska radiotelevizija (HRT)** erkennbar. Als ein Motorradfahrer den gleichen Brückensprung wagt, ist beim Kameraschwenk unscharf die Kathedrale von Zagreb zu erahnen.

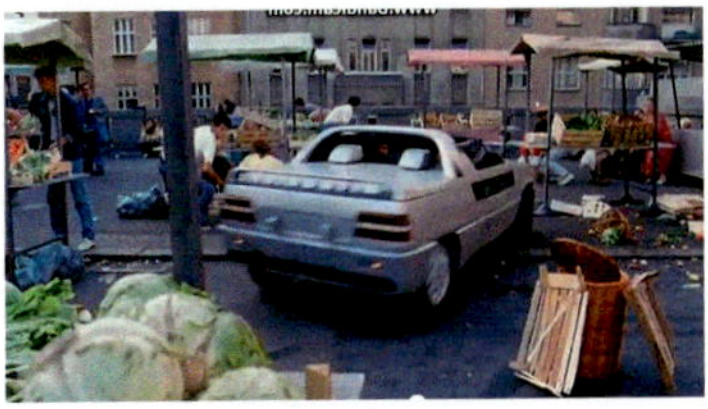

Der Dolaz Markt in DER RECHTE ARM DER GÖTTER (1986)

Der Balkankrieg zerstörte binnen weniger Jahre die Infrastruktur der Jadran-Film. Die europäischen und US-amerikanischen Filmemacher wichen in den 1990er-Jahren auf Polen, Tschechien und andere osteuropäische Staaten aus, die mit günstigen Konditionen und erfahrenen Filmhandwerkern locken konnten. Die Zahl der Jadran-Mitarbeiter sank von 300 auf 80, die Ausrüstung wurde verkauft oder war technisch veraltet. Die ehemals staatseigene Firma wurde privatisiert und wuchs auch in Friedenszeiten nie wieder zu alter Größe heran.

Internationale Großproduktionen kamen nur noch zögerlich nach Zagreb. 2006 begannen die Dreharbeiten für Richard Shepards HUNTING PARTY – WENN DER JÄGER ZUM GEJAGTEN

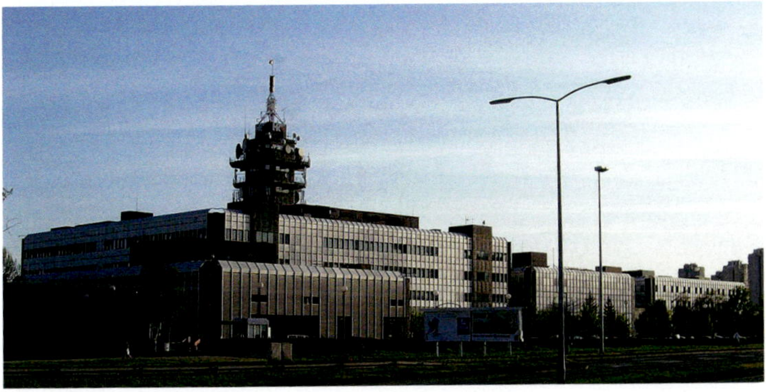

Das HRT-Sendezentrum in Zagreb-Trnje

WIRD (2007) mit Richard Gere. Er spielte einen früheren Kriegsberichterstatter, der fünf Jahre nach dem Balkankrieg Jagd auf den Kriegsverbrecher «Fuchs» macht. Die Handlung war von der realen Suche einer Gruppe westlicher Journalisten nach dem flüchtigen Radovan Karadžić inspiriert worden. Die Dreharbeiten für HUNTING PARTY – WENN DER JÄGER ZUM GEJAGTEN WIRD erfolgten unter anderem in Zagreb und Sarajevo und fanden Niederschlag in den Boulevardblättern, weil sich Richard Gere in einer Szene eine Rippe brach. Nach kurzem Krankenhausaufenthalt stand er wieder vor der Kamera.

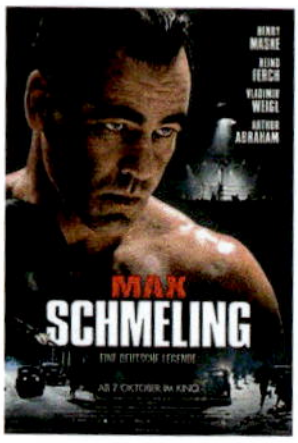

Plakat zum Film MAX SCHMELING – EINE DEUTSCHE LEGENDE

Der deutsche Regisseur Uwe Boll nutzte im Juni 2009 die **Arena Zagreb**, um die Boxkämpfe für die Filmbiografie MAX SCHMELING – EINE DEUTSCHE LEGENDE (2010) zu drehen. Die von außen futuristisch anmutende Halle war erst wenige Monate zuvor aus Anlass der in Zagreb stattfindenden Handball-Weltmeisterschaft der Herren gebaut worden. Vor 900 Statisten in zeitgenössischen Kostümen boxte Henry Maske, ehemaliger Weltmeister im Halbschwergewicht, als Max Schmeling gegen andere Profis wie Yoan Pablo Hernández als Joe Louis und Arthur Abraham als Richard Vogt. In Deutschland schlug das Projekt schon während der Dreharbeiten hohe Wellen, weil kaum jemand Henry Maske schauspielerisches Talent zugestehen wollte. Mit nur 16.000 Kino-Besuchern in Deutschland und auffallend schlechten Kritiken war die Biografie dann auch ein Flop. Allerdings wurde der Film

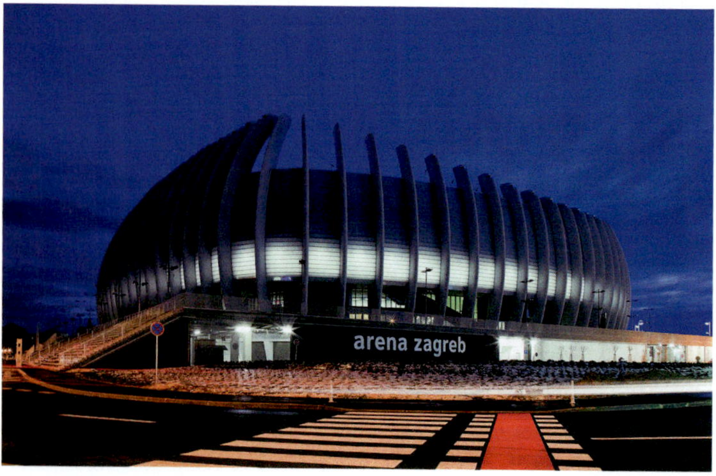

Arena Zagreb, Schauplatz im Film

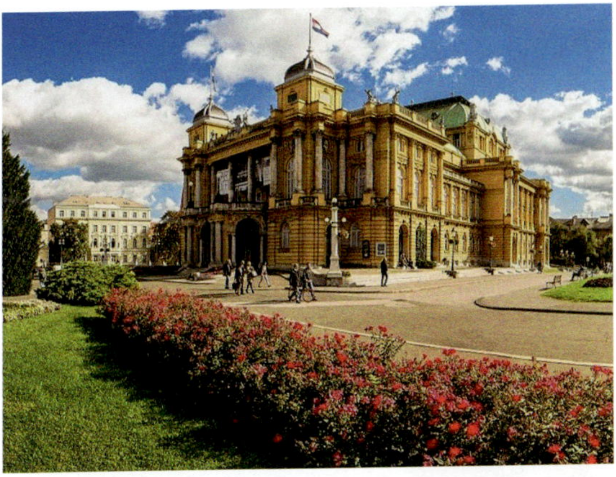

Das Nationaltheater in Zagreb

weltweit verkauft und lief in den USA auf mehreren Fernsehsendern. Produziert hatten den Film zwei Hamburger Geldgeber, die anonym blieben und Schmeling ein Kinodenkmal setzen wollten.

Das **Nationaltheater in Zagreb** war einer von mehreren kroatischen Drehorten für den biografischen Film DIANA (2013). Mit Naomi Watts in der Titelrolle setzte der deutsche Regisseur Oliver Hirschbiegl in dieser europäischen Großproduktion die letzten zwei Jahre im Leben der Prinzessin von Wales in Szene und fokussierte sich dabei auf ihre Liebesbeziehungen zu Hasnat Khan und Dodi Al-Fayed, mit dem sie am 31. August 1997 bei einem Verkehrsunfall in Paris ums Leben kam.

Die humanitären Einsätze der Prinzessin wurden in Indien und Mosambik gedreht, ihr Privatleben vorwiegend in Großbritannien, Frankreich, Italien und Kroatien. Die von Paparazzi fotografierten ikonischen Bilder, die Diana 1997 beim Sonnenbaden und Turteln auf der Luxusjacht der Familie Al-Fayed zeigten, wurden für den Film nahe der Fischerstadt Rovinj nachgestellt. Ein weiterer Drehort war das Heritage Hotel Imperial in der Küstenstadt Opatija.

Naomi Watts in DIANA (2013)

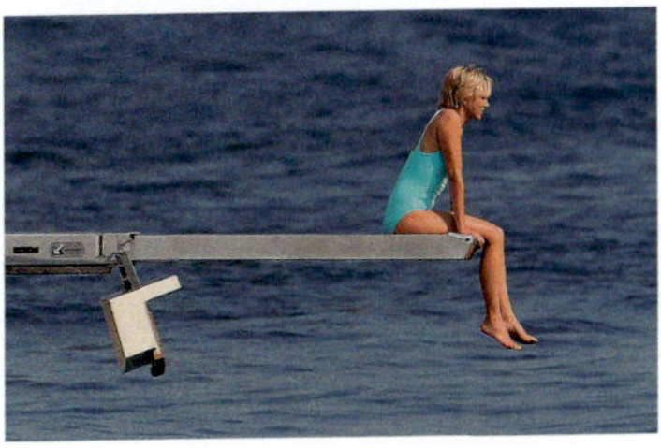

Was als Kassenschlager geplant war, erwies sich gleich nach der Premiere in London als Flop: DIANA spielte weltweit nur einen Bruchteil seiner Produktionskosten von 15 Millionen Dollar wieder ein und wurde von Kritikern als

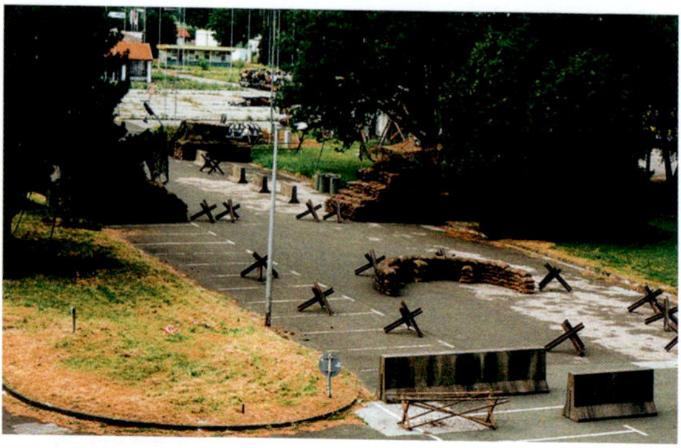

Das Messegelände von Zagreb im Film RENEGADES – MISSION OF HONOR (2018)

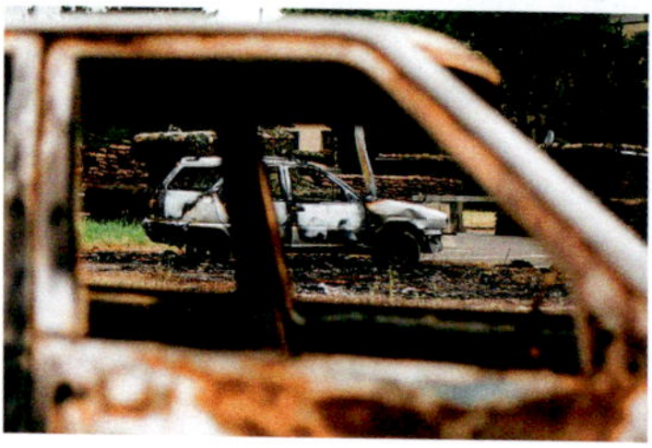

«Schmachtfetzen der übelsten Sorte» beschimpft, «der seiner Protagonistin nie gerecht wird und gegen den sich Diana leider nicht mehr wehren kann.»

Im Juli 2015 ließ Produzent Luc Besson für den Actionthriller RENEGADES – MISSION OF HONOR (2018) das Messegelände von Zagreb zu einer kriegszerstörten Stadt umbauen. Regisseur Steven Quale erzählt in der französisch-deutschen Co-Produktion die Geschichte einer Gruppe von US-Navy-SEALs, die während des Balkankriegs einen 300 Millionen Dollar wertvollen Nazi-Goldschatz auf dem Grund eines Sees suchen. Die Handlung spielt in Sarajevo und anderen Orten in Bosnien und Herzegowina, doch die Dreharbeiten fanden in Kroatien und Deutschland (Studio Babelsberg) statt, mit zusätzlichen Tauchszenen in den Wasserstudios auf Malta. Die kroatische Armee unterstützte die Dreharbeiten mit Panzern, Ausrüstung und Soldaten. Weitere 1000 Statisten und ein weitgehend kroatisches Filmteam kamen zum Einsatz, um die Hauptdarsteller wie Sullivan Stapleton und Oscar-Gewinner J.K. Simmons zu unterstützen. Rund um die Messehallen, in denen 1962 schon Orson Welles sein Drama DER PROZESS drehte, standen Panzersperren, Schützengräben aus Sandsäcken und zahlreiche ausgebrannte Autowracks. Der See, aus dem der Schatz geborgen werden soll, ist der **Lokvarsko jezero** in der westkroatischen Bergregion Gorski Kotar. Auch im westkroatischen Dorf Hum, dessen 30 Einwohner mit dem Slogan «kleinste Stadt der Welt» für sich werben, wurde das mittelalterliche Stadt-

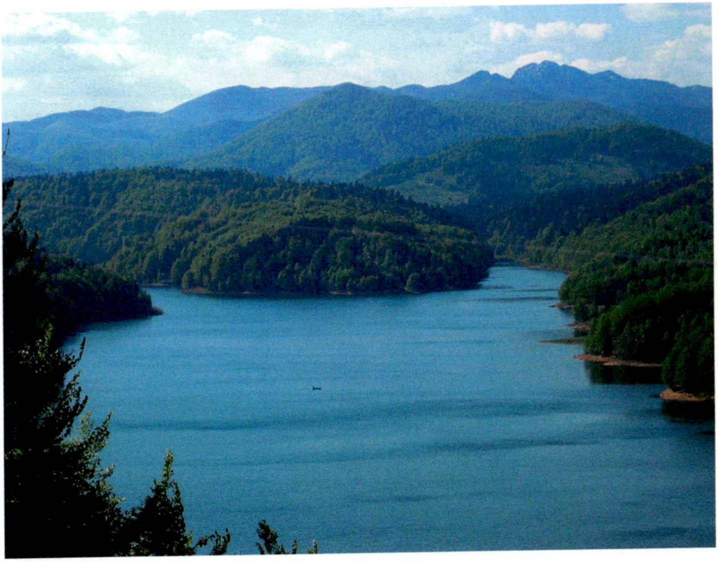

Der Lokvarsko-jezero in RENEGADES – MISSION OF HONOR (2018)

bild als Kulisse genutzt. Trotz der enormen Schauwerte, die RENEGADES – MISSION OF HONOR zu bieten hat, machten die ausbleibenden Kinobesucher den Film zu einem der größten Flops des Jahres 2018.

Noch mehr Hollywood-Stars in Kroatien

Kroatien war unter Filmemachern schon lange kein Geheimtipp mehr, als der Schüren Verlag im Sommer 2016 die Erstauflage dieses «on Location»-Buches veröffentlichte. Seither wurden die in Kroatien produzierten Hollywood-Filmprojekte immer größer und warteten mit noch prominenteren Stars auf. Zwei besonders markante Beispiele sind MAMMA MIA! HERE WE GO AGAIN (2018) und KILLER'S BODYGUARD 2 (2021).

Die Fortsetzung des Gute-Laune-Blockbusters MAMMA MIA! (2008), basierend auf dem gleichnamigen ABBA-Musical, spielt zwar weiterhin auf der fiktiven griechischen Insel Kalokairi, wurde aber nicht mehr auf der griechischen Insel Skopelos gedreht, sondern auf der kroatischen Insel **Vis**. Zweieinhalb Fahrstunden von Split entfernt, hat sich die lediglich 18 Kilometer lange und neun Kilometer breite Insel erst 1995 dem Tourismus geöffnet. Zuvor sorgte ein dort stationierter

Militärstützpunkt dafür, dass Besucher nicht erwünscht waren und die 3500 Einwohner unter sich blieben.

In MAMA MIA! HERE WE GO AGAIN ist Sophie (Amanda Seyfried) schwanger und tritt eine Reise in die Vergangenheit ihrer ein Jahr zuvor verstorbenen Mutter Donna (Meryl Streep) an. In den Rückblenden ins Jahr 1979 spielt Lily James die junge Donna, die nach dem Studium alle Reize dieser Welt erkunden will und sich binnen kürzester Zeit in drei junge Männer verliebt: Harry (Hugh Skinner), Sam (Jeremy Irvine) und Bill (Josh Dylan), deren gereifte Versionen im ersten Teil – und auch wieder in der Fortsetzung – von Colin Firth, Pierce Brosnan und Stellan Skarsgård gespielt wurden.

Auf Vis drehten Regisseur Ol Parker und sein Team vor allem im Fischerort Komiza im Südwesten der Insel. Die Fassade des dortigen Restaurants Jastozera wurde zur griechischen Taverne umgebaut. Eine romantische Szene mit der jungen Donna und dem smarten Sam wurde in der **Bucht von Srebrna** gedreht, auch bekannt als «Silberner Strand». Die fröhliche «Dancing Queen»-Szene, an der insgesamt 300 Tänzer und viele Boote beteiligt waren, entstand in der **Bucht von Barjaci**.

Der schicksalhafte Moment, in dem die junge Donna die Fähre verpasst und von Bill gerettet wird, wurde im **Hafen** von Vis gefilmt. Dieser war auch Drehort für die Szene, in der Bill und Harry im Büro des Fährbetriebs versuchen, eine Überfahrt nach Kalokairi zu buchen. Für die bunte Marktszene auf dem **Karolinaplatz** wurden im Vorfeld sämtliche Produkte und sogar das Brot aus Griechenland nach Vis eingeschifft. Die Szene, in der Alexio seine geliebte Apollonia vor der Heirat mit dem falschen Mann rettet, wurde im Außenbereich der **Kirche St. Jeronim** gedreht.

«Dancing Queen» in der Bucht von Barjaci (MAMMA MIA! HERE WE GO AGAIN, 2018)

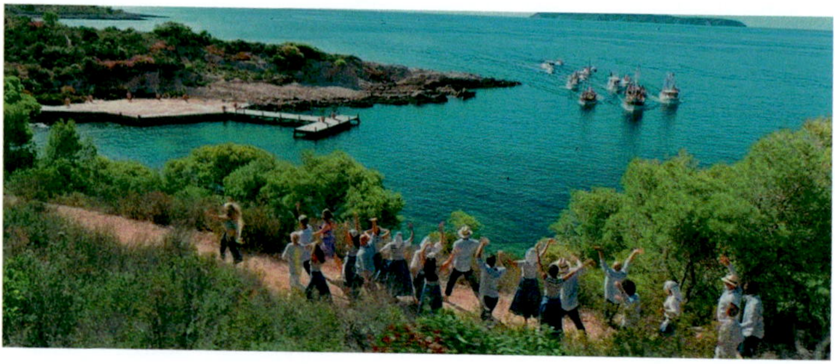

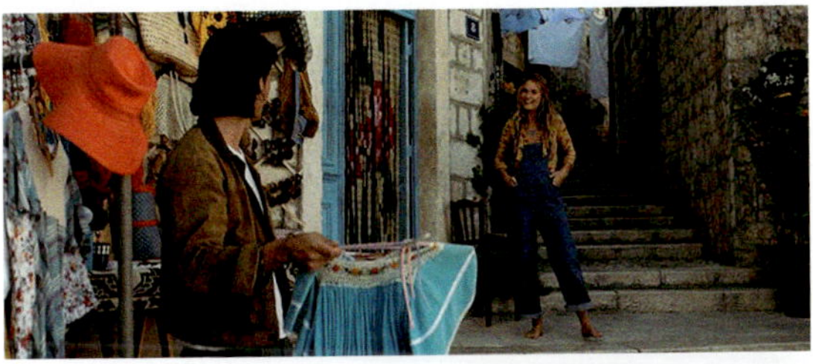

Lily James auf dem Karolinaplatz (MAMMA MIA! HERE WE GO AGAIN, 2018)

Das Hotel, das Donna einst aus einem zerfallenen Bauernhaus schuf und das ihre Tochter Sophie nun in dem griechischen Naturparadies weiterführen möchte, entstand für die Dreharbeiten in den Shepperton Studios im britischen Surrey. Dort wurden auch viele Außenaufnahmen auf der künstlich angelegten Terrasse gefilmt, was das geübte Auge durchaus erkennen kann: Das Scheinwerferlicht unterscheidet sich nun mal vom Sonnenlicht auf der Insel Vis, die im August und September 2017 insgesamt fünf Wochen lang für die Dreharbeiten genutzt wurde.

Einige der Stars wohnten im luxuriösen Hotel Jaksa Palace auf Vis. Da die Insel aber nur über wenige Hotels verfügt, wurde der Hauptcast auch in angemieteten Villen und Jachten untergebracht. Die drei jungen Schauspieler, die Donnas Liebhaber spielen, teilten sich eine gemeinsame Villa. Josh Dylan traf zwei Wochen früher als seine Kollegen in Kroatien ein, um das Segeln zu erlernen und seinen Körper für die weitgehend textillosen Szenen auf dem Segelboot vorzubräunen.

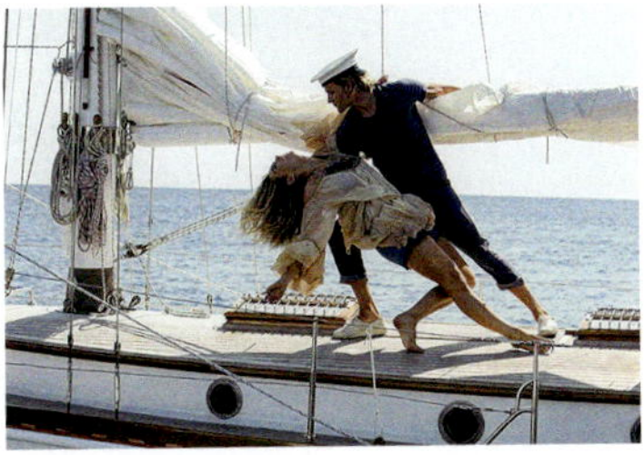

Lily James und Josh Dylan auf dem Boot (MAMMA MIA! HERE WE GO AGAIN, 2018)

Der Hubschrauber, mit dem Sophies mondäne Großmutter Ruby zur Wiedereröffnung des Hotels eingeflogen wird, landete tatsächlich auf Vis. Die Gesangs- und Tanzszenen mit Cher entstanden aber nicht in Kroatien, sondern in der Hotelkulisse in den Shepperton Studios. Dort wurde auch das Innere der griechischen Taverne gedreht, außerdem die Tauffeier am Ende des Films. Die Außenaufnahme der Felskapelle wurde aus dem ersten MAMMA MIA!-Film wiederverwendet. Die Kirche Agios Ioannis Kastri steht im Norden der griechischen Insel Skopelos und ist über 105 Treppenstufen erreichbar, die mit einem göttlichen Blick über das azurblaue Meer der Ägäis belohnt werden.

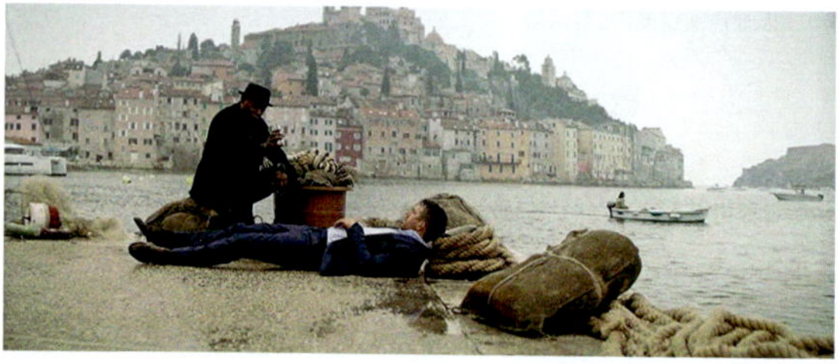

Samuel L. Jackson und Ryan Reynolds in KILLER'S BODYGUARD 2 (2021)

KILLER'S BODYGUARD 2

Mit einem Budget von circa 70 Millionen US-Dollar gehört die Actionkomödie KILLER'S BODYGUARD 2 (HITMAN'S WIFE'S BODYGUARD, 2021) zu den teuersten Spielfilmen, die bislang in Kroatien gedreht wurden. Ryan Reynolds und Samuel L. Jackson übernahmen erneut ihre Rollen als Personenschützer Michael Bryce und Auftragskiller Darius Kincaid aus dem erfolgreichen ersten Teil KILLER'S BODYGUARD (2017), Salma Hayek baute ihren ursprünglich kleinen Part als Darius' Frau Sonia in der Fortsetzung zu einer weiblichen Hauptrolle aus. Neu hinzu kamen weitere Stars wie Morgan Freeman und Antonio Banderas.

Regisseur Patrick Hughes inszenierte KILLER'S BODYGUARD 2 im Jahr 2019 an circa 50 Drehtagen in Kroatien, wobei das Land in mehreren Szenen auch Italien doubelte. Hauptdrehort war die malerische Fischerstadt **Rovinj**, doch das Team filmte auch in **Rijeka**, **Karlovac**, **Buje**, **Vodnian** und **Zagreb**. In einer Actionsequenz wird ein Zug der U-Bahn von Zagreb zum Entgleisen gebracht. Diese Drehbuch-Idee könnte in der Realität unmöglich passieren: Die kroatische Hauptstadt hat nämlich keine U-Bahn.

Die Hollywood-Stars waren durchweg begeistert von Kroatien und posteten auf ihren Instagram-Seiten viele Selfies inmitten der historischen Altstadtkulissen. «Wenn Dir irgendwo wiederholt ins Gesicht geschlagen wird… empfehle ich Kroatien. Ich liebe diesen Ort», kommentierte Ryan Reynolds sein Selbstporträt, das ihn in Rovinj und mit allerlei künstlichen Blessuren im Gesicht zeigte.

7 Übersicht der wichtigsten Drehorte für Außenaufnahmen der Karl-May-Klassiker 1962–1968

Zunächst werden die alphabetisch sortierten Orte im heutigen Kroatien angegeben.

Anmerkung zu den Atelieraufnahmen

Ab 1963 wurden die wichtigsten Innenaufnahmen der Karl-May-Klassiker der 1960er-Jahre in den CCC-Studios in Berlin-Spandau gedreht. Für DER ÖLPRINZ (1965) filmte man Szenen des Kampfes von Old Surehand und Messerwerfer Knife vor den Studios vor Bäumen und Büschen. Den Produktionen kam die «Berlin-Förderung» zugute, von der 1962 DER SCHATZ IM SILBERSEE noch nicht profitierte. Die Atelieraufnahmen zum Saloon in DER SCHATZ IM SILBERSEE (1962) wurden laut Michael Petzels Standardwerk *Der Weg zum Silbersee* (2001) in dem Messegelände von Zagreb inszeniert. Ferner setzte man, auch bei späteren Filmen, Behelfsateliers im ehemaligen Jugoslawien ein, zumal hierdurch an Regentagen bei naher Erreichbarkeit ein kompletter Arbeitsausfall vermieden werden konnte. Michael Petzel hat in alten Produktionsunterlagen recherchiert, dass für den SILBERSEE-Film (1962) weitere Innenaufnahmen bei Gronik polje (für Butlers Farm) und Crikvenica (Schatzhöhle) erfolgten.

DER SCHATZ IM SILBERSEE

(1962, deutsche EA: 12.12.1962)

Drehorte in Kroatien

Grobnik polje (u.a. Reiterszenen; auch erster Auftritt von Barker und Brice; Butlers Farm; zerstörtes Utah-Lager Nr. 1)

Jasenice vor Obrovac («Y»-Gabelung: Vorschlusseinstellung mit Abschied von Fred, Ellen und Gefährten)

Kostrena bei Rijeka (ehemaliger Steinbruch vor dem Meer in Nachbarschaft des von der Filmcrew genutzten Hotels Lucija: Lager der Tramps mit Blockhaus des Cornel)

Obrovac Hochebene oberhalb von Obrovac und dem Zrmanja-Fluss (für Teile der Kutschfahrt im Vorspann; ferner Reiterszenen der Banditen mit den Gefangenen)

Plitvicer Seen, obere und untere Seen (u.a. die Blutsbrüder beobachten die Utahs von der Anhöhe; Schatzhöhle oberhalb des Film-Silbersees; Fred und Ellen in der Gewalt der Tramps; Kampf mit Banditen; Old Shatterhand dankt dem Großen Wolf)

Poljanak nahe Plitvicer Seen (Old Shatterhand und Gefährten ziehen sich auf den Kunstfelsen zurück und werden von den Utahs belagert)

Prijeboj nahe Plitvicer Seen (Utah-Lager Nr. 2; kurz zuvor nahe der Straße in Richtung Bihac wurde das Treffen von Old Shatterhands Gruppe mit Lord Castlepool gefilmt)

Starigrad-Paklenica (Westernstadt Tulsa) und Nationalpark **Große Paklenica-Schlucht** (Überfall auf die Postkutsche; Winnetou liest Spuren im Sand; die Blutsbrüder finden den toten Erik Engel; El Doro; Geistercanyon; Überfall auf die Postkutsche)

WINNETOU 1

(1963, deutsche EA: 11.12.1963)

Drehorte in Kroatien

Bribirske mostine (Teile der Treckszenen)

Grobnik polje (Reiterszenen; Kiowa-Angriff auf Treck; Apachen stürmen auf Roswell zu)

Krka-Nationalpark und Schleier-Fälle/Stromschnellen (Nachtlager der Apachen; Santer belauscht Nscho-tschi und Old Shatterhand)

Mali Alan / Tulove Grede (Vorspann mit Winnetou; Nugget tsil; Santer-Krater; Nscho-tschi gesteht Old Shatterhand vor ihrem Tod ihre Liebe)

Manojlovacki (Santers Ganove tötet den Schwarzen Adler)

Obrovac-Hochebene: (bei Abzweig zum Tulove Grede unten links lag das Eisenbahnlager)

Platak (Teile des Ritts vom Schwarzen Adler; weitere Treck-Szenen; Kiowas beobachten den Treck von einer Anhöhe; Lager der Kiowas, Tuff-Tuff fotografiert sich selbst)

Rovanjska (Schlusseinstellung: die Blutsbrüder reiten dem Sonnenuntergang entgegen)
Zecevo (Roswell)
Zrmanja-Canyon (Pueblo der Apachen; Zweikampf Old Shatterhand gegen Intschu-tschuna)

OLD SHATTERHAND

(1964, deutsche EA: 30.04.1964)

Drehorte in Kroatien

Krka-Nationalpark (u.a. Old Shatterhand blickt von der Straße auf dem Weg vom Eingang Lozovac hinab in den Nationalpark; Missionsstation; Paloma badet; Dorf der Apachen)
Manojlovacki, nahe Manojlovac-Fall (Winnetou blickt ins Tal; Winnetous Treffen mit Tujunga zur Jagd)

Drehorte in Bosnien und Herzegowina

Popovo polje nahe Trebinje (u.a. Fort Grant; Reiterszenen; Friedensverhandlung, Burkers Ranch; fischende Apachen werden hinterrücks erschossen)
Zupci nahe Trebinje (Westernstadt Golden Hill; in einem Nebental wurde der Angriff auf die Kampendijk-Farm gefilmt; Teile des wegen Wetterproblemen in Montenegro bei Gornij Klezna fertig gedrehten Zweikampfes Winnetou gegen Häuptling Großer Bär)

Drehorte in Montenegro

Ulcinj, Schlucht bei Gornji Klezna (Komantschen überfallen den Treck und nahe gelegen erste Szene mit Abschied von Winnetou und Old Shatterhand)
Ulcinjsko polje (im Tal wurden Szenen mit dem Treck gefilmt)

WINNETOU 2

(1964, deutsche EA: 17.09.1964)

Drehorte in Kroatien

Donje Sitno (Forresters Tod)
Grobnik polje (Fort Niobara; Reiterszenen, Luke befreit sich aus der Gefangenschaft der Assiniboins)
Lukovo Sugarje (Winnetou, die Soldaten um Mario Girotti (aka Terence Hill) und Banditen reiten vor der Adriakulisse),
Platak (Dorf der Assiniboins; Winnetou und Ribanna reiten zum Dorf der Assiniboins;, Banditen reiten auf dem Berg vor dem Kamenjak; Winnetou und Old Shatterhand nehmen Abschied von Ribanna und Merril, doch der Gruß des Apachen gilt nur der Häuptlingstochter)
Plitvicer Seen (Vorspann: Pierre Brice vor dem Großen Wasserfall)
Radmanove mlinice (Old Shatterhand und Castlepool lagern; Winnetou beobachtet Luke; künstlicher Höhleneingang zum Versteck der Assiniboins; Belagerung durch Foresters Banditen)
Solin (überfallener Treck; Winnetou, Shatterhand und Castlepool entgehen mit List dem Hinterhalt der Banditen)
Stobrec (New Venango).

Drehorte in Slowenien

Postonja-Höhlensystem (Drehort war nicht die touristisch spektakulär erschlossene Haupthöhle, sondern die Otoska jama. Harald Reinl kehrte für seinen NIBELUNGEN-Zweiteiler zurück und weitere Aufnahmen erfolgten u.a. für die TV-Serie RINALDO RINALDINI und den Jules Verne-Vierteiler MATHIAS SANDORF.)
Postonja-Javornik-Gebirgskette an der Straße Postonja-Javornik (Winnetous Kampf mit dem Bären wurde nur wenige Kilometer außerhalb von Postonja im Gebirgszug auf der Anhöhe nahe Jugendherberge, Funkmast und oberhalb eines Boule-Spielplatzes gedreht)
Rakov Skocjan nahe Postonja (Die ein Jahr später auch in OLD SUREHAND eingesetzte Höhle. In WINNETOU 2 erreichen Pierre Brice und Indianer-Statisten den Höhlensee. Gegenüber steht auf einer Anhöhe im Wald die Steinbrücke, über die die Assiniboins liefen).

UNTER GEIERN

(1964, deutsche EA: 08.12.1964)

Drehorte in Kroatien

Grobnik polje (Baumans Ranch)
Krka-Nationalpark und Schleier-Fälle (Old Surehand reitet mit Gefährten und bezwingt Schoschonen-Krieger)
Mali Alan / Tulove Grede (Old Surehand zwingt den falschen Prediger, die Geier bis zum

kommenden Morgen hinzuhalten; Schlusskampf)

Platak (Reiterszenen; Ritt zur Bärenjagd; Schoschonen-Dorf; Old Surehand schießt am Bodenfelsen; Treffen Winnetous mit Old Surehands)

Starigrad-Paklenica, Große Paklenica-Schlucht (Hauptmotiv Tal des Todes)

Ucka (Banditen verlassen das Tal des Todes; siehe auch WINNETOU 2016)

Vrlika, Suho polje (Old Surehand steigt in den Planwagen ein; Überfall auf den Treck; Schoschonen ziehen im Finale über die Hügelkette ab)

DER ÖLPRINZ

(1965, deutsche EA: 25.08.1965)

Drehorte in Kroatien

Krka-Nationalpark, Hauptfälle (Teile der Floßszene; Old Surehand schwingt das rettende Lasso)

Perucko jezero (Vor der Kulisse des Perucko-Flusses direkt neben der Straße nahm Winnetou am Ende des Films auf einem schmalen Grünstreifen Abschied vom Treck)

Radmanove mlinice (Utah-Dorf; Winnetous Pfeil wird Old Wabbles Handtuchhalter; die Finders werden von Old Surehand in eine Falle gelockt)

Ruda (Hängebrücke über die Ruda)

Stobrec (Steinbruch-Filmmaterial aus WINNETOU 2 und dem dortigen Brand von New Venengo; die Schauspieler in DER ÖLPRINZ stehen vor einer Leinwand)

Trilj (Treck zieht sich vor den Utahs zurück)

Vrlika, Suho polje (Old Surehand, Winnetou und Old Wabble verabschieden sich von Bill Forner; die Finders lauern Bill Forner auf; Anschlussszenen der Westernstadt Tucson; Reiterszenen)

Drehort in Bosnien und Herzegowina

Zupci nahe Trebinje (Teile Westernstadt Tucson)

WINNETOU 3

(1965, deutsche EA: 14.10.1965)

Drehorte in Kroatien

Bokanjacko blato nahe Ninski Stanovi im Umland von Zadar (Wegen Minengefahr und Schlangen wird von diesen Drehorten abgeraten. Hier blicken Winnetou und Shatterhand aus der Ferne auf Santa Fe (diese Ansicht hat Harald Reinl bei den Dreharbeiten zu DER LETZTE MOHIKANER aus Spanien mitgebracht) und lauschen den Glocken; die Büffeljäger werden von den Apachen gestellt; Sam Hawkens am Baum gebunden; Feuer-Verteidigung gegen die Planwagen der Desperados und Jicarillas)

Crvena Luka / Hotelanlage nahe Biograd (Bucht mit Jicarilla-Indianerdorf)

Drage (Winnetous Todesahnung)

Mali Alan / Tulove Grede (Winnetou klettert verfolgt von Banditen die Felsen hoch und wird von Shatterhand gerettet; Rückzug der Apachen und Winnetous Tod)

Pakostane am Vranzko jezero / Vrana-See (Teile des Vorspanns mit Winnetou auf dem Pferd)

Plitvicer Seen (Banditen verfolgen Winnetou)

Posedarje (Winnetou begegnet im Vorspann den Indianern, um gemeinsam zum Pueblo zu reiten)

Rovanjska (Schlusseinstellung: Die Apachen tragen den toten Winnetou auf der Bahre)

Solin (Gomez' Attentat auf die aus Santa Fe reitenden Blutsbrüder, die sich tot stellen)

Trogir (Gouverneurspalast und Reiterszenen; Gomez vs. Old Shatterhand)

Vrlika, Suho polje (Mondlandschaft: Winnetou und Shatterhand finden die Leiche des Mannes, der die Banditen verlassen hat; Rollins tötet den Häuptlingssohn)

Zrmanja-Canyon (Pueblo der Apachen; schräg gegenüberliegend sollte der Eindruck erweckt werden, dort spiele die Büffeljagd, die wie in WINNETOU 1 und OLD SUREHAND teilweise aus dem US-Film DIE LETZTE JAGD stammt).

OLD SUREHAND

(1965, deutsche EA: 14.12.1965)

Drehorte in Kroatien

Bokanjacko blato bei Ninski Poljaci (Die Banditen suchen auf Mac Haras Farm Schutz vor den Komantschen. Vorsicht: Es wird abgeraten: Minen- und Schlangengefahr. Der dicht bewachsene Drehort hat keinen Wiedererkennungswert. Die WOCHENSCHAU war während der Angriffsszenen auf die Farm sowie am Mali Alan zu Gast)

Grobnik polje (Komantschen verfolgen Judith und Toby; Toby fällt vom Pferd; die Ganoven schießen auf die Büffel mit eingeschnittenen Szenen aus dem Stewart Granger-US-Western DIE LETZTE JAGD von 1956)

Mali Alan / Tulove Grede (das Tal der Skelette; Teile des Ritts von Old Surehand und Führer zu Old Wabbles Versteck)

Platak (Old Surehand zerschießt die Lunte am Zugwaggon; Old Surehand stößt zu den Soldaten; Old Surehand und Old Wabble treffen erstmals auf Winnetou)

Radmanove mlinice (2. Teil des Komantschenlagers mit Judith und Toby an den Marterpfählen; Komantschen wollen die Beiden gefangen nehmen)

Rastevic (Zugüberfall)

Solin (Teil des Komantschenlagers; alte Poststation; Öffnung zum Labyrinth des Todes; Indianerkette reitet Hügel hinab zum Wasser und trifft auf Bonoja)

Starigrad-Paklenica, Große Paklenica-Schlucht (Old Surehand sucht unter dem Felsen vor der Lawine Schutz; Old Wabbles Höhlenversteck)

Zrmanja-Canyon (erneutes Treffen von Old Surehand und Winnetou; etwas weiter in Richtung Obrovac machte Old Surehand die Bekanntschaft von O'Brien)

Drehorte in Slowenien

Grosuplje: Zupanova jama (Tropfsteinhöhle: Labyrinth des Todes)

Ljubljana-Stozice (Westernstadt Mason City)

Rakov Skocjan nahe Postojna (Auf dem schmalen Vorsprung vor der Höhle findet der General sein Ende. Die Höhle ist bekannt aus WINNETOU 2. Sie liegt unterhalb der Steinbrücke)

WINNETOU UND DAS HALBBLUT APANATSCHI

(1966, deutsche EA: 17.08.1966)

Drehorte in Kroatien

Crvena Luka / Hotelanlage nahe Biograd (In der rechts gelegenen Jicarilla-Bucht aus WINNETOU 3 steht im Apanatschi-Film die Hütte der Banditen)

Mali Alan / Tulove Grede (Winnetou reitet im Vorspann; der Adler verteidigt das Nest vor Happy; Winnetou rettet Happy vor dem Adler)

Prezid-Pass oberhalb von Obrovac (Hauptdrehort des Films u.a. mit dem Finger Manitus; Reiterszenen; der Goldmine Mac Hallers, dessen Tod; Winnetou und Happy flüchten vor den Schurken)

Radmanove mlinice (Farm von Mac Haller; von der Straße aus hinter dem Mühlenlokal linksseitig hinter der Cetina gelegen, Kiowa-Dorf; Happys Entführung; Old Shatterhand vertreibt die Verfolger von Apanatschi und Happy)

Rastevic (Westernstadt Rocky Town mit Eisenbahncanyon, in dem der Schurke Judge überrollt wird)

Zrmanja-Canyon oberhalb von Obrovac (vor dem früheren Bauxit-Werksgelände: Reiterszenen mit den Ganoven nahe der Straße nach Obrovac)

WINNETOU UND SEIN FREUND OLD FIREHAND

(1966, deutsche EA: 13.12.1966)

Drehorte in Kroatien

Perucko jezero-See / Perúca-See zwischen Laktac und Dabar nahe Vrlika (Treck begegnet Silers)

Solin (Winnetou und Old Firehand treffen auf mexikanische Soldaten; die Desperados rutschen auf dem Sandhügel ins Wasser),

Stobrec (Miramonte)

Vrlika, Suho polje (Die Hacienda stand in der Mondlandschaft; Schlusskampf mit Silers Tod; im Tal zuvor wurde u.a. der Angriff der Silers-Bande auf Winnetou, Nscho-tschi und die Apachen sowie deren Verteidigung gedreht)

WINNETOU UND SHATTERHAND IM TAL DER TOTEN

(1968, deutsche EA: 12.12.1968):

Drehorte in Kroatien

Benkovac-Flugplatz (Die Desperados verfolgen

Old Shatterhand und werden von Bienen außer Gefecht gesetzt. Nahe Benkovac an der Straße nach Kistanje wurde die Tafelberg-Einstellung mit Old Shatterhand und Winnetou gefilmt)

Krka-Nationalpark und Schleier-Fälle / Roski slap (An den Hauptfällen des Nationalparks, wo sich einst die Apachen in WINNETOU 1 [1963[vergnügten, in OLD SHATTERHAND [1964] Paloma unterhalb der Missionsstation ins Wasser sprang und Aufnahmen für UNTER GEIERN [1964] und DER ÖLPRINZ [1965] erfolgten, lagen in diesem Film die Fischgründe der Osagen. An den Schleier-Fällen saßen Winnetou und Old Shatterhand im Kanu. An den Schleier-Fällen erfolgte auf der Bergrampe der Überfall auf Old Shatterhand. Am entgegengesetzten Ufer vor der Brücke wurde, wie schon 1963 für WINNETOU 1 und 1964 für Kampfszenen Old Surehands mit Schoschonen in UNTER GEIERN, gedreht. Mabel [Karin Dor] klettert in WINNETOU UND SHATTERHAND IM TAL DER TOTEN als Ablenkungsmanöver auf den Felsen)

Otisina Jurice nahe Obrovac (Experte Klaus Bruder machte publik, dass der Drehort Major Kingsleys Grab nahe Obrovac hinter Krusevo bei dem Ort Otisina Jurice liegt)

Starigrad-Paklenica (Das Tal des Todes mit dem Goldversteck in der Großen Paklenica-Schlucht. Während die Kleine Paklenica-Schlucht ansonsten nur in DER SCHATZ IM SILBERSEE (1962) als Felseinschnitt im Hintergrund der Westernstadt Tulsa auszumachen war, drehte Harald Reinl zum Abschluss der Reihe vor dem Eingang zur kleinen Schlucht)

Vransko jezero / Vrana-See (Sioux-Dorf)

Zrmanja-Canyon (Ungewöhnlich für einen Winnetou-Film: Cummings soll, mit Seilen an Pferde gebunden, gefoltert werden; Karin Dor gibt das Dokument aus der Hand)

Zrmanja-Canyon (II) oberhalb von Obrovac (Old Shatterhand und Mabel machen eine Kaffeepause)

Drehorte in Bosnien und Herzegowina

Ivanica-Westernstadt

Popovo polje nahe Trebinje (Einstellungen mit der Postkutsche)

Zupci-Tal bei Ubla (Die Schurken wollen die Blutsbrüder mit dem inszenierten Unglücksfall des Planwagens in die Falle locken; ferner Reiterszenen)

Drehorte in den USA

Grand Canyon (Naturszenen sowie Winnetou- und Old-Shatterhand-Double-Reitszenen unter anderem am Ende des Films)

Weitere Karl-May-Filme der 1960er-Jahre

DER SCHUT

(1964, deutsche EA: 20.08.1964)

Dieser Film wurde im wesentlichen im heutigen **Kosovo** in der Region um Pec (insbesondere Patricharchenkloster sowie Kloster Visoki Decani (Sitz des Schut) und **Montenegro** (Moraca-Schlucht nahe Podgorica) gedreht. Das bildwirksame Motiv der Jacht von Lord Linday wurde am Hafen von Petrovac gefunden. Kara Ben Nemsi (Lex Barker) verabschiedete sich von Hadschi Halef Omar (Ralf Wolter) vor der Kulisse des Skutari-Sees nahe des Bahnhofes Zeta an der Straße E80 von Podgorica nach Petrovac nahe Vranjina.

DER SCHATZ DER AZTEKEN

(1965, deutsche EA: 04.03.1965)

und

DIE PYRAMIDE DES SONNENGOTTES

(1965, deutsche EA: 17.04.1965):

Hauptsitz der Doppel-Produktion war Dubrovnik. Lex Barker residierte standesgemäß im noblen Hotel Argentina. Die wichtigsten Drehorte lagen für diesen Zweiteiler im heutigen **Montenegro** (Orjen-Pass nahe Vrbanje und bei Podgorica, vor allem an der Straße Podgorica nach Tuzi am Fluss Cijevna. Die Pyramiden-Szenen wurden hinter Tuzi im Cemovsko polje gedreht unter Einsatz perspektivischer Verfremdung. Einen starken optischen Eindruck hinterlässt im Film der Vulkankrater (Location: Stubica vor Niksic auf der anderen Seite unterhalb eines Klosters)

Ferner wurde im heutigen **Bosnien und Herzegowina** gefilmt (Zupci-Tal nahe Trebinje u.a. mit der Hacienda; ferner Popovo polje an der

Straße Trebinje nach Mekovic. Schwer zu finden ist der Drehort Juarez-Stützpunkt an der Festung des Berges Kravica nahe Trebinje).

Durchs wilde Kurdistan
(1965, deutsche EA: 28.09.1965)
und
Im Reiche des silbernen Löwen
(1965, deutsche EA: 31.12.1965)
Die Außenaufnahmen zu Artur Brauners Doppelproduktion erfolgten überwiegend in **Andalusien** in der Region um **Tabernas** hinter Almeria, insbesondere in der Sierra Alhamilla. In der Heimat des in Spanien angesiedelten «Spaghetti-Western» lagen auf dem Weg zur Westernstadt Fort Bravo (2001 Drehort von Der Schuh des Manitu) das Tal der Jecidi. Gedreht wurde auch in Alhama de Almeria (Drehort von Marktplatz Borusco mit Befreiung Ahmed el Cordas durch Kara Ben Nemsi), Banos de Alhamilla (u.a. ermordet zu Beginn des Films unterhalb des Ortes der von einem Felsen springende Machredsch den Bauern), Castel oberhalb von Gergal (Ingdscha wird von Abu Seif als Geisel festgehalten).

Das Vermächtnis des Inka
(1966, deutsche EA: 09.04.1966)
Eine Koproduktion der Franz Marischka-Film, der mit seinem Bruder Georg die Regie führte. Man drehte am Machu Picchu in Peru, in Aranjuez (Spanien) und überwiegend in Bulgarien (insbesondere in den Felsen von Belogradtschik).

Und sonst ...

Mein Freund Winnetou
(1980, TV-Serie, wurde im Wesentlichen in Mexiko bei Durango gedreht. Ergänzende Aufnahmen erfolgten im Sauerland bei Elspe, wo auch Meinolf Pape in Folge 1 einen kurzen Auftritt hat).

Winnetous Rückkehr
(1998, TV-Zweiteiler)
Wurde in Andalusien/Spanien gedreht. Die Sierra Huetor im Hinterland von Granada konnte inszenatorisch nicht die Erinnerung an die kroatische Landschaft verdrängen. Ferner wurde bei Tabernas in der Westernstadt Mini Hollywood gefilmt.

Der junge Häuptling Winnetou
(2022, Kinofilm)
Andalusien/Spanien war ebenfalls die Kulisse für diesen Familienfilm, mit dem Regisseur Mike Marzuk und die Produktionsfirma SamFilm (Die wilden Kerle, Fünf Freunde, Ostwind) die Kindheit des späteren Häuptlings der Apachen erzählen. Die Szenen in der Westernstadt entstanden bei Tabernas in den Kulissen von «Texas Hollywood», wo auch schon Michael Bully Herbig seine Erfolgsparodie Der Schuh des Manitu (2001) sowie die Westernszenen aus (T)Raumschiff Surprise: Periode 1 (2004) und Bullyparade – Der Film (2017) drehte.

8 Register

Filme

Orte